山东省高等教育本科教改项目

基于工作室的应用型本科创新创业教育模式研究与实践

（项目编号：M2020142）

基于工作室的应用型本科创新创业教育模式研究与实践

于振邦　著

中国海洋大学出版社

·青岛·

图书在版编目（CIP）数据

基于工作室的应用型本科创新创业教育模式研究与实践 / 于振邦著 . -- 青岛：中国海洋大学出版社，2022. 6

　ISBN 978-7-5670-3098-5

　Ⅰ. ①基… Ⅱ. ①于… Ⅲ. ①高等学校－创业－教育研究 Ⅳ. ① G647. 38

中国版本图书馆 CIP 数据核字（2022）第 011827 号

出版发行	中国海洋大学出版社		
社　　址	青岛市香港东路 23 号	邮政编码	266071
出 版 人	杨立敏		
网　　址	http://pub.ouc.edu.cn		
电子信箱	752638340@qq.com		
订购电话	0532－82032573（传真）		
责任编辑	林婷婷	电　　话	0532－85902533
印　　制	日照日报印务中心		
版　　次	2022 年 6 月第 1 版		
印　　次	2022 年 6 月第 1 次印刷		
成品尺寸	170 mm ×240 mm		
印　　张	14		
字　　数	222 千		
印　　数	1 ～ 1 000		
定　　价	50. 00 元		

项目负责人

于振邦

主要参与人员

郭瑞姝　李　燕　齐伟伟
梁忠环　谭春波　邢　军
王红霞　王光颖　杨　婷
彭建武　赵　磊　辛洪涛

前 言

PREFACE

在创新创业教育蓬勃发展的新时代,探索如何深层次培养极具国际化视野、深厚职业素养和创新创造能力的高素质人才,已成为应用型高校着力定位且永不过时的航标指向。随着"十四五"的到来,应用型本科高校更是承担起优质化培育创新意识强、创造能力高、就业素质硬的应用型人才的神圣使命。它们纷纷瞄准产教融合背景下的新模式创建目标,逐步熔炼和深度打磨凸显适用性和实用性的人才培养机制与教育实践模式,不仅为包括青岛黄海学院在内的应用型本科高校的专创融合实践工作者提供了附着力量和实施保障,也为众多热衷于创新创业教育的追梦人开启了方便之门、提供了凭靠倚仗。实践早已证明,以创新机制为依托,探索校企紧密合作、产教深度融合之路,进而不断尝试、践行新的创新创业教育模式,寻求优质化培育创新创业精英的可行思路和适用路径,愈发成为致力于新时代创新型教育的探索者和研究者较为关注的问题。

创者无疆,向新则行。基于"院园合一"校企协同育人机制,以创客工作室为载体研究创新创业教育模式及人才培养成效,为应用型本科人才培养提供可行性方案,是青岛黄海学院创新创业教育模式研究团队长期不懈的追求。在学校领导的大力支持、悉心指导和团队负责人的带领下,项目组成员紧密合作、集思广益,认真反思各自教学实践中的得与失,对创客工作室载体在场域空间提供、核心技术支撑、课程体系熔炼、师资团队打造、创新项目提升和卓越人才孵化等方面,进行了理实一体的研究,并结合多种具有实效的科技创新、网上创业和文化创意等工作室典型案例,就任务驱动式的项目化教学模式、契合区域特色的专业设置、融通"以赛促创"理念的践行思路,以及凸显层级和梯度的模块化课程设计等,高效能且"可视化"地展开了一番新的"场景式"实践探索。

行者有道,思悟则明。学校通过实施学业 + 产业 + 创业"三业融合"的人才培养战略,不断打造"院园合一"校企协同育人机制的升级版,并结合自身实际构建了"四三二一"创新创业教育系统。学校通过弘扬"四文化"融合育人特色,将传统文化、红色文化、工匠文化和创新文化融为一体,为学子们"乐学"积存了内涵滋养,为创客们"乐业"提供了接续力量,也为老师们以创客工作室为载体更为有效地进行创新创业教育实践研究积攒了信心、指明了方向。项目组各成员围绕着工作室制人才培养,实地探索并适时反思,深度熔炼"创业基础"课程体系,不断细化创客空间运营思路,着力完善孵化基地管理机制,广泛推介双语教学融合模式,并高效提供创业就业指导服务,多层面、广视角、深融合且高质量地展开了个性化视域下的创新创业教育模式探索和实践路径研究。通过剖析创客工作室载体下的创新创业教育典型案例,项目组成员进一步认识到,工作室制创新创业人才培养不仅需要校企共享的物理空间、视野宏阔的育人战略和适用可行的方案设计,更离不开坚持与时俱进的理念、不断推陈出新的胆识、争先创优的勇气和知难而进的毅力。实践证明,以专创融合为抓手,以产教融合为路径,以核心成果为导向,是科学化、系统化推进创新创业教育模式,强化内涵支撑,实现数智转型,提升教育品质和培育应用型人才进程的可行性践行思路。尤其是在数字经济时代,基于创客工作室载体,多元化构建专业集群的创新创业教育生态体系,已成为高效发挥"协同创新"育人辐射作用的设计思维。而依托多主体合作共建的现代产业学院,深度打造师生同创、企生共创和学生自创等多种形式的工作室,则更成为市场导向下重塑产业链、升级教育链、疏通人才链和对接创新链的适用路径,从而也为创建新时代的智慧学习工场、打造产教融合生态圈和提高优秀成果转化率,提供了接续前行的后劲力量和不断创新的实践动能。

知行合一,善创则赢。创新创业教育让应用型人才培养"大有可为"。愿"行在路上"的每一位创新者,能够创出成效、创出风采、创出未来!任何阶段性的研究成果都应该是他们"逐梦前行"的起点,也希望大家脚踏实地,紧密跟进,不断在原有基础之上树立新的目标,在更广阔领域探求"创响未来"的支点,并通过深度熔炼"双创"教育核心内涵和思、学、研、创的精真品质,为高质量培育敢闯会创的应用型创新创业人才和"融合式"增强创新创业教育实践成效,贡献更大的力量!

因时间仓促和研究视角本书难免存在着狭隘的一面,个别研究不够深入,书中偏漏在所难免。不当之处,还望各位专家、老师不吝赐教,予以批评指正。

最后,向为本书出版付出辛勤努力的项目组所有成员和中国海洋大学出版社的编辑朋友致以衷心的感谢!

于振邦

山东青岛

2021 年 6 月 16 日

目 录
CONTENTS

上 篇

基于工作室载体的应用型本科创新创业教育模式探索

作为新时代创新创业教育政策实施和实践推进的主要力量之一,应用型本科高校对其有效模式的探索正渐趋形成可供借鉴的实效做法和宝贵经验。基于工作室载体的创新创业教育模式探索和路径研究,在一定程度上填补了专创融合教育在可依附载体、可利用场域和可发展空间等方面的空白,也为落地应用型本科高校创新创业教育融入专业人才培养全过程,提供了参照和模型。本章内容从应用型本科高校界定、工作室制概念诠释和人才培养模式与践行路径推介等入手,并结合产教融合路径、专创融合抓手、思创融通理念等多元化要求,辅之以源自实践的体验式心得,就如何创建创新创业教育模式和培育应用型创新创业人才,做出了一定程度的探索。

第1章

应用型本科工作室制创新创业人才培养模式探索

应用型本科高校是指定位于"应用型"且主要兴办和开展应用型本科教育的高等院校。2017年1月25日,我国教育部印发了《关于"十三五"时期高等学校设置工作的意见》,对于应用型本科高校的性质做出了明确界定,指出"应用型"是和"研究型""职业技能型"并驾齐驱的高等教育类型。应用型高校主要从事的是本科以上层次的应用型人才培养,服务于经济社会发展的实际需要,并以社会发展与科技应用等研究为主要方向,其使命在于瞄准区域经济社会发展的实际需求,培养具有核心竞争力的应用型人才。

推动"应用型"转型发展,有利于"促进高等教育的分类发展、内涵发展、特色发展,增强高等教育服务经济社会发展的能力和质量"(李霞,2021)。这就需要高等学校务必明确自身办学定位与治理机制,在产教融合模式上实现学科专业设置与区域经济社会发展需求、教学内容与职业标准、教学过程与生产过程等的"紧密对接";需要它们打造出比例合理、理实一体和专创融合的师资队伍;需要它们有效对接开放融通且实践效用明显的教学资源,并以增强学生创新创业意识和提升其实践应用能力为导向,培养高素质应用型人才,达到进一步提高大学生的创新创业与学科竞赛参与率、就业率以及敢闯会创能力的目的,以促进其获得全面发展,并在强化应用研究、提高科技成果转化率和提供良好社会服务的基础上,高效传承优秀传统文化精髓并不断实现创新性突破。这无疑也需要它们在国际交流与合作方面鼓励海外研学与境外交流,且能够凸显出各自的办学特色,形成可复制性强、推广价值高和借鉴效果好的新机制、新模式与新做法。

"应用型高校的根本任务是培养高素质的应用型、复合型、创新型人才。创新创业教育是高校专业教育的补充和综合运用。"（史君坡，罗静，2021）基于此，应用型人才培养除了要以立德树人为根本任务和以专业建设为着力点外，还要结合创新创业教育的实际需要，着力发扬学校自身特色，不断优化人才培养方案，并围绕着产业结构升级和经济形态转型升级，打造出特色鲜明、优势突出且具有辐射影响力的专创融合课程集群，着力增强、提高学生的创新意识、创造能力和就业质量，以便为经济社会发展提供丰富的人才储备和高强的技术支撑，进而整体性、全面化地提高创新驱动发展能力。为实现此目标，不少应用型本科高校已着手在创新创业教育模式的探索上不断尝试新路径。实践证明，工作室制人才培养模式有其构建的必要性和推广的可行性。一方面，工作室制人才培养是创新创业教育模式的有益探索，已成为建设创新型国家、缓解就业压力和提升大学生创新创业素养的需要；另一方面，工作室制人才培养也是解决应用型本科高校产教融合不到位、专创融合不深入、校地融合不实际等现实问题的突破口。现结合应用型人才培养实际需要和创新创业教育本身特点，对其具体内容进行解读。

1.1　工作室概念界定及其内涵解读

从常规化概念的角度分析，工作室一般是指那些由多个具有平等身份的成员所组成的有着共同愿景和活动空间的团队组织。作为公司模式的雏形，工作室这种形式多样且创意无限的实体组织，以具体的实践项目为依托，服务于产、学、研、创、用一体化教学团队建设，旨在理实一体地提升整体育人水平并接续增强运营实效，以满足社会化职场对于应用型人才培养的实际需要。

1.1.1　工作室制追根溯源

作为凸显开放性和实效性特征的育人实践探索模式，工作室制人才培养源于 20 世纪颇具影响力的德国魏玛包豪斯学院创建者瓦尔特·格罗皮乌斯首创的工作坊制度。他所倡导的"双师体系工作坊"，核心在于通过集体工作的形式将艺术与技术"合二为一"，使学生的想象力与实操能力有机结合，理实一体且最大限度地发挥出综合作用。即便是艺术本身无法实现传授，艺术技能和艺术法则及其表现手段也是可以传授的。这种坚持教、学、做一体化，在教学过程中指派专人对学生进行技术指导并将形式与技能提升有机结合的方式,即为工作室制。

现代工作室制是工作坊形式的延伸与深化,它将导师聘任、学生甄选、计划制订、技术运作等落地于产、学、研、创、用的具体实践过程。工作室制人才培养模式基于学生中心、课程设置、项目主导、研究方向、平台应用等,浓墨重彩地标注了创新意识培养、创造能力提高和思维方式转变的重要性。

实践证明,秉持跨界融合理念,注重多方资源整合,坚持以社会需求为导向,树立市场检验意识,并通过加强校校合作、校企合作等联合培养方式,组建极具发展潜力的工作室组织形式,是当时历史条件下教育方式的成功创举,较为敞亮地打开了人才培养对接社会需求的窗口,对后世影响较为深远。欧洲设计艺术水平一直领先,中国不少艺术院校采取此模式用于人才培养也卓见成效,显然是与之分不开的。

1.1.2　工作室制主要特征

基于包豪斯学院工作坊制度的基本特点,将理论学习融入工作坊实践全过程,将学习实效作为成果展示,在当今时代愈发成为由"工作室制教学模式"到"工作室制人才培养模式"过渡的主要特征,即学校以营建职场化教学环境为己任,打造师生同创的工作室实践载体,并施以单元化的工作室教学模式;二是创设工作室体验式场景,凸显情景化的教学方式、校企一体的任务驱动和项目运营的真实环境;三是学校引企业项目进课程,并将企业真实项目课程化,做好任务分解,最终实现项目任务和课程学习的相互融通;四是发挥"双师双能型"教师的主导作用,突出学生的主体地位,并提升其实践技能、合作意识和职业素养;第五则是以市场为导向,做好成果的社会性转化和辐射性应用。(见图 1-1)

1.1.2.1　教学环境"职场化"

"教"与"学"是一个相互拉动且又彼此成全的实践过程,工作室恰恰为二者的功效发挥创造了有利环境,并在"做"上下足了功夫。由此,学校通过工作室这一突显专创融合、职场竞争特点的教学"单位",便使教师的"教"和学生的"学"在工作室这种突破了空间局限、教材束缚和班级组织等的实践载体中,有效地实现了"职场化",将"做"的业绩和实效归拢于职场需求。基于项目化的"做中教、做中学",也让工作室更加显现出其创新价值,让教学内容走出了

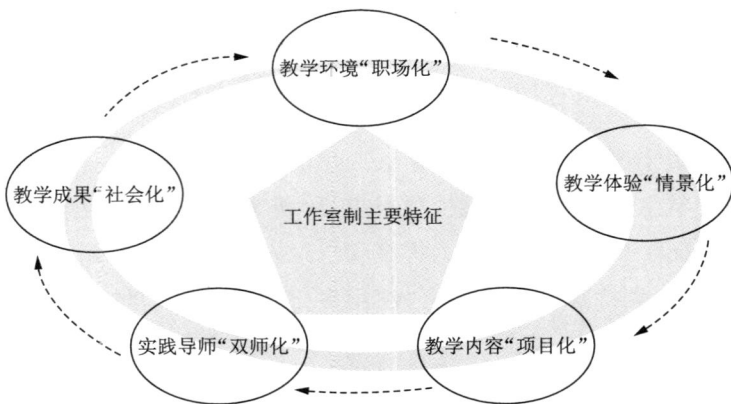

图 1-1   工作室制主要特征

书本的狭小天地,而落地于具体实践项目的完成上。教学环境"职场化",体现的是一种体验式的学习方式和创新型的教学模式,它使师生双方都能从中受益,既培养了教师的资源整合和专创融合能力,也验证、锻炼了学生的专业素质和实践技能。

1.1.2.2   教学体验"情景化"

工作室建基于企业的真实环境,注重的是体验式学习和任务型驱动,力主通过营造真实的企业文化和工作场景,让学生浸润其中去"求真、求实"。同时,以实际项目为任务驱动,融合校企文化元素,构建产、学、研、创、用一体化的实践教学体系,也是应用型人才培养的核心诉求。这种基于工作室的体验式场景创建,凸显了情景化的教学方式、校企一体的任务驱动和项目运营的真实环境,突破了学校固有教学环境的"虚拟化"和"偏理论化",而使人才培养有了"可依附"载体和"真实践"抓手,不仅实现了以学生为本,也做到了以"双师双能型"教师为主导,并能够规避重理论、轻实践的疏漏和弊端,真正在理实一体上付诸行动。

1.1.2.3   教学内容"项目化"

在工作室实践载体当中,课程设计里有项目,课堂实践中有项目,教学过程中也以完成项目为主要内容。教师能够指导学生自主建构知识学习与应用体系,并使其获得真实的项目体验和深刻的实践认知,以便能够在技能提升上实现突破。这种项目化教学模式以"任务驱动"为实践手段,以"真知灼见"为实效见证,以师生同创为推进动力,不仅使学生强化了工作流程,明确了工作任务,更将其个体性主动学习意识、碎片化知识规整和协同式团队合作精神纳入综合能力的考核之中。另外,学校通过引入企业项目进课程,实现了学校理论课程"项目化"和企业真实项目"课程化",也通过做好任务分解工作,最终达到了项目任务和课程学习相互融通、协同并进的理想境地。

1.1.2.4　实践导师"双师化"

实践导师以"双师双能型"教师和企业经理的双重身份进入工作室,不仅成为学生的学业导师,也担当着企业经理的角色重任,需要具备承接并完成企业项目运营的能力。这里的"双师双能型"教师,是获得了某种职业资格认证的专业技能型教师,他们与学生是一种良性互动的合作共赢关系。教师既是辅导者、管理者,也是引导者、服务者,应根据学生的差异化特征和个性化特点,积极引导,对症下药,勇于创新,敢于实践,主动培养其创造能力和跨学科综合应用技能。工作室是推进校企共育应用型人才一体化进程的实践载体,导师"双师化"有利于实现培养学生兼具团队合作精神和知识应用能力的双重目标。

1.1.2.5　教学成果"社会化"

工作室是有效实现学生学习社会化的有效途径之一,其转化的标志可谓多种多样。最为直接的是参与实践的学生后期进入校企合作的企业中继续工作;或者通过市场创收、参赛获奖,以及申请专利等形式;再者就是,学生最终实现了"自主创业"。教学成果社会化是以市场为导向的必然结果,它有效疏通了作为学校育人场所的工作室载体和凸显社会化竞争特点的职场隔阂,将教学实效得以"外现",使实践成果加以"内化",也让师生之间有了心理上的成就感和接续前行的动力。需要注意的是,教学成果"社会化"虽然有利于在较大范围发挥辐射作用,却不应成为工作室制人才培养的核心动力和根本导向,因为那样容易偏离应用型人才培养的正确轨道,而误入急功近利的迷途,偏离立德树人根本任务和卓越人才培养目标的实现。

1.1.3　工作室制基本任务

工作室是一个能够让教师"亮绝活"、学生"结好果"和学校"育精英"的实践载体和创新场所,所有这一切应建立在明确其基本任务的基础上。具体而言,工作室的基本任务主要包括立德树人、理实一体、专创融合、师生同创等几个方面。

1.1.3.1 立德树人

"习近平总书记多次强调立德树人是教育的根本任务。"(教育部课题组,2019)立德树人是作为学校育人基本单元的工作室载体务必完成的根本任务,它基于产、学、研、创、用等多种实效,以培养高素质应用型人才为目标。即通过项目化教学带动有效资源开发和课程体系建设,通过市场化考量和提供社会化服务推动产教深度融合进程,通过校企真实项目共同研发持续性转化科研成果,通过师生同创、企生共创和学生自创等多种形式促进专创融合、科创融教、思创融通等实践落地。以上种种成效,皆锚定立德树人的根本任务,并以之作为创新创业教育深入推进的活水源泉,也为工作室制人才培养体系的日益完善积聚了持续发展的动力。

1.1.3.2 理实一体

工作室为将理论应用于实践项目、不断锤炼学生职业素养和提升其应用技能提供了广阔的场域空间,做到理实一体亦是其基本任务之一。将理论与实际相结合,让基于校企合作的场景式、体验式和驱动式学习任务与实践项目得以孵化,并使其在工作室这一基本单元所营建的物理空间和融洽氛围中"生根发芽",进而不断获取外在的"阳光滋润"并历经"风吹雨打"的考验,这也是工作室制人才培养模式在践行"知行合一"理念上的一种常规性思路。

1.1.3.3 专创融合

"创新创业教育与专业教育有机融合是地方本科高校创新创业教育改革的新模式。"(徐丽,任清褒,夏更寿,2021)在工作室实践载体下,项目化教学需要将专创融合落地于学生课程学习和实操锻炼的全过程。由此,"专创融合"这一关键词便成为创建工作室和提高工作室建设成效的一个硬性要求,其间需要结合工作室的功能定位、建设目标和核心内容,将双创实践融入专业人才培养的全过程,并以之为抓手不断提升教育质量和人才培养层次,不可浅尝辄止,不能蜻蜓点水,更不要夸夸其谈。

1.1.3.4 师生同创

师生同创,顾名思义,即教师和学生同在一个屋檐下,为提升"专创融合"教育实效、孵化"创客精英"和熔炼"落地项目"出谋划策,并锚定应用型人才培养目标,不断优化课程体系建设,赛教一体地促进"互联网＋"创新创业大赛、国家大学生创新创业训练计划项目等"提质"工作,"内引外联"地完成以创新引领创业、以创业带动就业的"增效"工作,也通过"固本培元",有效推动应用型创新创业优秀学生典型的"培优"工作。只不过需要强调的是,教师在师生同创工作室中担当的角色是"导师",是"导演",也是"群演",但主体无论什么时候都应该是学生。

综上所述,工作室的基本任务绝非单一链条下的节点串接,也不会是一成不变的固定死结,而是要随着实际需要不断地在点、线、面上做出适当的延展与融合,以便为有效构建科学、健全和可落地的创新创业教育体系指明方向,为培育精、专、融、创的应用型人才奠定基础,也为创新创业实践的落地和良好生态的构建积淀内涵,提供保障。

在这里,笔者很有必要谈一谈名师工作室。顾名思义,这种通过名师等知名人士的综合影响力和基于专家、导师真实实践项目的辐射带动作用,来提升学生甚至教师创新创业素养和能力的有效形式,不仅充分发挥了专家示范、卓越辐射和高效指导等作用,更在资源共享、心智磨砺、项目路演和全员进升等深度熔炼方面功不可没。名师工作室的"幕后主使者"多是学问精深的教授和具有实战经验的博士,或是来自社会各阶层有着极具说服力优秀成果的时代精英和专家、学者等,而工作室的主要成员也颇具创新意识和创造能力。在这些名师的有效带动下,工作室不仅可以培养出德才兼备、素养高深、业务精湛的教师队伍,也能够培育一大批具有专业品质、创新意识和果敢精神的大学生精英。其最大效用的发挥,得益于专创融合的有效落地,也规避了单一型实验室的沉静、常规化和温室大棚式的齐整性、简便性。更重要之处,则在于它能够将科研成果高效转变为接续行进的实践动能,较好地发挥出纽带和桥梁作用,也为高素质应用型人才的培养提供了更优质化的服务。

究其原因,主要包括以下几个方面。首先,工作室的导师成员大多源自学校教学一线、企业生产一线,或是有着丰富社会阅历和项目运营经验的创客精英之列。不管是在高等院校内,还是其他机构团队,工作室基于导师对专业教育或是实践技能的熟悉程度,能够较好地体现人员组成的层次性、施教内容的优质化和能力进升的梯度性。其次,工作室集理论教学和实践研究于一体,为深层次和高效能地开展高质量人才培养提供了最为直接的科研动力,有效保障了深度学习的顺利进行。再者,它也有利于在整体上扩充团队成员的成分,形成认知更为全面、结构更为清晰、辐射更为广泛和效果更为明显的研究型组织。

当然,就名师工作室的成员而言,须对其实行"准入制",即在明确了加入工作室的基本条件之后,进行有效认定。这当然需要做到以先进的理念激发各个成员的自主创新意识,并以之带动深层次的教学改革,着力于提升整个团队的教育教学能力、科创融教能力、项目升格能力和教科研能力等。另外,在自我纠错、有效突破和创新发展等方面,也需要全员参与和有效融入,能够因地制宜、因时而动,基于地域特征、专业特色和创新特质的差异化,做好专创融合、产教融合和校地融合等综合实践工作。

在此,需要着重强调的是,名师工作室不回避"草根化"的理论和"大众化"的实践研究。一线教师是工作室的骨干力量,正是他们的加盟才使得工作室有了清晰的层次和明确的分工,也正是他们的智慧推动了教育教学实践活动的有序和有效发展,使得整个团队更为真切地面对实际问题、寻找有效答案和解决实践问题。事实证明,通过集思广益,让工作室接受实践检验并不断对行动方案加以完善,能够更为有效地推广研究成果,也会让团队"走得更远",让成员"飞得更高"。

名师工作室定位高远,目标明确,具有时代性、先进性和实践性。它着眼于通过大师、名师的影响力,前瞻性地解决极具现实性和社会性的复杂性问题。因而,这种实践载体,克服了单一的"点"之描画,而在"面"上做出了适度延展,不仅夯实了理论"底盘",优化了人才孵化结构,更形成了广泛的辐射效应,实现了专创融合、汇智聚能和资源共享。加之在维度上的清晰可见,工作室真正做到了教、学、做合一与点、线、面结合,显现出极强的专业融合性、地域契合性和资源整合性。

再者就是名师工作室以厚重的职责担当和协同发展的共生理念,为培育具有专创融合能力、国际化视野和创新发展素养的名师、专家提供了场域空间,也成为制造大师、孵化精英的摇篮。当然,名师工作室不搞"一言堂",名师也不会做"井底蛙",其成果产出自然也就更加体现出多元化、多视角、多维度和多实效的特色和亮点来。

1.2　工作室制创新创业人才培养模式

对于创新创业教育理论与实践方面的探索,始于美国。自 20 世纪中叶逐渐走进高校以来,现已成为全球化风潮且上升到国家发展战略的高度。由此,创新创业教育工作者不仅要厘清相关概念,明晰其发展脉络,更要结合实际、放眼未来,加大其适用模式探索和实效路径提升的研究力度,并力求实现突破。

"模式"一词,本义是指事物的标准形式,或可供模仿的标准样式。但从其宽泛意义上来讲,"模式"是融体系、架构、战略、策略、方式、方法等为一体的综合系统。它可以根据施教主体、教育对象和实践导向等的不同而凸显特色并富于变化。依此而言,创新创业教育模式可根据教育对象的不同,而细分为聚焦式和发散式两种。"聚焦式强调对具有强烈创新创业意愿的学生开展专门化的创新训练和创新创业教育,发散式则认为创新创业教育是一种普及式教育……"(黎青青,王珍珍,2019)

1.2.1　国内外创新创业教育模式探索

"创业的先导是教育,深化高校的创新创业教育改革,探索出具有自身特色的创业教育模式是高校人才培养改革的重要目标。"(冯智恩,2016)调研显示,目前国内高校对于创新创业教育模式的探索可谓异彩纷呈,且各自显现自身特色。比如:清华大学深圳学院基于生态网络构建需要,打造出"校政企创新创业教育模式";燕山大学围绕应用型创新创业人才培养目标体系构建,着力创建了"一体、两翼、三结合"的创新创业教育模式;山东协和学院则结合"教学 + 竞赛 + 创业"深度融合的实际需要,形成了立体化的"教赛创"创新创业教育模式……以上这些有关创新创业教育模式的实践探索,基本上都响应了国家政策号召,汇集了校政行企各方力量,且在理论传授、实践深化、平台建设和大赛引领等方面多有关联,能够在很大程度上激发学生参与创新创业实践的意识,并对提升其创造能力产生了作用。

国外的创新创业教育则已渐趋成熟,且各具特色,自成体系,效果明显。比如:百森商学院注重学生创新创业意识增强、创造技能提升和市场洞悉能力培养,将前瞻创新课程设计、教学计划外延辐射、教师入企锻炼深造和问题重心教学方法探究等融为一体,熔炼成一套需求导向、技能进阶、认知递进的循序渐进式创新创业教育模式;而斯坦福大学,则较为重视技能应用和科研成果之间的转化,将产、学、研一体化创新创业教育模式贯穿于学生个人特色化成长的全过程,以追求一流、强化开放互动和深化校企合作等,夯实具有创新意识和创造能力的人才培养根基。

就模式探索而言,美国主要是基于学科建设和素养提升的实际需要,来谋求创新发展的路径。它将聚焦模式、磁石模式和辐射模式三者有机结合,突破了资源的单一利用、师资的固定搭配和学生针对面的"小众化",更加显现出教育理念的开放性、专创融合的紧密性以及课程之间的关联性。其注重教育体系构建和文化氛围创建乃至倡导跨界融合与环境熏陶的做法,为世界其他国家有效构建创新创业教育模式树立了标杆,也提供了良好借鉴。而英国则"主要呈现两种模式:一是商学院主导模式,二是大学主导模式"(白云莉,2020)。究其精髓,不管是学创分离的最初做法、团队相融的后续改进,还是辅修式课程设置、协同式培育开展,都体现出其放眼未来发展、适应全球挑战的战略眼光。发挥政府资金主渠道的作用,通过大赛为创客们提供更多机会与平台,并充分利用全社会有效资源助力于学生创业实践的得力举措,都证明了其在创新创业教育方面所具备的独特眼界和所取得的客观成效。

1.2.2 工作室制创新创业教育模式探索

工作室制创新创业人才培养有其可供遵循的实践模式。不少高校结合自身实际和服务区域经济社会发展的需要,进行了个性化的实践探索。现结合笔者所在单位的具体实践,对其进行简要解读。

1.2.2.1 "院园合一"机制下的"四三二一"双创教育系统

以二级学院 + 产业园的"院园合一"机制为统领,在实践过程中形成生态型创新创业教育系统并使其不断升级,是人才培养模式构建的必然要求。

第一,校、政、行、企四方联通。即构建学校主体、政府主导、行业指导和企业参与的四位一体联动机制,发挥自主创新作用,把脉市场发展前景,知晓行业实际需求,实现多方合作共赢。

第二,科技创新、网上创业、文化创意三大创客平台。聚力于科创融教、精益创业和素养提升,融入内涵型文化元素,并充分利用大数据、可视化、智能型等现代化技术手段,为创客们实现梦想创建实践乐园。

第三,创新创业教育实践和成具孵化两位一体的教学体系。瞄准市场需求,坚持成果导向,注重孵化应用,提高成果转化率,是创新创业教学体系构建的内在诉求。实现教育实践和成果孵化的一体化运行,是打造创新创业教育生态的必经之路。

第四,"一条龙"式创业孵化链条。创业教育不是孤立的岛屿和隔岸的火焰,而需要被纳入孵化式链条、可追溯体系和进阶型场域,这是一种"一条龙"式的现代化服务理念和高层次实践认知。

"四三二一"创新创业教育系统是基于"院园合一"校企协同育人机制在创新创业教育方面的专门化"升级",是一个需要不断完善的应用型人才培养生态系统。工作室恰恰成为其得以"施展才艺"的舞台,既联通了学生的学业、连接了社会产业,也吸引了实体企业和多种行业,更是增强了创新意识,引领了创业实践,当然也在一定程度上带动了就业。

1.2.2.2 基于创新、创业、创客的"实训式"人才培养模式

"实训式"人才培养模式即坚持教学做合一、强化实践技能培训和注重动手能力提升的理实一体式人才培养模式。实训重在实操演练、实践应用和实效增强,以便在人才培养方面形成可丁可卯的实际经验和真知灼见。实施"实训式"人才培养,需要结合社会职场标准和岗位技能需求,将校企文化自然融合,将学校育人和企业用工紧密衔接,将学生专业品质塑造和企业实战能力培养深入贯通,以形成强化专创融合、注重工学结合和畅通场景浸润的实效性人才培养模式。

1.2.2.3 依托工作室实践载体的任务驱动型项目化教学模式

以任务为驱动的项目化教学模式,依托的载体是工作室。在此一载体营建的场域空间内,资源得到了有效整合,知识得到了合理利用,技能得到了不断提升,团队也会得到高强锻炼。

当前,人们较为关注的,是如何基于工作室载体深入推进项目化教学模式的有效实施。

工作室制项目化教学视"人的发展"为学习中心,其"用户思维"基于"素养导向"的特色化建构,需要在教师创设的真实情境中铸魂强体,在磨砺心志的同时打造学习共同体,勇于接受现实挑战,积极熔炼核心成果,并适度强化科学研究,逐步培养创新精神和创造能力。但在具体的推行过程中,笔者发现,既是重要教学策略,又是融趣味性和实践性为一体的项目化教学,更大的意义在

于通过明确学习目标,为学生搭建学习平台,使其获得沉浸式学习体验,拓展能力进升的空间,也为教师创造高效施教的场域,不断理实一体地提高教育融合的综合实效。

1.3　工作室制创新创业人才培养路径

可行性实践路径是创新发展理念得以有效落地的凭靠和抓手,是经过了先进理论指导并需要在实践检验中不断完善的具体依附载体、可选择方法与适用途径。对此,需要从以下几个"融合"方面进行说明。

1.3.1　以专创融合为实效抓手

这一点指的是将创新创业教育融入专业人才培养的全过程,并凭借其"融合之力"和"精专品质"深度熔炼专业综合素养,以着力增强学生的创新意识和有效提升其职业素养等。这一实效抓手注重的是"实效发挥"和"合力增效",贯穿于整个专创融合的实践过程并凭借着工作室载体发挥综合作用。

1.3.2　以思创融合为内涵支撑

以立德树人为根本任务,将思政元素有效融入高素质应用型人才培养体系之中,助力其在内涵提升上实现质的飞跃而非表面化的形壳嫁接,是此一重要节点的核心要义。以思创融合为内涵支撑,能够在工作室制人才培养具体实践上为高质量提升创新创业人才培育质量和优质化打造实践平台积淀厚蓄滋养。

1.3.3　以产教融合为践行路径

围绕着产教深度融合、校企紧密合作的基本要求,无论是在宏观方面,还是在微观视角,工作室制创新创业人才培养都要凭借着具有一定可行性和适用性的方法与途径,尽力铺展开走上高质量人才培养之路的理想图景,并坚持以学业为本、以产业为体和以行业为用,构建能够通达学以致用和素养提升的产教融合体。

1.3.4　以科教融合为突破手段

科技创新的力量是促成优质化资源有机整合和可视化平台高效应用的助

推器和催化剂,现已成为推动创新创业教育不断飞速前进的核心动能。以之为手段,做好科创融教工作,是进一步提升工作室制人才培养质量和通过打造可视化实践平台实现智能化学习与高效能产出的突破性力量。

1.3.5　以校地融合为辐射层面

区域经济社会的发展为创新创业教育获得梯度式进阶和实现螺旋式攀升提供了肥沃土壤和有利时机。坚持校地融合并着力发挥创新创业教育服务地方发展的综合效用,是工作室不断生成长效前进动力且能全方位、立体化呈现多种成效的主要层面,在实践上能够产生较大的辐射带动作用。

1.3.6　以中西融合为接轨航道

创新理念没有国界,创造精神不分中西。放眼看世界,树立全球化思维,求同存异地将中西思想精华、人文内涵和探求心理融为一体,是紧跟时代发展潮流、构建人类命运共同体的明智之举。工作室制创新创业人才培养更是敢于突破思想局限,以博大胸襟兼容并包,为开放融合创造条件。

事实证明,对于应用型本科工作室制创新创业人才培养模式的探索,是一个融合性推进、螺旋式攀升和递进式进阶的质量工程,不仅讲究内涵支撑和注重融合并进,也倡导贴合实际和创新发展,但仅有小众视野难以扛得住大部制、深融合和强效能提升的大旗。由此,如何基于产教融合机制以工作室为载体高质量地培育创新创业人才,就成了新的研究课题。

作为高等院校为提高人才培养质量与行业、企业而进行深度合作的有效形式,产教融合鼓励实践主体依据高校所设专业,将产业学院与实践教学紧密结合,将人才培养与科学研究深入衔接,将科技创新与社会服务融为一体,以形成校企一体化的合作办学模式。这种模式为实施工作室创新创业人才现结合产教融合模式下的创新创业人才培养内在要求和工作室制人才培养模式的实践成效,对二者的关联性和所发挥的作用做出一定程度的解析。

第2章

应用型、融合式工作室制创新创业人才培养模式

在"互联网＋"时代,唯理论至上、淡化实际应用和忽视平台作用的做法,被认为是毫无创见和发展前途的"井底之蛙"所为。要让创新创业教育愈发显现出注重实践落地、讲求融合发展的特点与实效,需要不断深化人才培养模式改革,进一步明确人才培养思路,有效吸纳各方力量,着力融汇信息化技术、大数据平台和智能性手段等多种聚拢时代印记的创新元素。通过发挥专创融合工作室、众创空间和大学生创业孵化基地等综合体的实践功效,更加验证了创新创业人才培养如若脱离产教融合与专创融合搞孤岛式设计,必将毫无生路可言的事实。

2.1 以产教融合为路径深化创新创业教育模式改革

不可否认,产教融合瞄准的是市场导向,借靠的是科技力量,依赖的是学生主体,在激发师生创新创造能力、提高师资团队水平、增强学生核心竞争力乃至促进区域经济社会发展等方面功不可没。实践证明,产教融合、专产相接和校企一体,已成为时代发展对于高素质应用型人才培养的刚性要求。随着"互联网＋"对于高实效教育模式推进和高层次人才培养的作用日渐强烈,以之为路径不断深化创新创业教育模式改革,更成为创新创业教育工作者关注的焦点。

2.1.1 产教融合对创新创业人才培养的内在要求

产教融合办学模式集专业之求、产业之需和行业之用为一体,在激发学生

创新创造能力方面功不可没,对于提高教师综合业务水平和服务区域经济社会发展实效等的作用也较大。由此可见,产教融合本身作为一种实践育人和合作办学模式,对于创新创业人才的培养具有一定的内在要求,即需要通过校企合作、模块化课程和创新素质培养等,着力实现培育应用型人才、振兴产业行业和使企业受益等多元化目标。

2.1.2　融合式创新创业人才培养模式凸显的实践成效

以青岛黄海学院为例,学校坚持与时俱进,紧跟产教融合步伐,成立了创新创业教育模式探索和实践研究组,并组建高效能团队对"院园合一"机制下基于工作室的创新创业教育实践进行了全面研究,已于 2021 年 4 月由中国海洋大学出版社出版了同名著作。概览其要,总结出以下几点实践成效。

2.1.2.1　课岗融替、工学结合,实现了理实一体培养应用型人才

工作室制人才培养注重将工作室项目与实训式课程相互融合,实施课岗融替的教学模式,坚持理论与实践相结合,校企通力合作对学生的综合业绩进行鉴定,以提升其实战能力,在实际应用中立于不败之地。

2.1.2.2　任务驱动、师生同创,实现了产、学、研、创、用目标

在工作室内,教师根据学生实际匹配各自任务,并以之为驱动实施项目化教学模式,便于以师生同创、企生共创和学生自创等多元化创新创业形式,构建学业 + 产业 + 创业三位一体的融合式育人模式,并充分发挥产业学院和孵化园区的综合功用,既促进了产业发展,又推动了学思并进、研习创新,更有利于实现学以致用。

2.1.2.3　双师双能、赛教一体,实现了产教、学创的融合式发展

工作室制的开放融通性和明确的导向性,让教师有了双重身份,既是学业教师,也是实践导师,成了推进产教融合落地、学创深度融合的践行者,也成为指导学生参加高层次竞赛项目从而不断超越自我、获得创新发展的引路人。

2.1.2.4　科学评价、接续应用,实现了应用技能"可追溯"提升

工作室制创新创业人才培养模式使学生的学业素养提升有了抓手,能够将自己融入团队实现共赢和协同创新。由此,单一型的考核方式已然落伍,需要更加注重对于增强创新意识、提高创造能力等方面的有效考核和对团队协作精

神的综合考量。工作室制为学生的专业知识应用和创新能力提升提供了实践场所,重视综合性的实践应用而淡化单一式的理论复述,并在核心技能的接续式提升方面凸显实效,规避了一棍子打死的考核弊端,显现了能力进升"可追溯"的人性化设计思路和平台化运行理念。

总而言之,基于产教融合的工作室制创新创业人才培养在理论上有"章"可循,在载体内有"事"可做,在实践中有"果"可用,体现了科学发展观和协同创新理念,是值得尝试且可以推广的实践经验。其所凸显出的综合实效,有力地验证了该模式的有效性和可行性。

2.2 以专创融合为抓手强化创新创业卓越人才培养

专创融合是将创新创业教育融入专业人才培养全过程的有力抓手,它不仅是一种协同并进的先进理念,也早已为科创融教提供了行动指南,成为不断提升专业素养和创新能力的助推器。以之为抓手培育卓越型创新创业人才,为进一步培育应用型人才提供了卓见成效且较为适用的实践路径。现结合实际进行解读。

2.2.1 发挥专创融合实践动能

推进专创融合,并以之为实效抓手构建创新创业教育生态链,目的在于形成多学科融通的专业集群,打造人才培养新高地,为培育应用型创新创业卓越人才铺路架桥。研究如何通过专创融合将学科教育体系、专业课程体系有效转化为师生均能受益的知识体系、价值体系和心智模式,需要循序渐进地营造适用性较强的场域空间。而工作室本身作为这样一个磨炼心智、创造新知和孵化精英的坚固容器,恰恰能够投其所好,为发挥专创融合的辐射作用进而深入构建融合式、一体化的创新创业教育模式提供了可依附的实践载体。

在创新创业成为高等教育综合改革突破口的当今时代,提升学生的创新创业能力和职场就业能力已成为专创融合教育的重中之重。由此,创新创业人才的培养需要以专创融合为抓手,将专业技能的提升贯穿于创新创业精神的磨炼过程,结合市场实际需求,在高素质应用型人才即卓越人才的培养上出彩。

当然,大家也务必要明确,专业教育是创新创业教育得以顺利开展的有力支撑和不断深化的辐射基点。而创新创业教育,则是专业教育的有力补充及其外延拓展。只有将创新创业教育与专业教育有机融合,形成能够生发集群作用的整体合力,应用型本科高校才有可能切实有效地提升自身创新创业人才培养质量,并在高素质应用型人才的总体培养实效增强方面获得长足进展。

总的来说,树立学生为本的思想观念,相信人人皆有可能创新,做到因材施教并不断挖掘学生的创造潜能,使其各尽其能、各有所用,是较为明智的做法。现将具体内容做如下分解。

首先,要建立相对规范、合理和适用的管理制度,使创新创业实践活动"常态化",并能够使之不断得到丰富、健全和完善,为深层次的应用型人才培养提供较有力、有效和有为的保障机制。

其次,实施"弹性学制"是必备的措施,通过做好创新创业学分积累与转换,能够帮助学生树立顺利完成学业的自信心,并有效增强其积极参与创新创业实践活动的自主意识。

再者,打造"双师双能型"教师团队可以起到事半功倍的效果,它不仅为促使教师深入企业挂职锻炼成为创业导师奠定了基础,也进一步推动了创新创业成果激励政策的实施,更让学生深刻认识到非专业的"关注力"和专业化的"参与度"即为改变"原来的我"和创造"新的自我"的积极行为,从而真正实现了学业进步与创业实践的有效"勾连"和适度"串联",同时也在综合素质测评、优质化技能提升等诸多方面实现了突破。

最后,就是创新创业教育需要在教学资源整合、教育内容优化和教学方法改进等方面有所作为,加之校企共建课程、共建专业、共建特色班等,都需要创新项目合作开发、典型案例共同生成和专业教材同步使用,等等,从而真正将那些科研成果、创新项目和实践方法融入课堂内外,并适时激发使之转化为新的实践动能。

2.2.2　探索创新创业人才培养路径

不断强化专创融合理念,并以之为抓手深入实施应用型创新创业人才培养方案,需要在有效路径上进行长期不懈的探索和切入实际的研究。我国教育部有关卓越人才培养的文件对其理应具备的核心素质做出了说明,即良好的社会责任感、超强的创新能力、通畅的融合性思维和宏阔的国际化视野。

很显然,这种卓越型创新创业人才的培养不是一种单一性、平面化的教育实践行为,而是需要立体化地呈现学生的综合技能、职业素养,并能够使其以较好的创新意识和较强的创造能力迎战社会职场竞争,应对时代风雨洗礼,以便取得制胜先机和创新优势。就其实践的路径而言,培育此类型的卓越人才,确切地讲是培育创新创业卓越人才,需要寻求到真正契合自身实际需求且能够促进自身发展的适用模式、可行方案与拓展航道,并需在实践路径与突破途径等方面有着较大的选择空间。

不能不提的是,创新创业卓越人才的培养,还需要卓越的教学方式和实践平台。事实证明,典型案例剖析、真实场景体验、创新任务驱动和实践项目路演等,都是行之有效的应用型创新创业卓越人才培养的方法和途径。而构筑内外相融、专创相通和科创相连的全方位、一体化创新创业实践教育平台,则为固化双创通识教育与普惠课程根基和使专创融合得以有效落地创建了可以依附的实践载体,也为潜质型学生量身定做最佳方案创造了有利条件。更何况创新创业卓越人才的过人之处,在于能抗压、知进退、可塑造和有梦想,并能够在低谷中摸爬滚打而扬鞭奋起,在成功后继续前行而乘胜追击,而不是仅仅停留在所谓的"精英"名号层面沾沾自喜,甚或坐吃山空而裹足不前。因此,创新创业人才需要着力实现"进阶",需要高水平的行业指导,需要高质量的技能培训,也需要高效能的成果熔炼。这些都不可能是朝夕可成之事,而需要构建一个真正能够发挥长效、接续作用的生态体系。鉴于此,科学、健全、完善的学业考核、企业实践和行业疏导,乃至包括彰显了合理性、全面化教育评价在内的综合体建设,便不得不被提上研究日程。

高素质创新创业人才除了要具备良好的道德品质和基本素质之外,还需要有高强的专业技能、过硬的职业素养与畅达的创新思维。另外,在实践应用上,更需要此类人才大胆尝试,勇于挑战,敢于创新,不仅不拘泥于理论窠臼,更要不沉陷于往日辉煌,真正能够将理论联系实际,坚持从实际出发并解决实际问题,发挥出自身"中坚""主导"甚或"核心"的作用。总而言之,高素质创新创业人才的培育路径应聚焦于专创融合生发出的活性思维和辐射效用,并在实践过程中不断地加以验证,使之更加具有可行性、适用性和推广性。

中 篇

工作室载体下应用型本科创新创业教育模式实践研究

　　基于工作室实践载体构建应用型本科创新创业教育模式,目的在于以立德树人为根本任务,发挥创新发展理念的实践动能,着力夯实创新文化的根基,进一步激发敢于创新的意识,提升勇于创造的能力,最终形成相对成熟的双创教育和高效能实践体系,以在学生内心铸就敢闯会创的心智模式。这是一个需要精心熔炼和耐心研磨的引领性工程。其过程的艰辛挫不败"向阳而行"的心力,其成果的转化脱胎于融合式教育的内核,其实践的成效源自创新意识的增强、进取精神的磨砺和自立行为的落地。本部分内容立足于融合式教育思维和生态体系构建思路,从实施"三业融合"的人才培养战略出发,以青岛黄海学院自身的实践探索为例,对应用型本科高校工作室制人才培养和创新创业教育模式进行了详细解析,并理实一体地验证了其所体现的实践成效。

第3章

一核引领、两翼协同、三体交融、四阶递升的创新创业教育模式实践

有关创新创业教育模式的探索,源于创新创业教育实践活动的开展。在长期的模式探索和不断的实践验证中,青岛黄海学院逐步摸索出一套贴合自身实际和凸显实践成效的创新创业教育模式,凸显了一核引领、两翼协同、三体交融和四阶递升的基本特征与实践效用。(见图3-1)

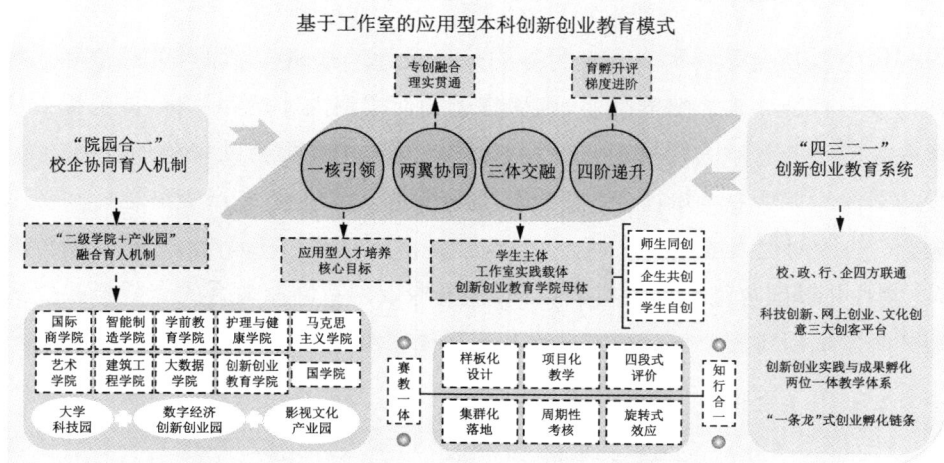

图 3-1　基于工作室的应用型本科创新创业教育模式

在这里,一核引领指的是以应用型人才培养这一核心目标为引领,推动创新创业教育及其实践活动的有序开展;两翼协同指的是发挥"专创融合"和"理实贯通"二者的协同助力作用,为创新创业教育的有效实施和实践项目的

落地插上腾飞的翅膀；而三体交融是指以学生为力行主体、以工作室为实践载体、以创新创业教育学院为教育母体，不断深化产教融合和推进校企合作，并以学业 + 产业 + 创业"三业"来汇聚能量，形成赋能增效的矩阵效应，并在较大范围发挥出辐射影响力；四阶递升则是指形成创新创业教育推进、创新创业人才孵化、创新创业技能提升和创新创业实效评价等四个逐级递升的链条，以在有效聚合校、政、行、企四方力量的前提下发挥整体合力，为创新创业教育及其实践活动的深入开展提供便利条件和有效保障。

3.1　基于"三业融合"人才培养战略协同培育应用型人才

锚定应用型人才培养目标，实现学业 + 产业 + 创业"三业融合"，为应用型本科高校深挖产教融合资源、发挥校企合作动能和有效构建创新创业教育模式提供了战略引领，它不仅鼓励激发创新意识、倡导提高创业能力，也为深化创客实践指明了方向。实施此一战略旨在借助模式的构建营造创新文化氛围，凸显精益创业思想，并为构建教育生态体系赋能增效。

3.1.1　实施学业 + 产业 + 创业"三业融合"的人才培养战略

作为谋划全局和实现既定目标的规划设计，"战略"一词以前瞻性和系统性为核心特征。人才培养战略，则聚焦于如何实现人才培养目标，如何提升所育人才的核心竞争力，并使其在社会化的竞技场中获取持续优势和发展动力。青岛黄海学院秉持"知行合一"校训，"逐步走上了学业 + 产业 + 创业'三业融合'的应用型人才培养之路，着力构建并深入推进'院园合一'校企协同育人机制，并以创客工作室为实践载体，积极探索创新创业教育的有效模式"（青岛黄海学院创新创业教育模式探索和实践研究组，2021）。

3.1.1.1　学业 + 产业 + 创业

学业 + 产业 + 创业"三业融合"的应用型人才培养，不仅是一种育人战略，也是一种实践模式，旨在基于学业汇智、产业聚能和创业助行的辐射效用而打造出产教融合生态圈。这一育人战略，依托现代产业学院和工作室载体构建多学科知识并用的专业集群，着力于真实场景浸润和项目驱动式教学，有利于实现产教融合、校地融合和科教融合，以便为更好地助推区域经济社会发展培育更多的高质量应用型人才。

第一，主要针对的问题。基于工作室的"三业融合"，针对新时代发展要求和全球化创新热潮对于高素质应用型人才培养的具体考量，探索产教深度融合、校企紧密合作的新模式，并聚焦产业融合发展和社会化职场对于增强应用型人才核心竞争力的实际需要，持续探索和深入完善学院＋产业园"院园合一"的校企协同育人机制，坚持"以产业链建专业群""以群建院""以院建园"，为实现专业人才培养的提质、增效与培优提供保障。基于工作室的"三业融合"针对区域经济社会发展在产教融合方面的多元化刚性需求，精准打造行稳致远的应用型人才培育模式，理实一体实施学业＋产业＋创业"三业融合"的人才培养战略，集群化构建模块化课程体系，以突显校地融合、产教融合和科教融合特色，实现课程设置与区域发展、市场需求的深度契合。基于工作室的"三业融合"，针对应用型本科高校人才培养中存在的孤岛式设计现象，构建知行合一的工作室制人才培养模式，开拓师生同创、企生共创、学生自创等"百团大战"局面。基于工作室的"三业融合"，通过解放物理空间，发挥工作室实践载体作用和项目化教学场景浸润功效，让学生体验企业真实环境，提升"双师双能型"师资团队整体创新能力，赛教一体地解决教育成果转化率低和高层次大赛获奖面窄的问题。基于工作室的"三业融合"锁定应用型本科高校在人才培养评价方面存在的疏漏和欠缺问题，探索科学、健全与合理的人才评价机制，不断完善德行为重、技能为先和创新发展的人才评价生态体系，产生接续性旋转和梯度式攀升效应，解决产教融合实践育人环节和体系架构疏松甚至脱节问题。

第二，主要理论基础。此战略基于"三螺旋理论"，构建并完善"院园合一"校企协同育人机制。它注重模型的规整和引领作用，将创新系统的核心单元定格在政府、企业和高校三方的"交融"上，最大限度地发挥"联动"作用，推动知识产出与成果创新，构建产、学、研、创、用一体化育人机制，并发扬区域特色，实现知识领域、行政领域和产业领域"三力合一"，达到辐射带动校、政、行、企多主体协同发力的目的。此战略应用教育与生产劳动相融合理论，推进工作室制人才培养落地实施。跨境电商工作室制人才培养模式，其理论溯源于实践体验且必将指导理论的创新应用，凸显出教育的生产力本质，属于高层次融合形式。此战略以产教融合为路径进行人才培养，基于"院园合一"校企协同育人机制，实施项目化教学，创造性地将学院＋产业园的空间拓展，将企业真实项目引入课堂,细化执行了产教融合思路和校企合作模式,理实一体地推进了任务驱动式的项目化教学,有效实现了知识学习与实践应用相统一,使学生在实操中成长为合格劳动者。以场域理论为主导,助推产教融合模式下的平台、载体综合功效发挥。此理论认为个人的行动皆被行动发生的场域所影响,既包括物理环境,也包括他人行为及诸多关联因素,且此场域极具实效性和辐射力。应用型人才培养需要营造适用于人才成长的场域,构建接续滋养和提升技能的生态型孵化体系。基于产教融合模式,发挥产业学院、工作室载体功用,在教学过程中强化学习场域论,旨在形成学场 + 职场相融通,学业、产业、创业为一体的知行合一式人才培养模式,以增强学生的自主创新意识和实践应用技能。此战略运用社会价值与经济价值相统一的理论,使育人公益性与生产营利性"求同存异",通过专业实践,将理论与实践相结合,坚持"教学做合一",注重场景体验和实践认知,既要促成企业"使用人"和"培养人"的同频共振,助其获取人力成本,实现经济利益最大化,又要使学校的育人获取到人才成本,通过创新创业创客的实训式人才培养,多渠道实现育人效益最优化。"三业融合"的应用型人才培养战略和实践模式,基于"院园合一"校企协同育人机制,有效实现了经济价值与社会价值相统一,并倪社会价值"增值"到最大化,让"双赢"成为现实。以跨界融合理论支撑产教融合体系架构,多元化构建产学研用创的实践平台和生态体系。作为既是产教融合专业教育也是专创融合实践教育的应用型本科教育,地方性和应用性是其典型特征,重在培养应用型、创新型人才。以学生发展为中心,服务于区域经济社会发展,将产学一体、研创并进和学以致用作为高等教育的方针政策,是遵循科学发展规律提高教育质量的重要途径。产教融合是应用型本科高校基于满足区域经济社会发展多样化需求培育高素质应用型人才的有效路径,需要校企紧密合作,需要高效能的实践平台和接续性的生态体系提供智慧引领与实践动能。双方各有所需,决定了多元化推进产教融合实践落地的必要性和可行性。完善"院园合一"校企协同育人机制并深入实施融合式育人模式,有助于多渠道、多层面发挥产、学、研、创、用创综合实效。

第三,解决问题的方法。首先,立足实际,理实一体。通过现状解析,知晓专业链对接产业链、创新链的源头之所在,固化并增强产教融合育人模式实效的理论基础,并集思广益地探究如何将其融入后续方案的具体实施过程,进一步夯实了基于专创融合、科教融合的专业人才培养思路所形成的学业 + 产业 +

创业理论根基,以便有效指导育人实践。其次,市场导向,探寻路径。此举以市场需求为导向,对企业核心诉求和学生内心所向进行摸底调研,明确教学设计中的缺失所在和关键环节并逐一击破实施障碍,寻求搭建产、学、研、创、用一体化平台的最佳方案,探索汇聚产教融合原动力和促进产业学院、工作室等载体功效发挥的适用路径,为培养跨专业、复合型人才提供行动方案。再者,实证研究,验证实效。此举以专创融合为抓手,基于学校"一基地、三园区"的运营实践,验证"一体多翼"建设产教融合实训基地的育人成效,研究创新创业教育深度融入各个专业教育并重点辐射跨境电商、智能制造、影视艺术、学前教育、护理与健康等多学科专业集群所产生的综合作用,形成可复制的经验,在更大范围发挥引领作用。最后,深度融合,以点带面。坚持与时俱进,升级全过程、全方位、深融合的"院园合一"校企协同育人机制,创新了人才培养模式,开发了服务区域经济社会发展的新产业、新业态、新模式、新技术等"四新"课程,打造出"双师双能型"师资队伍,有利于建设适应地方和产业需求的智慧园区。要实现这一点,需先将实践体验内化提炼,再将成功经验向校外推广,并不断扩大试点,逐步形成能够产生辐射带动作用的实效做法。

第四,主要创新点。学业 + 产业 + 创业"三业融合"人才培养战略,锚定的是青岛市创业型城市发展规划和应用型人才培养目标,并基于此发挥学业 + 产业 + 创业综合作用,构建产教融合生态圈,找准专业品质熔炼、创新意识增强和创造能力提升的"逻辑起点",营造场域空间,变革教学模式,全方位、全过程融入企业元素,发挥场景浸润功效,协同培育新时代创新创业精英。通过将实效做法升华为指导理论,形成了可供应用型高校复制与借鉴的长效育人机制和生态孵化体系。

创新点一:基于"院园合一"搭建产、教一体化平台,凸显五个"融合"。通过学院 + 产业园"院园合一"搭建的产教融合新平台,使产教融合有了机制保障;以工作室制搭建校企协同育人的基层教学组织,使校企合作有了落脚点;学用结合和专创融通使得产教融合与校企合作有了引连有力、融合有效的专业群载体,让二者从"知"走向了"行",并通过践行"知行合一"理念实现了五个"深度融合",即产业链与专业群深度融合、教育组织形态与产业项目对人才需求深度融合、校企深度融合、企业生产与人才培养过程深度融合、学校师资与行业企业深度融合。更将一体化培育应用型人才落脚于协同育人机制的深入完善上,探索出适用于民办本科高校的产、教一体化模式,打造出"院园合一"校企协同育人机制的升级版。

创新点二:实施工作室制创新创业人才培养模式,凸显了"4C"实效。工作室制项目化教学,使人才培养有了工作室载体,教学有了项目化路径。工作室是培养应用型人才的落地创新之举。工作室实践载体把高校教师、在校学生、社会企业三者有机结合,将教学过程与岗位工作内容融合,将课程考核与岗位考核相统一,凸显人才培养中场景带入(Connection)、项目认知(Cognition)、实战练习(Competition)、总结应用(Conclusion)"4C"实效。通过构建"院园合一"机制——工作室制培养——综合课程——项目化教学人才培养的逻辑链条,探索出了一条应用型人才培养改革新路径。如青岛黄海学院在调研电商企业和运营项目的基础上,与山东网商集团合作探索了真实商业生态系统下的项目化TBES(Ture Business Ecosystem)教学模式,并以此模式建立了课程实操奠基、课下实操充电、大型项目实战和入企顶岗转型层级递进的实践教学体系,促进了学生基本技能、专项技能、综合技能、岗位实践技能提升。(见图3-2)

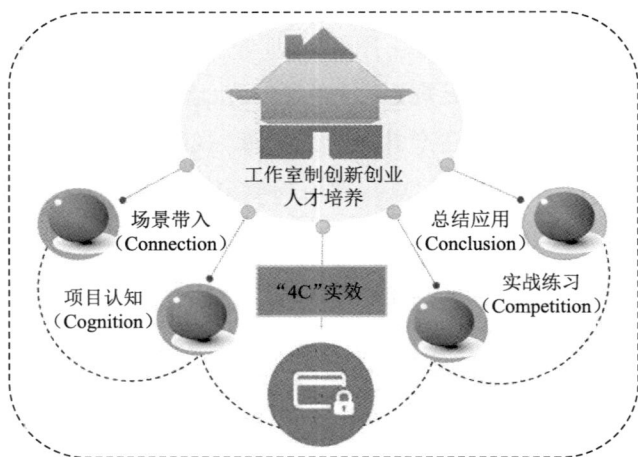

图 3-2 工作室制创新创业人才培养"4C"实效

创新点三:注重"三业融合"、四段评价,凸显接续生态和集群效用。因为"创新创业教育教学方法和评价方法有待改进"(李瑜,2021),所以将学业、产业和创业"三业"有机融合,实施核心技能培养、专创融合教育、实践项目孵化和场景实战运营的"四段式"教学评价,便成为有益的改革探索,不仅使学生乐享参与过程,并且打破了专业限制,链接了"外语+""互联网+"课程,发挥了学业汇智、产业聚能和创业助行作用,也使教师施教有方、学校育人有道、创客创业有为。

第五,推广应用范围。此一战略需要经过长期沉淀和不断的熔炼培育,在实践落地方面加以验证。学校各级领导、相关部门和党委应高度重视,将其作为学校综合改革的重要工程全面推进,使之在范围上呈矩阵式不断扩大。以"院园合一"校企协同育人机制为例,现已在青岛黄海学院落地生根,并基于深度打造"四三二一"创新创业教育系统升级版,亦校亦企地实施了工作室制人才培养模式。学校着力发挥智库引领、产教融合和协同创新的"大部制"综合效用,与山东网商集团、华为集团等数十家企业共建产业学院、优势专业和工作室载体等,推进了项目化教学、微专业建设和社会综合服务,扩大了产业为体、文化为魂、教育为本的产学研用创综合体与产教融合生态圈构建范围。

第六,实践验证。实践证明,基于学业+产业+创业"三业融合"的人才培养战略和实践育人模式,作为"院园合一"校企协同育人机制的深度创新形式和有效实践路径,自实施以来,愈发凸显学校创新教育的特色和亮点,已辐射到专业教学改革的前端、校办产业与区域产业发展的后端,并向现行学校专业教学改革深度延伸,促使电子商务、国际贸易、互联网金融、护理与健康、影视艺术等专业实现了以专业链对接地方产业链和创新链,逐步形成了学业、产业、创业、就业循环衔接的产教融合新生态,为深入构建基于创新创业创客的实训式人才培养模式和基于学校发展、企业运营、社会服务的模块化课程体系奠定了基础,并逐步提升了科技创新、网上创业、文化创意和师生同创、企生共创、学生自创的综合实效。学校在挖掘和推广创新创业教育学院、国际商学院等"三业融合"的产教融合育人模式经验基础之上,依托现代产业学院,构建并完善了新商科、新工科、新一代信息技术、影视艺术、民生领域和学前教育等凸显专业特色和实践价值的专业集群,并大范围发挥辐射作用,凸显了应用型人才培养实效,深受校内外好评。

第七,推广应用数据。此一战略和实践模式,在地方性应用型本科院校专业人才培养中得到了推广应用,对于大学科技园、就业创业孵化基地和创新创业教育学院的建设具有借鉴价值,成为示范带动作用明显的经验做法。山东网商教育科技集团有限公司配合学校深入推进了"院园合一"校企协同育人机制下基于学业＋产业＋创业的产教融合育人模式,深入打造工作室实践载体,就专创融合、科教融合和校地融合等的创新路径进行了广泛交流和深入探索,成效明显。2020年,学校与中国海洋大学共建特色选修课并对学生进行学分认证,与山东协和学院合作共建共享孵化基地资源,与青岛大学商学院、清华大学信息技术研究院电子商务研究室进行交流合作,与蓝鸥科技有限公司联合举办产业学院创新发展论坛,与青岛中华职教社、民建青岛市委合作开展"创新创业实践教育"等。

据统计,该应用得到了669名校外导师和12位特聘教授的认同,跨境电商工作室制累计培养专业人才1 779人,受益学生总量超过3 000人。学生基于"三业融合"育人模式有效提升了自主创新意识,扩大了专创融合实践范围,参赛热情高涨。2021年,学校从591个项目中审定205个参加国家大学生创新创业训练计划项目评选;共推荐5 203个中国国际"互联网＋"创新创业大赛参赛项目,其中42项晋级省赛,最终在省赛中获得金奖1项、银奖16项和铜奖15项的理想成绩。学校推进产教融合育人模式,深化以创新引领创业、以创业带动就业的服务机制,创新创业教育学院"求职勇闯六道关——大学生就业指导与能力提升"专创融合在线课程目前已覆盖近70所高校,累计有5.14万人选课,实现互动22.97万次,稳居新建本科联盟最受学生欢迎课程第一名。

第八,推广应用效果。首先,学校有口碑、育人有门道、学生有未来。学校注重产教融合实践落地所取得的成效,赢得了较好的社会声誉,吸引了大批专家、学者和社会各界人士来校参观学习或交流经验,目前已达到4 000余人次。电子商务专业获批青岛市市校共建重点专业,并辐射到其他专业,为促进产业学院和"小而美"的微专业交叉学科建设、统筹推进创新创业实践和构建"前校后厂"格局下的辐射性专业群奠定了基础。2018年,学校凝心聚力挖掘区域资源,强力提升整体育人实效,跃居"2018中国民办大学创业竞争力300强"榜首。2020年,学校通过深度熔炼自身作为全国跨境电商专业人才培养示范校、卓越型产教融合实训基地和国家级众创空间在"双创"教育文化建设及实践能力提升方面的成果经验,获批为第一届全国产教融合创新创业大赛山东分赛区跨境电商赛道承办单位。同年5月,《人民政协报》刊发了《青岛黄海学院:四文化融合培养高素质应用型人才》文章,对学校坚持内涵发展、促进协同创新的改革经验进行了报道;8月30日,董事长在青岛跨境电商产业园启动暨中日韩消费专区电商体验中心开业仪式上发表讲话,全面推介了学校以大部制助推产教融合落地和培育应用型跨境电商人才的成功经验;10 月 16 日,创新创业教育学院提报了"以产教融合为路径构建跨境电商专业群实现转型发展"的案例,参展教育部第七届产教融合发展战略国际论坛,产生了深远影响。2021年 3 月,学校坚持以"院园合一"协同机制推进产教融合实训基地建设的典型案例入选教育部优秀案例集(证书编号:2021SXJD01018);6 月 23 日,中国教育新闻网、大众网等报道了青岛黄海学院跨境电商产业学院、服务贸易产业学院、直播电商产业学院等八大产业学院揭牌仪式,推广了学校聚力构筑全方位、全过程、深融合的产教融合新生态经验,并将学校依托产业学院启动跨境电商、直播电商、媒体与创意、商务大数据技术等 13 个微专业的实效做法进行了介绍,辐射效用明显。

学校发挥"院园合一"校企协同育人机制统领作用,坚持以产教融合为路径、以专创融合为抓手,推行多主体合作共建产业学院和知行合一的跨境电商工作室制人才培养模式,切实提高了电子商务、国际贸易、互联网金融、智能制造、影视艺术和计算机科学与技术等专业人才的培养质量。在不断增强专业品质和自主创新意识的基础上,师生拓宽了产教融合思路,参与职场竞争的能力也随之提高。作为一所创业型高校,青岛黄海学院灌注 25 年创新基因逐步探索到适合自身发展的产教融合育人之路,多主体协同共建现代产业学院和打造工作室实践载体的做法已在校园内蔚然成风。目前,学校已建立十几个高效能产业学院并辐射到近百个专创融合工作室,为社会输送了一大批专业素质高、创新意识强和综合素养好的应用型人才。

基于产教融合的不断深化、专创融合能力的强力提高,学校全力调动教学单位深入推进产业学院建设和工作室载体打造,着力加强与青岛市跨境电商协会、山东省跨境电商产教联盟、山东网商集团、蓝鸥集团、华为集团等实体单位的合作,加强师生教科研核心成果熔炼,并将其应用于教学实践,理实一体地构建实践育人体系。工作室通过广泛实施项目化教学,将企业元素融入真实场景,提升了本科学生应对职场的核心竞争力。学生在校不仅掌握了专业基础知识,也参与到教科研活动中,通过学术滋养和项目运营体验企业愿景文化,深化了实践认知,强化了实操技能,不仅出现 2021 年全国高校商业精英挑战赛中千名高校精英"论剑"青岛黄海学院的现象,更展现出黄海学子受益于"三业融合"

育人模式凸显高超应用技能的风采。学校通过实施"三业融合"育人模式培养高素质应用型人才,增强了服务区域经济社会发展的能力,涌现出众多敢闯会创的优秀学生,并带动不少学生实现自主创业和高质量就业。

其次,辐射有梯度,融合成常态,借鉴显实效。学校学业 + 产业 + 创业的产教融合育人模式改革,在青岛黄海学院全面应用并逐步向外部试点推广,探索出一条适用性较强的产教融合协同育人新路径和工作室制人才培养新模式,产生了基于跨境电商的专创融合辐射效应。此探索不仅在校内开花结果,也为解决所育人才难以满足跨境电商行业需求的现状问题提供了借鉴,提高了跨境电商人才培养的适应性,使之走出校门辐射影响到不少其他高校。各自有选择、分梯度地借鉴了学校的改革经验,并以之为参照启动产业和教育的"双引擎",聚合校、政、行、企四方联通力量打造实习实训基地,亦校亦企地尝试了以学业提能、以产业筑基和以创业圆梦的应用型人才培养新型模式,逐步转变观念形成了常态化推进专创融合、科教融合、校地融合甚至思创融合的工作思路,并基于自身实际在机制完善、学科建设、课程体系、园区规划等诸多行动方案落地方面发挥了一定作用,也通过打造"双师双能型"师资队伍,增强了应用型人才培养的整体实效,提高了区域经济社会发展接续服务的能力。实践证明,该探索具有深透的融合性、严整的系统性和较好的前瞻性,且已在产业学院建设、创客空间运营和工作室载体打造中日益显现独特性、创新性和可复制性,值得在更大范围内推广应用。

3.1.1.2 创新 + 创业 + 创客

创新不仅包括理念上的创新、实践上的创新,也有介于二者之间的改造式和突破性创新。创业则不只是行为上能闯敢创,更在于实效上的敢闯会创。而创客这个不以赢利为目的却能把创意变为现实的群体,凸显的则是将所有创新意识和创业想法落地于实践的行为主体的核心思想。三者有机融为一体,方能大有所为。不能不说,它们才是真正助推"三业融合"人才培养战略有效实施和优质化培育应用型人才的关键词。此节内容重在落地,需要细化的点较多,需要融入链条式、生态型的创新创业教育体系中,在此暂且不做赘述。

3.2 工作室载体下的创新创业教育模式及其实效价值研究

工作室作为创新创业人才培养的基层实体组织,不仅仅是师生同创、企生共创和学生自创的实践载体,也成为贯通课堂内外、校企合作和产教融合的有力抓手。对其产生的价值进行研究,有助于验证相关教育模式的实践成效。现主要列举如下。

3.2.1 创新创业教育模式重在营造创新文化氛围

创新创业教育是基于立德树人根本任务,坚持以学生的创新发展为中心,助力学生树立创新意识、提升创造能力和熔炼创意品质的综合性实践活动。其中,创新精神起到一种理念引领和实践推动作用。而通过集群化构建创新文化氛围,则是培育适宜专创融合、思创融通、科创融教等创新土壤且不断增强创新实践主体活力的生态型思维。这种思维模式便是创新创业教育模式的"策源地",它不仅可以激发创新主体的活性,更能够使其创新思想接续性地萌芽下去,并在相关环境的催生下得以"落地生根"。

在这里,创新文化指的是涵纳了内外文化且与创新相关的特殊文化形态,既包括观念上的文化,也含有制度与物质基础方面的文化。创新文化重在对于"创新"的培育,需要内外兼施。在整个体系当中,文化特质即内在文化的不同,会塑造出不同的价值观、心理素质、认知能力和行为模式等,以此促发了创新人群的个体化差异和综合性特征;而创新环境即外在文化,则包括体制、机制乃至物质基础等,是萌生创新意识、激发创新行为和提升认知能力等创新实践活动的基础性保障。

3.2.2 创新创业教育模式力主凸显精益创业思想

创新创业教育模式的构建离不开先进理念的指引。其中,精益创业思想不可疏漏。这一杜绝无价值活动而以实现价值最大化为终极目标的思想性说法,源于美国作家埃里克·莱斯所撰写的著作《精益创业》。作为敏捷开发"原型建模"的一种延续,精益创业瞄准的是"最小可用品""客户反馈"和"快速迭代"这三个得力工具,通过低成本、可视化、直观性和创意性等多种优势的发挥,激发客户认知意识,并基于用户中心的实际需求,进一步做好反馈和修整工作,使产品的功能能够跟得上客户迅速变化的需求而不断"提质",且又能使之逐渐趋于"丰满"和变得更加"接地气儿"。

实践证明,创新创业教育模式力主突破传统型、低效能的实践方式,坚持以学生发展为中心,着力于增强、提高其创新意识和创造能力。它不囿于单一性的模型设计,也不推崇不切实际的虚无畅想,却追求凸显优质化、高产出和创新性的生态型链接。由此,务必要考虑成果导向和市场需求,切不可拘泥于固化的思维模式,对场景应用和实际需求视而不见,而在实质性突破上毫无进展。

3.2.3 创新创业教育模式着力构建教育生态体系

所谓模式,指的是实践主体开展活动的一般方式,理实一体是其依附的介质,既具有简单性和便捷性,也具有稳定性和系统性,并能够针对实践成效的提高,在资源重复利用和技术可操作性方面有所体现。创新创业教育模式,"是指在一定的思想、理论的指导下,在某种环境中建立起来的相对稳定的创业教育活动程序及防范的策略体系"(石国亮,2010)。它为具有创新意识和创业想法的实践主体实现梦想提供了参照标准和行为范式,需要科学、客观、合理和系统地体现出先进理念与有效实践融为一体的卓越本质。由此,多渠道构建行之有效的教育生态体系是其可行之路。

这种生态体系,是帮助实践者以昂扬姿态走出低效能教育困境的"妙方良药"。它将专创融合纳入一个"可追溯"的人才孵化链条之中,并通过营造浓厚的实践氛围和打造极具创意的场域空间,为创新创业者筑建实现梦想的实践乐园。而以工作室为载体开展创新创业教育,便是想要构建这样的一种模式,二者可谓相辅相成,互相牵引彼此关注的焦点问题并能够有序拉动各自的实际需求,在协同创新上力求有为并大有可为。

总而言之,此部分内容基于"三业融合"人才培养战略,提炼出一核引领、两翼协同、三体交融、四阶递升的创新创业教育模式并落地于实践,也对应用型人才培养做出了一定程度的阐释。在此以青岛黄海学院为例加以说明,意在通过实际案例显现战略实施、模式推行和路径落地的综合实效。虽然工作室制创新创新创业人才培养模式极具人性化特征,但不可缺失"三业融合"人才培养战略的导向指引和平台助力,这也是深化产教融合、推进专创融合和科创融合的实际需要。

第 4 章

应用型本科高校基于工作室的创新创业人才培养实践

20 世纪 40 年代初,苏格兰心理学家肯尼思·克雷克提出心智模式的概念,这种模型构建源于新接收信息的刺激作用,可以通过自身经验丰富与否、所受教育程度高低等形成一定的差异。"教育是产生心智模式的方式之一。"(王磊,于俊英,2018)创新思维的突显对于学生摈弃守旧思想,塑造勇于求异、不断创新的心智模式大有裨益。

以工作室为实践载体培育创新创业人才,是运用创新思维解决实际问题的行动体现,它改变了传统的课堂授课和实践育人模式,在理实一体地遵循科学规律基础之上,摆脱了旧有的心智枷锁,以更为灵活的方式培育应用型人才,并使其走出狭小天地而获得"全新发展"。现结合青岛黄海学院相关实践加以说明。

4.1　青岛黄海学院基于工作室的创新创业人才培养模式

经过长期探索和实践研究,青岛黄海学院基于"院园合一"校企协同育人机制,建立并完善了"四三二一"创新创业教育系统,并围绕应用型创新创业人才培养,贯彻实施学业 + 产业 + 创业"三业融合"的人才培养战略,逐步走上了建设具有创新创业竞争力的民办大学之路。现结合学校总体建设和发展规划情况,对工作室载体下创新创业人才培养模式的推进实施做出细致说明。

4.1.1 青岛黄海学院简介

青岛黄海学院始建于 1996 年,2003 年经山东省人民政府批准为普通高职院校,2011 年经教育部批准升格为普通本科高校,2017 年通过教育部本科教学工作合格评估,2021 年成为山东省应用型本科高校建设第二批支持高校。学校现设国际商学院、智能制造学院、建筑工程学院、艺术学院、学前教育学院、护理与健康学院、大数据学院、马克思主义学院、创新创业教育学院、国学院、继续教育中心、大学体育教学部共 12 个教学单位,开设了 70 余个本专科专业,涵盖了工学、管理学、经济学、教育学、艺术学、理学、文学等学科门类。

2019 年,学校"'院园合一'的协同机制"典型案例入选教育部首批产教融合实训基地优秀案例集。2020 年 10 月,学校"以专创融合为抓手促进'应用型'转型"案例,在教育部第七届产教融合发展战略国际论坛上得到教育部原副部长的大会推介。2021 年 11 月,学校"实施'三业融合'育人战略,培养'敢闯会创'应用型人才"典型案例参展教育部学校规划建设发展中心一讲、一课、一案、一展"四个一"线上巡展活动。

学校坚持社会主义办学方向,以立德树人为根本任务,实施质量立校、人才强校、特色兴校、合作办校战略,坚持走开放性、服务型、协同式应用型本科办学之路。学校践行"知行合一"校训,秉持"惟德惟能、止于至善"校风和"博学、慎思、明辨、笃行"学风,实施"质量立校、人才强校、特色兴校、合作办校"战略,定向于地方、定型于应用、定位于教学、定格于实践开展应用型本科教育,建立了"融入区域、根植产业、服务社会、促进发展"的 1234 应用型人才培养体系,即围绕区域经济社会发展培养高素质应用型人才培养目标,突出德育为先、能力为重、全面发展,优化理论教学、实践教学、创新创业教育三大体系,形成以传统文化培根育人、以红色文化铸魂育人、以工匠文化实践育人和以创新文化协同育人的"四文化"融合育人特色。

学校坚持地方性、应用型办学定位,探索出一条"以产业链建专业群""以专业群建二级学院""以二级学院建产业园"的应用型建设路径。建立根植青岛产业链的智能制造、跨境电商、新一代信息技术、影视艺术等应用型专业集群。以群建院,设立具有行业学院特征的二级学院。以院建园,依托国际商学院建设数字经济创新创业园,依托智能制造学院建设大学科技园、华东产教园区。依托行业特征的二级学院成立 9 个现代产业学院,开发 13 个微专业。对接科研院所、产业园区、行业协会、链主企业,实现校企合作专业全覆盖。

学校坐落在青岛西海岸新区,占地面积 115 万平方米,建筑面积 64.8 万平方米,现有全日制在校生 27 302 人,开设了 36 个本科专业,形成了与区域经济社会发展相适应的学科专业体系。学校拥有省一流本科专业建设点 5 个、省民办本科高校优势特色专业 5 个、省卓越工程师教育培养计划项目 1 个、市校共建重点专业 5 个。获省级一流本科课程 11 门、省级精品课程 18 门、国家级"十三五"规划教材 1 部,超星、智慧树平台运行课程 94 门。近三年,学生参加学科竞赛获国家级奖项 614 项、省级 1 580 项,其中全国大学生数学建模竞赛、全国大学生电子设计竞赛等 A 类学科竞赛获国家级一等奖 9 项、二等奖 25 项、三等奖 38 项,获省部级特等奖 10 项、一等奖 77 项、二等奖 124 项。学生团队参加第七届"互联网+"大学生创新创业大赛,获省级金奖 1 项、银奖 16 项、铜奖 15 项。

学校现有专任教师 1 359 人,外聘教师 388 人,专任教师中硕博占比 85.87%,高级职称占比 38.85%,"双师双能型"教师占比 65.05%,享受国务院政府特殊津贴专家 2 人、泰山学者 2 人、泰山产业领军人才 1 人,省市教学名师、有突出贡献专家、首席技师等 45 人,省青年创新团队 2 个、省黄大年式教师团队 1 个。2021 年获山东省青年教师教学比赛一等奖 2 项、二等奖 1 项、三等奖 2 项。

学校拥有黄海 e 代人国家级创客空间、山东省大学生创业孵化示范基地、工业机器人工程技术研发中心(省科研创新平台)、新时代中国平衡与充分发展研究基地(省社科重点基地)、山东省跨境电商实训基地、山东省师德涵养基地、山东省创客之家、山东省首批现代产业学院、青岛市高技能人才培养基地、青岛工业机器人培训平台、青岛市青年创新创业基地、青岛西海岸网上创业园、大学科技园等 13 大教学科研平台。

目前,学校已与 52 所国外大学建立了友好合作关系。近三年来,学校选派了 22 名骨干教师参加学术研讨、出国深造和短期交流等活动,有 109 名学生赴韩国、日本等国家开展交流学习。在专任教师队伍中,具有国外留学背景的师资占比为 8%。

办学 26 年以来,学校为区域经济社会发展培养了 14 万余名毕业生。学校荣获全国示范学习服务中心、全国先进社会组织、首届黄炎培优秀学校、首批全国跨境电商专业人才培养示范校、全国民办高校创新创业教育示范学校、全国学雷锋基地先进单位、青年之声国学教育示范基地、山东省民办教育先进集体、山东省创新创业典型经验高校等荣誉。

4.1.2 创新创业教育概况

青岛黄海学院通过成立创新创业教育学院,来进一步统筹全校创新创业教育资源,以便对全校二级学院的师资建设、课程建设、平台建设和大赛推进等工作情况进行量化、考核,并主要负责国家级众创空间、省级大学生创业孵化示范基地、市级青年创新创业基地等运营和人才孵化工作。

学校创新创业教育学院溯源于学校 2009 年 12 月与阿里巴巴集团合作开展电子商务专业实用型人才培养探索实践。学院以大学生创新创业教育与服务中心(下辖创新创业教研室和综合办公室)、数字经济创新创业园、大学科技园和青岛影视产业孵化园组建的"一中心、三园区"为整体架构,坚持以创新引领创业、以创业带动就业,不断发挥"一地两翼"(大学生就业创业孵化基地和理实一体、专创融合)的综合实效,着力构建学业、产业、创业、就业循环衔接的产教融合生态系统,为创新创业者实现梦想打造实践乐园,为培育敢闯会创的应用型、创新型人才赋能增效。

截至 2021 年 12 月,学院有教师 15 人。其中,教授 1 人、副教授 8 人、讲师 4 人、助教 2 人。专任教师中,具有硕士学位 11 人;省级创新创业教育导师库专家 1 人、省级优秀教师 1 人、青岛西海岸新区拔尖人才 1 人、优秀青年人才 1 人,KAB 创业教育(中国)项目师 1 人、高级技师 4 人、"双师双能型"教师 3 人。

4.1.2.1 历史沿革

2009 年至 2013 年,学校以阿里巴巴校企合作短期培训班的形式,开展外贸人才培养,隶属于商学院(试点本科),主要由赵思波、王玉宝、张永彬对接工作,王显丹老师负责办公室事务。2013 年,与阿里巴巴战略合作伙伴山东网商教育集团深入开展校企合作,联合建设大学生创业孵化基地(知诚楼南),引入青岛本地 24 家阿里巴巴会员企业入驻,进行工学结合、课岗融替的实训式人才培养。大学生创业孵化基地隶属于电信与商务学院,由王玉宝副院长主抓工作,张永彬老师负责项目管理,赵磊老师负责办公室管理,郭瑞姝和范宪文担任实训和创业运营老师。2014 年,校、政、行、企四方联通,成立青岛黄海学院大学生就业创业孵化基地，隶属于电信与商务学院，下设基地办公室。王玉宝副院长兼任基地主任，张永彬任副主任，主抓基地运营管理。2015 年，学校整合电子商务、国际贸易、计算机、互联网金融等专业成立国际商学院，大学生就业创业孵化基地与国际商学院合署办公，下设基地办公室、就业创业教研室和校企合作教研室。王玉宝副院长兼任基地主任，张永彬任副主任，主抓基地运营管理，赵磊任办公室主任，袁芳任就业创业教研室主任，李燕任校企合作教研室主任。2015 年 12 月 22 日，创客学院成立，由梁忠环兼任院长、张永彬兼任学院办公室主任。2016 年，学校成立创新创业教育工作领导小组，办公室挂靠创客学院。2017 年 6 月，创新创业教育学院成立，大学生就业创业孵化基地由创新创业教育学院运营管理。梁忠环校长助理兼任创新创业教育学院院长，张永彬任副院长并主抓学院常务工作，郭瑞姝担任院长助理协助办理具体事务，学院下设一个办公室、两个教研室。2018 年，学院成功申报"山东省级大学生创业孵化示范基地"。2018 年 11 月至 2020 年 12 月，由谭春波任学院副院长，主持学院常务和基地建设运营工作。2021 年 6 月 17 日，学校下发通知，在各二级学院成立创新创业教育学院及工作领导小组，主要负责推进各学院创新创业教育工作，挖掘和充实专创融合教育资源，强化师资团队建设，并深入开展创新创业教育发展研究，熔炼新形态教育成果。

4.1.2.2　创新创业教育工作

2011 年 9 月，就业与创业教研室成立，负责全校职业生涯规划与就业指导课程的教学与管理工作。2013 年 6 月，就业指导课中心教研组成立，后更名为就业创业教研室，负责全校就业创业课程的教学与管理任务，并启动创业培训班，共培育 120 名学员。2015 年 8 月，就业创业教研室更名为大学生创新创业教研室，主要负责全校的创新创业基础课程教学任务，承担"大学生职业生涯规划""大学生就业指导""创业基础"等 3 门课程的教学工作。自 2014 年 11 月 19 日起，组织举办了七届大学生职业生涯规划大赛选拔赛，并先后参加"中能杯""橡胶谷杯""青岛农商银行杯"等决赛，获得高职高专组一、二、三等奖和本研组二等奖、最具人气奖、百强优胜奖、优秀指导教师奖、优秀组织奖等多个奖项。2017 年以来，组织学生成功申报省级以上大学生创新创业训练计划项目达到 152 项。学生自 2016 年参加中国国际"互联网 ＋"大学生创新创业大赛，获得省级银奖一项（2016 年第二届）和省级铜奖五项（2017 年第三届一项、2019 年第五届四项）。2020 年 10 月，学院荣获"建行杯"第六届山东省"互联网 ＋"大学生创新创业大赛优秀组织奖（高教主赛道）。在 2021 年第七届中国国际"互联网 ＋"大学生创新创业大赛中，学校参赛团队荣获省赛金奖 1 项、银奖 15 项、铜奖 4 项。

4.1.2.3　学科建设和科学研究

创业基础试点工作开始于 2014 年 9 月，学院围绕着创业概念、团队建设、创业项目、创业过程等开展学科建设和教育教学活动。2015 年，学院组建团队编制本科"大学生职业发展与就业指导""创业基础"等课程教学大纲，为推动学校本科就业创业教育做好铺垫工作，并对本科人才培养方案中的创业教育类课程进行改革，设置了包括 3 门课程、6 个学分在内的"创新创业教育课程"模块，其教学任务与教学管理划归就业创业教研室负责。2015 年 4 月，学院开始建设创新创业选修课课程库，共有 39 门创新创业选修课。2017 年学院投资建成了 2 间创业教育实训室，共配备 120 台计算机，并安装"创业总动员"实训软件，为实践教学提供便利。2020 年，学院基于"专创融合、产教融合"课程建设和线上线下资源共享应用，建设在线课程。"创业基础"课程（社会实践类）获批省级一流本科课程，在智慧树平台建设专创融合在线课程"跨境电商——小e 的创业之旅"和在线共享课程"求职勇闯六道关——大学生就业指导与能力提升"各 1 门，在建校级在线课程 2 门。学院围绕工作室制创新创业人才培养展开研究，出版了《"院园合一"机制下跨境电商工作室制人才培养》《"双创"时代大学英语优质化教育实践研究》《羽悦弘译：原创文学作品英译实践》《教育经济学原理基础》《"院园合一"机制下基于工作室的创新创业教育实践研究》《大学英汉双语国学基础教育行知笔谈》等多部学术著作，并由教研室组织创新创业任课教师共同编纂出版了校本教材《创业教育实训教程》。目前，学院教科研团队承担了省级教改重点课题 1 项（已结题）、省级教改课题 1 项（面上项目，在研），并结题验收了校级创新创业教育专项课题 50 余项。

4.1.2.4　师资队伍建设和学生团队管理

学院积极打造专创融合的"双师双能型"师资队伍，先后选派教师参加山东省高等学校创新创业专项师资培训、北京大学创业训练营青岛市高校创业教育师资研修、山东省人社厅高校创新创业师资培训、《山东省创业培训系列教程》师资培训、山东省人社厅高校创业咨询师培训、青岛市科技企业孵化器从业人员培训等 16 项。学院基于创新创业教育发展需要,于 2018 年 12 月组建青岛黄海学院创新创业导师库,截至 2021 年 12 月,导师有 1 250 余位,其中发放聘书的有 591 位。学院充分发挥校团委 2007 年批准成立的创业者协会的协调作用,以培养学生自主创业意识、增强社会实践能力和传播"双创"文化为宗旨,致力于举办中国国际"互联网 +"大学生创新创业大赛、区级"黄海杯"大学生创新创业大赛等,给心怀远大理想且立志于创新创业实践的大学生群体提供展示自我的平台。

4.1.2.5　基地和工作室建设

2014 年 4 月 17 日,大学生就业创业孵化基地正式揭牌成立,同年 7 月与黄岛区人力资源和社会保障局联合成立青岛西海岸大学生网上创业园,并被认定为青岛市高校毕业生创业孵化基地。2015 年 9 月,国际电子商务学院与大学生就业创业孵化基地合署办公,基于"院园合一"校企协同育人机制成立青岛市跨境电子商务学会西海岸分会,并于同年 12 月成立创客学院,为基地创客搭建服务平台。创新创业教育学院成立后,以基地为依托在学校大学生创业指导委员会、创新创业工作领导小组、协同创新专家咨询委员会的指导下,承担全校创新创业理论和实践教学工作,着力构建"四三二一"创新创业教育系统,并基于创客工作室实践载体不断完善孵化基地产业、学业、创业、就业循环衔接的产教融合生态体系,为创新创业者筑建实践乐园。目前已打造出师生同创、校企共创、学生自创等多元创业形式的创客工作室 138 个,且以企业真实场景下的任务驱动积极推进实施项目化教学模式,在创新创业人才孵化、"专创融合"课程建设、"互联网 +"大学生创新创业大赛项目提炼和高素质应用型人才培养等方面实效显著。

4.1.2.6　校企合作情况

2009 年 12 月,学校与阿里巴巴集团校企合作共建阿里巴巴电子商务人才培养基地。至 2019 年,校企共建网易大学生实践教学和创业基地、阿里巴巴国际站会员企业培训基地、阿里巴巴服务站电子商务与物流实践教学基地、东软睿道大学生实训实习基地、青岛聚品电子商务有限公司电子商务实践教学培训基地、北京益生康健电子商务有限公司校企合作办学基地、青岛天辰食品大学生实训实习基地等。2011 年,青岛黄海学院与阿里巴巴集团签订"共建商学院"协议,展开深入校企合作。2012 年 5 月,青岛黄海学院与中国门户网站网易校企共建大学生创业教育实践基地,与阿里巴巴菜鸟网络校企共建电子商务创业及物流实践教育基地暨阿里巴巴服务站。2013年,与阿里巴巴战略合作伙伴山东网商集团共建大学生就业创业孵化基地,立足青岛区域经济特色,引入青岛本土24家电商企业进驻高校,校中企、企中校、校企融合、课岗融替。2016年1月,与北京京东世纪信息技术有限公司共建校企合作单位,并正式与阿里巴巴集团合作共建跨境电商人才培育基地。同年3月,阿里巴巴"百城千校 百万英才"青岛黄海学院电商人才培育基地启动会暨阿里巴巴·青岛黄海学院大型电商人才双选会在学校成功举办。2016年至今,基地先后与青岛苏比乐进出口有限公司(2016.10.1—2018.3)、青岛中恒纸业有限公司(2016.8.1—2018.9.14)、青岛万麦电子商务有限公司(2017.8.1—2019.7.31)、青岛速美全球国际贸易有限公司(2017.8.20至今)、青岛金白菜电子商务有限公司、青岛聚东实业有限公司(2018.3.16—2019.3.15)、青岛鲁川源工贸有限公司(2018.3.19—2020.3.18)、青岛赞纳国际体育文化发展有限公司(2018.3.19—2020.3.18)、青岛金凯创工业品有限责任公司(2018.9.20至今)、山东道荷福缘旅游有限公司(2019.11至今)等32家企业开展校企合作,涉及领域包括内贸电商、跨境电商、市场营销、旅游管理、创业服务等,为学生提供了充足的创新创业实践和专业实训平台。2016年6月1日,影视文化艺术中心成立,与创新创业教育学院合署办公,负责和影视公司对接,洽谈合作。2017年10月29日,由芬兰导演季莫·沃伦索执导的《钢铁苍穹3 希望岛》在学校拍摄;12月1日,《双栖者》在虎山校区取景拍摄。2019年5月15日,灵山湾影视艺术文化交流中心成立,先后有《宣判》《中国大船》《燃!沙排少女》等剧组来校取景拍摄;11月星光影视协会成立,参与《封神三部曲》拍摄的学生达1 300余人次。2020年,参与《元气少女罗曼史》拍摄的学生达270余人次。2019年3月,学院与民建市南区委签署战略合作协议,聘任26位民建会员担任创新创业导师,携手开启更深层次的战略合作。同年4月,青岛中华职教社民建青岛市委"创新创业实践教育"讲堂在黄海学院启动。

4.1.2.7　创新创业制度建设

2014年12月,制定《青岛西海岸大学生网上创业园建设实施意见》,为创业园实体入驻、孵化和管理考核提供制度保障。同时完善《青岛黄海学院大学生创业孵化基地管理暂行办法》,规范了创业实体准入准出制度、日常管理规章制度、过程监督制度、创业服务基地服务的评价制度和后续跟踪服务制度。2015 年,设立创新教育、创业指导服务工作专项经费,并印发《青岛黄海学院关于大学生创业资金扶持政策的通知》,专列《青岛黄海学院创新创业专项资金预算》,对经费进行科学预算和规范划拨,支持全校"双创"工作。2016 年 6 月,全面落实《青岛黄海学院创新创业教育改革实施方案》,形成了由创业类基础课程、青岛区域特色创业课程和专业创业类课程组成的创业教育模块,并将创新创业教育与学分挂钩,与教学工作部联合出台《青岛黄海学院创新创业学分认定管理办法》,设置创新创业学分,建立创新创业学分积累与转换制度,共同审核评定学生在创新实验、技术研发、发表论文、获得专利、竞赛成绩和自主创业取得的成果,创新创业学分等量置换相关课程学分。2017 年 9 月,结合学校实际制定了《青岛黄海学院创新创业学生管理办法》。2018 年 7 月,为规范管理兼职创新创业教师的教学和指导工作,协同组织人事部制定《青岛黄海学院创新创业兼职导师暂行管理办法》。2018 年 9 月,制定《青岛黄海学院创新创业工作教师绩效考核制度》,建立健全了教师创新创业激励机制,将创新创业教育业绩纳入教师绩效考核、职务晋升和职称评审中,并在评优、评先中加大对创新创业优秀师生的倾斜力度。2018 年,制定《青岛黄海学院大学生创新创业训练计划项目管理办法》,并于 2020 年 11 月进行修订,有力地推动了大学生创新创业训练计划项目的实施。

4.1.2.8　成绩和荣誉

自成立以来,学院运营基地先后获得全国民办高校创新创业教育文化建设奖 1 项、山东省级教学成果奖二等奖 2 项、青岛市级成果奖二等奖 1 项,并荣获山东高校首届轻创业大赛最佳组织奖、第六届"互联网 +"大学生创新创业大赛优秀组织奖。2014 年,学院运营基地被认定为共青团山东省委青年就业创业见习基地;2015 年,学院运营基地成为青岛市巾帼"三创"示范基地、黄岛区女大学生创业孵化基地;2016 年,学院运营基地获批为青岛市高校毕业生创业孵化基地,并被认定为国家级众创空间、省级跨境电商实训基地、阿里巴巴"百城千校 百万英才"电商人才培育基地;2017 年,学院运营基地被认定为全国大学生 KAB 创业教育基地、中华职教社山东省创新创业学院,并荣获第二届青岛创客 TOP 榜十佳创业孵化器;2018 年,学院运营基地被认定为省级大学生创业孵化示范基地、青岛市大学生创业培育"海鸥行动"集训基地;2019 年,学校荣获山东省省级创新创业典型经验高校称号。创新创业教育学院自成为 2015 年全国职业教育创业改革示范区和省、市级服务外包人才培训机构以来，于 2020 年获批成为首届全国产教融合创新创业大赛山东分赛承办单位、青岛市市北区总工会工友创业联盟"校企对接基地"和第八届 IHCN 中国创业者 2020 年度战略合作单位。2019 年 6 月，学院于振邦老师撰写提报《院园合一的协同机制——青岛黄海学院产教融合实训基地》典型案例，入选教育部首批产教融合实训基地优秀案例集，并于 2020 年 6 月由中国财政经济出版社出版。2020 年 10 月 16 日，于振邦老师撰写提报《产教融合机制下以"专创融合"为抓手促进"应用型"转型》的集群化建设案例，参展教育部第七届产教融合发展战略国际论坛，受到中国职业技术教育学会会长、教育部原副部长的引用、推介和点赞。2021 年 10 月，共青团青岛市委授予学院青岛市青年创新创业基地荣誉称号。2021 年 11 月 26 日，于振邦老师撰写提报的《实施"三业融合"育人战略，培养"敢闯会创"应用型人才》案例入选教育部学校规划建设发展中心主办的第八届产教融合发展战略国际论坛一讲、一课、一案、一展"四个一"线上巡展活动。自此，学校实现了创新创业教育工作室制人才培养由"体制机制引领"到"集群化建设落地"再到"融合式打造生态圈"的"三连跳"经验推介。2021 年 12 月 8 日，学校大学生创业孵化基地得到山东省科技协会认可，平台荣获山东省创客之家称号。

创新创业教育学院秉持"知行合一"校训，将"黄海"自强不息的生命基因融入自身发展的全过程，通过统筹内外资源和提升自身实践动能，为学校有力推进创新创业教育和专创融合、产教融合、校企合作等实践工作提供全方位服务。今后，学院将继续以学生创新发展为中心，以市场需求为导向，锚定应用型、技术技能型人才培养目标，充分发挥自身联动协调的综合功用，基于"院园合一"校企协同育人机制，深入完善"四三二一"创新创业教育系统，为契合学校大部制、集群化和创新型发展布局，为助力青岛市创业型城市建设规划和服务区域经济社会发展贡献自身力量。

4.1.3　实施背景

随着创新创业成为全球化风潮，通过创新创业教育提升人才培养质量越发成为共识，但在人才培养模式上存在着与区域经济社会发展脱节、创新成果转化率低下和接续发展动力不足等问题。种种缺失致使人才缺口极大，难以满足市场和社会发展需求。学校紧密落实山东省"八大战略"发展规划，为实现校地融合、助推区域经济社会发展贡献自己的力量。学校秉持"知行合一"校训，深入推进教育部"新时代高教 40 条"落地，着力实施高校创新创业教育改革"六举措"，并立足于青岛创业型城市定位，坚持以工作室为载体，基于"院园合一"校企协同育人机制，构建"四三二一"创新创业教育系统并打造国际化产教融合生态圈，逐步走上了产业为体、文化为魂、教育为本的应用型高校转型之路，为服务地方经济社会发展赋能增效。

4.1.4　主要目标

聚焦于工作室载体，锁定敢闯会创的人才培育模式，梯度式、全链条构建"双创"教育生态，凸显本校产、学、研、创、用一体化育人特色，为推行学分制改革创建有利条件，为打造开发学生创新潜质和提高创造能力的课程群熔炼高效模式，为应用型高校提升专创融合能力和服务于地方经济社会发展提供借鉴思路，最终改变创新创业人才培养有形无果、学生实践能力难以满足社会需求的现状，规避课程内容与职场就业脱节现象和成果转化率低的弊端，并填补师资匮乏缺陷，形成优质化培育应用型人才且能契合区域发展格局的行动方案。

4.1.5　实施过程与条件保障

在整体上，学校通过构建"双创"品质 + 专创融合 + 实习实训的素养教育体系、模块化课程体系和实践教育体系，落地于跨境电商、智能制造、影视艺术等专业人才培养方案的实施，并通过发挥辐射效应，打造项目引领的工作室制创新创业教育模式，形成成果导向明确、考核层次分明的人才培养评价机制。具体而言，通过坚持教学做合一、强化工作室载体、实现集群化落地，以及搭建多样化平台、疏通外语 + 航道和做好样板化设计等，实现熔铸文化内涵、塑造创新意识和增强孵化成效，并通过校、政、行、企四方联通，搭建学校主体、政府主导、行业指导、企业参与的科技创新、网上创业和文化创意三大创客平台，构建创新创业教育实践和成果孵化两位一体的教学体系与"一条龙"创业孵化链条。学校力主发挥工作室的综合育人功效，最终实现师生同创、企生共创和学生自创等多元化创业。

学校坚持以质量立校，实施学业 + 产业 + 创业"三业融合"人才培养战略，建设具有创新竞争力的应用型高校，并力主构建学业、产业、就业、创业循环衔接的产教融合生态系统,为工作室载体的系统化建设打下了坚实基础。学校以学生发展为中心,重视"双师双能型"师资队伍建设和科创融教工作,全员、全覆盖、全方位地推进了创新创业工作的有效开展。学校通过构建"联动协调、院园合一、专项资助、全员参与"的工作保障机制、多模态的优质课程建设体系和理实一体的实践服务体系,为工作室制项目化教学的有效推进和成果转化率的不断提高提供了保障。

4.1.6　实践成效和未来发展

学校已建成 138 个工作室,辐射带动作用明显。基于工作室的人才培养模式获得了良好的社会赞誉,并荣获全国创新创业教育文化建设奖、国家级众创空间、全国跨境电商专业人才培养示范高校、省级创新创业典型经验高校和山东省大学生创业孵化示范基地等。学校 2018 年荣登中国民办大学创业竞争力 300 强榜首,2020 年学校突显工作室育人特色及实效的建设案例入选教育部首批产教融合实训基地优秀案例集。基于工作室的应用型高校集群化建设成果在第七届产教融合发展战略国际论坛上得到了教育部领导的点赞。学校将瞄准产教融合生态圈建设目标,进一步打造工作室制创新创业人才培养模式升级版,为高质量培育促进区域经济社会发展的应用型、创新型人才做出更大贡献。

4.2　工作室制创新创业教育模式的实践研究和创新发展

开展基于工作室的创新创业教育模式研究,需要坚持与时俱进的思想,并结合区域经济社会发展特点和自身优势,落地于适用性和实用性。当前,新时代的创新创业教育愈发显现出突破传统、高标进阶和优质培育的综合特征。因而,如何立足实际、整合资源和提升动能,并在实践成效和创新发展方面获得长效进展,便成为教育工作者比较关注的问题。

4.2.1　实践研究的背景、目的、意义

理论与实践相结合,是深入推进相关研究的最佳选择。这一融合式的研究思路,将研究背景、研究目的和研究意义涵纳其中,有利于全方位、立体化和多维度地解析创新创业教育模式的合理性、契合度与创新性。

4.2.1.1　研究背景

随着创新创业蔚然成风,通过创新创业教育提升人才培养质量越来越成为共识。国外注重学生创新创业潜质的挖掘和创造能力的提高,并以实践为主打造创业社团组织,基于项目运营有针对性地提供个性化辅导,但大都具有浓重的商业化气息。国内则主要围绕如何提升学生的创新创业素质进行探索,着力激发其创新意识并萌生创意,却在系统化和高效能构建创新创业人才培养模式上有所缺失。

《国务院关于推动创新创业高质量发展打造"双创"升级版的意见》(国发〔2018〕32 号)提出要强化大学生创新创业教育,将其和实践课程纳入高校必修课体系,推动创新创业高质量发展,并肯定大学生创业成果的学术价值,支持高校深化产教融合,校企协同开展生产性实习实训。教育部"新时代高教40条"则提出把本科教育放在人才培养的核心地位,深化创新创业教育改革,提升学生综合素质,形成高水平人才培养体系。2020 年 7 月,国务院办公厅《关于提升大众创业万众创新示范基地带动作用进一步促改革稳就业强动能的实施意见》(国办发〔2020〕26 号)提出深入实施创新驱动发展战略,构筑产学研融通创新创业体系,增强协同创新发展合力,支持高校示范基地打造在线创新创业教育优质课程,提升学生创业实践动手能力,并以之为依托开展双创园建设,通过专业化成果转化服务平台构建以市场为导向、产学研深度融合的创新联合体。同年 11 月,教育部又发布介绍了第六届中国国际"互联网 +"大学生创新创业大赛及深化创新创业教育改革的有关情况,提出应以大赛引领创新创业教育改革,带动人才培养范式变革,不仅明确了各专业类创新创业教育的目标要求及课程要求,也使高校的创新创业工作有了基本依据。教育部高教司深化高校创新创业教育改革的"六举措",更为提升创新创业教育质量提供了航标指向。2020 年,青岛也审时度势,定位于建设创业城市,通过"四链合一"打造"青创十条",谋求国内、国际"双循环"新发展格局。

时代风潮和国家战略促使创新创业成为赢得未来的基础和关键,也为青岛这座具有创业城市特质的青春之城提供了不断进阶的内生动力。2019 年 10 月 24 日,青岛市委审议通过了《中共青岛市委关于加快建设创业城市的十条意见》,以建设创业城市的定位构建优质化服务发展生态,"四链合一"地打造"青创十条",进一步谋求国内、国际"双循环"的新发展格局。这无疑为应用型高校深化产教融合、加强校企合作和推进创新创业教育改革,提供了重大机遇并创造了有利条件。

青岛黄海学院着力于实现应用型本科高校建设目标,基于"院园合一"校企协同育人机制,不断深化产教融合、校企合作,通过项目引领的创客工作室载体展开了创新创业教育模式探索。近年来,学校不断深化创新创业教育改革,全面落实《青岛黄海学院创新创业教育改革实施方案》《青岛黄海学院创新创业学分评定管理办法(试行)》《青岛黄海学院创新创业教育工作教师绩效考核制度》《青岛黄海学院创新创业学生管理办法》《青岛黄海学院创新创业兼职导师暂行管理办法》等文件精神,并制订《青岛黄海学院本科教学质量提升行动计划(2020—2022)》,将创新创业教育深度融入专业人才培养的全过程,以专创融合为抓手构建专业集群,以产教融合为路径深化校企合作,以核心成果为导向提高成果转化,理实一体地开展基于创新创业创客的实训式人才培养。

学校现已形成了"院园合一"的校企协同育人机制,瞄准应用型人才培养目标,搭建了新工科、新商科、新一代信息技术、智能制造、影视文化艺术、民生领域和教育公共服务体系等应用型专业集群,并基于创客工作室制人才培养模式,构建了"四三二一"创新创业教育系统。目前,学校已获得两项省级教学成果二等奖,获批成为省级大学生创业孵化示范基地、全国跨境电商人才培养示范校、全国创新创业教育示范校、国家级众创空间等。2020年,学校突显工作室载体实践成效的"院园合一"协同机制——青岛黄海学院产教融合实训基地建设案例入选教育部首批产教融合优秀典型案例集;学校提报的《产教融合机制下以"专创融合"为抓手促进"应用型"转型》案例,在第七届产教融合战略发展国际论坛上得到了中国职业技术教育学会会长的点赞。

4.2.1.2 研究目的

基于项目引领的创客工作室实践载体,锁定高素养、强实效培养"敢闯会创"的创新创业人才培育模式,梯度式、全链条打造"双创"教育生态,构建凸显本校特色的产、学、研、创、用一体化应用型人才培养体系,为推行"专创融合"的学分制改革营造有利环境,为打造能够开发学生创新创业潜质、增强创新意识和提高创造能力的选修课程熔炼高效模式,为应用型本科高校提升"专创融合"实践育人能力和更好地服务于区域经济社会发展提供借鉴思路,最终形成优质化培育创新创业人才的推介模式和行动方案。

4.2.1.3 研究意义

基于工作室的应用型本科创新创业人才培养是不断深化产教融合、推进校企协同育人机制和构建思学融创、科创融教及专创融合实践体系的着力点,可为有效筑建产、学、研、创、用一体化的卓越人才培育工程提供航标指向和实践动能。

首先,在实践上,有利于进一步深化"院园合一"校企协同育人机制,夯实工作室制人才培养的基础,构建成熟的应用型人才培育生态体系。其次,对于填补创新创业人才缺口、增强创新创业人才核心竞争力具有启发意义。为使人才的"双创"素养提升跟上时代发展的需求,重内涵、强技能、跨学科和大平台的创新创业教育模式应时解困,具有紧迫性、适用性和实效性。再次,为寻求产教深度融合、校企紧密合作的可行路径和依托现代产业学院深度打造专业群、升华课程品质等提供新思路。最后,深度熔炼工作室制,发挥国家级众创空间、省级大学生创业孵化示范基地、KAB 创业教育基地和跨境电商实训基地等联动合力,将在专创融合的应用型人才培养模式上取得实质性突破,极具辐射性推广价值。

4.2.2 主要研究内容和拟解决的关键问题

如何通过构建专业化、职场化、模块化、系统化和优质化的创新创业教育模式,高效能提升应用型人才的培养质量,是此研究的主要内容。基于此,诸多问题如固有模式低效、人才培养契合度不强和赛教一体落地不实,也自然会迎刃而解。

4.2.2.1 主要研究内容

第一,基于工作室实践载体的创新创业人才培育体系。研究产教深度融合方案,提高创新型人才培养质量。聚焦如何将专创融合理念和儒魂商才素养融入工作室载体,构建思创融合、专创融合和科创融合的创新创业教育卓越人才培育体系。

第二,"三业融合"的职场化创新创业人才培养模式。基于创客工作室实践载体功用和项目化教学思路,瞄准社会化职场需求,以市场需求为导向研究如何推进学业 + 产业 + 创业"三业融合"的应用型人才培养模式,提高创新创业人才的核心竞争力。

第三,全覆盖、模块化、混合式的创新创业课程体系。"针对创新创业课程中理念僵化、方式陈旧、手段单一等问题,需遵循学生本位的现代化教学理念。"(万红,2021)探究面向全体学生开设的创新创业基础课程的实践成效,研究如何实现素养提升、专业融通、能力进阶、服务跟踪全程覆盖和理实一体、师生同创、专兼结合的全员覆盖,研究创业基础、区域特色和专创融合的模块化课程体系深度构建策略与创建一流本科课程的有效模式及引领作用。

第四,"双师双能"师资队伍建设的创新路径和实效。探索创新创业"双师双能"、专创融合师资团队建设的适用方案和可行路径,研究如何最大化发挥导师的双重身份效用,推进双聘双岗制度,实现校企人才互聘、双岗双赢。

第五,助推创新创业人才培养和教学评价改革的路径。研究施行创新创业学分认定管理办法及实践方案的有效路径,科学、高效地实施学生动态管理和教育评价机制。

4.2.2.2 拟解决的关键问题

首先,能够改变创新创业人才培养固有模式空泛无力、学生创新能力难以满足社会需求的现状,可以消解人力、资源和空间的矛盾,进一步创新人才培养模式,增强人才与行业的契合度。其次,突显了本校基于工作室的项目化教学实效,有利于解决创新创业课程设置不合理、内容与职场就业脱节、赛教一体落地不实、创新创业实践成效不强等问题。最后,弥补了师资匮乏的缺陷,克服了创新创业成果转化率低的弊端,便于"内引外联"地将双师双能、专创融合落到实处。

4.2.3 研究的具体实施方案和解决方法

在研究的过程中,"化整为零""系统构建"和"四段评价"等,都成为可供参考的实施方案,不仅坚持了理实一体,更重要的是注重过程监管的实效性和项目驱动的时效性,也将环境体验和场景浸润的作用发挥到极致。

4.2.3.1 实施方案

整体上,构建"双创"素养 + 专创融合 + 实习实训的素养教育体系、模块化课程体系和实践教育体系,落地于跨境电商、智能制造、影视艺术等专业人才培养方案的实施上,通过发挥辐射带动效用和做好实证研究,打造任务驱动、项目引领的工作室制创新创业教育模式,形成核心成果导向明确、"四段式"评价层次分明和赛、教一体化的创新创业人才培养评价机制,具体内容如下。

改革方案设计主要包括以下内容:理实一体,坚持教学做合一,注重实地场景浸润,超越工作室形壳,理实一体开展教学改革,将理论授课和技能掌握与应用有机结合;项目驱动,强化工作室载体,凝练师生同创、企生共创和学生自创的工作室典型经验,融入"院园合一"校企协同育人机制升级与创新创业人才培养目标实现全过程,以项目驱动激发学生自主创业意识;专创融合,实现"集群化"落地,加强与智能制造、跨境电商、商务英语、互联网金融等学科专业的深度融合,分层、分类推进专创融合并基于以赛促创的实际需要形成专业群辐射;成果导向,搭建多样化平台,深度构建产、学、研、创、用一体化实践平台,高效转化教改成果,形成思学并进、科创融教的平台联动效应;优质拓展,疏通"外语 +"航道,通过全面实施创新创业学分积累和转换制度,优质化推进混合式教学改革,并疏通外语 + 航道,培育具有国际化视野的创新创业人才;熔炼案例,做好"样板化"设计,基于"院园合一"校企协同育人机制"样板化"打造工作室载体,形成推广经验并熔炼成典型案例;周期考核,验证"可复制"成果,实施半年一周期考核制,一年期初见成效,逐步突显优质化并验证形成可复制的成果。

4.2.3.2　解决方法

首先,"三通、四创",不断完善"四三二一"创新创业教育系统。在发扬文化融合特色、完善协同育人机制的基础上,做好生态型孵化体系构建工作,并坚持校、政、行、企四方联通、学科专业与创新创业专创融通、线上线下理论传授和内外实践理实贯通及技术创新、孵化创智、研学创行、共育创展理念,深度完善"四三二一"创新创业教育系统,通过校、政、行、企四方联通,搭建"学校主体、政府主导、行业指导、企业参与"的科技创新、网上创业和文化创意三大创客平台,构建创新创业教育实践和成果孵化两位一体的教学体系与"一条龙"创业孵化链条。

其次,"高端、精进",着力构建"高效进阶"的四段式课程体系。深化核心技能提升与任务驱动的项目化教学,构建梯度式进阶、技能性递升的四段式专创融合课程体系,做好引企入校和引师共课,形成高端引领、协同精进的创新创业人才培养思路。

最后,"集群、多效",深入推进"三业融合"人才培养模式改革。强化师资、以赛促创并深度打造专创融合的特色专业群,多实效推进创新创业人才培养模式实施,构建创新创业人才培养的生态体系,基于学业 + 产业 + 创业的人才培养模式和智慧平台建设,形成辐射效应。

4.2.4 研究的创新点、预期效果及研究成果

在实践中,创新理念需要贯穿研究的全过程。从点到面、以面连线的做法是一种创新,通过使学生自主"点课"满足其个性化需求和通过发挥"旋转门"效用实现教师角色转变也是一种创新。它们无疑都为达成预期目标和推进成果应用提供了"新鲜血液"和"实践动能"。

4.2.4.1 主要创新点

创新点一:学生自主"点选"课程,满足个性化需求。发挥工作室载体的实践技能提升功用,深度打造突显区域特色和专业品质的课程模块,形成学生个性化"点选"的创新创业课程,发挥其主动参与、乐在其中的辐射效应,为实现学生由被动接受变为主动定制构建平台,理实一体地促进创新创业教育朝着更优质化的方向发展。

创新点二:熔炼"双师双能"、实现教师角色"旋转"。工作室制打破了常规束缚,基于师生同创、企生共创和学生自创三种创业模式,锻造专创融合的"双师双能型"师资团队。对于其他师资力量,则通过打造"旋转门",发挥其资源协调、组织联动等作用,为全面提升学生"双创"素养和应用技能赋能增效。

创新点三:实施"四段式"教学评价,乐享实践过程。注重创业教育、创业孵化、能力应用和项目运营的全程式、科学性评价,并依据阶段的差异性设置不同的考核内容和相关比例。力主通过适度打破专业限制,融通选修课程,疏通外语 + 航道,充分发挥导师引领和线上线下平台的综合作用,使学生创新有道、创业有为。

4.2.4.2 预期效果

第一,发挥校企"双主体"深度融合的协同育人功效,强力打造"双师双能"型师资,助力学生掌握创新创业实践技能。部分师资可实现角色转换,做好资源调配和相关服务工作。第二,学校将利用数字经济创新创业园、大学科技园和影视产业孵化园"三园区"内的工作室平台对接企业,联通学业、顺接产业、引领创业并助推就业。第三,学生通过主动"点选"课程和任务驱动的项目

化教学模式,将增强自主创业的积极性,强化多学科知识认知并高效提升创业技能,快速成长为行家里手。第四,建立科学、健全和融通的教学评价机制,让具有创新潜质的学生在工作室中乐享创新创业课程并积极吸纳融汇了创业技巧的知识能量,成为敢闯会创的新时代创客。第五,构建国际化、生态型和适用性强的创新创业人才培养模式,将满足高质量培育应用型人才和不断助推区域经济协调发展的需要。

4.2.4.3　研究成果

基于工作室制人才培养实践,熔炼施行平稳且落地于专业人才培养方案的创新创业项目化教学模式,组建专创融合的“双师双能型”师资团队,以项目为引领,形成能力进升梯度和层次,并总结出极具辐射效用和推广价值的工作室制创新创业人才培养典型经验,打造适应市场需求且能助推区域经济社会发展的创新创业课程体系、实践平台以及相关评价机制。

此项研究围绕着应用型人才培养,锁定了教改目标,正视了现实问题,力主寻求适用方案,并能够坚持以学生中心,以成果为导向,以专创融合为抓手,以产教融合为路径,不断进行持续性改进,熔炼形成了具有辐射带动效用的模式和经验。

第5章

深度打造"四三二一"创新创业教育系统升级版

构建创新创业教育模式,是为了进一步打造适用性较强的个性化教育体系,为深入完善创新创业教育系统助力。现结合青岛黄海学院具体的实施方案和践行办法,对如何打造"四三二一"创新创业教育系统升级版做出说明。

5.1 课程体系建设

创新创业教育的目的,不止于单纯地开展创新创业教育,更重要处在于增强创新意识、打造创业精神,并以之为基础更好地助力一切教育实践行为。由此说明,创新创业教育的概念和内涵比较宏阔,教育工作者应该理性解析和科学界定创新创业素养及与之相关的施教内容。

体现在课程体系的模块化建设上,它主要包括:基于实践所需的精真品质、心理素质和创新精神,这属于品质模块;基于广泛学科知识应用的专创结合能力、风险防控技能乃至资源整合、资金管理水平等,这属于知识模块;基于实践落地的研究能力、辐射影响力等,这属于实践模块。三个模块缺一不可,构成了一种有机连接、合力增效的生态系统。

基于此,创新创业课程体系建设除了需要人们及时了解各级政府的引领政策之外,也需要在制度上不断健全,在师资队伍方面着力于卓越人才的培养和综合技能的提升,而且它也离不开社会化竞争所带来的环境扶持、资源对接和综合服务等。另外,创新创业文化氛围的营造,有利于激发师生同创的意识,并能够通过广泛、多样的实践活动,吸引外来投资和企业入驻,以多种渠道和途径为学生创新创业实践提供可通达、能落地的平台和网络,对于系统化推进创新创业教育大有裨益。

青岛黄海学院坚持以市场需求为导向,不断优化以创业类基础课程、区域性特色课程和专业创业类课程所组成的创新创业模块化课程体系,实现了学生在创新意识增强、市场决策能力提升、专业素质熔炼和团队协同奋进等方面的能力性"全覆盖",实现了学生从低年级具备创业意识,到中间年级提升创业能力,再到高年级通过深化创业实践提供接续服务的过程性"全覆盖",也实现了专本科相连通、师生间能融合和专兼职相衔接的参与性"全覆盖"。

5.2　师资队伍建设

在师资队伍建设方面,学校以实施"导师制"为重点,鼓励教师提升自身的职业素养和应用技能,立足于行业内在要求,关注产业发展需求,并做到以赛促教、以赛促学和以赛促创,着力加强"双聘双岗"的交融互动式"双师双能型"创新创业师资队伍建设。近年来,学校不仅组建了具备校内专任教师和企业外聘教师双重身份的"校内创业导师"队伍,也组建了具备企业工程师、高级经理与校内兼职教师双重身份的"企业创业导师"团队。这样既可以实现学生"双选"校内导师和企业创业导师,又能够推行各专业实行校企双带头人、各教研室实行校企"双主任"等"双聘双岗"制度,从而真正做到校企人才互聘、双岗双赢和交融互动。

5.3　实践平台建设

坚持校、政、行、企四方联通,将专业链对接青岛本地的产业链和创新链,将专业对接行业协会的实际需求等,便于进一步搭建产、学、研、创、用一体化的实践育人平台,也有利于实现校企共建学院、共建产业园、共建专业和共建特色班,并通过发挥校外实践教育基地和实验室建设等方面的综合性平台作用,为深化创新创业教育实践体系构建提供行动支持。

实践证明,全力整合各方资源,有效调动行业协会的协同推进甚或科研院所的拉动作用,通过设立专项基金、提供广阔场所和多种形式的导师讲座、名人沙龙、大师经验推介会等,有利于推进大学生创业中心、科创教育园区乃至产教融合实训基地的综合性建设,并能够不断提高应用型高校的整体现代化水平和创新发展能力。这些平台化的实践措施,不仅使创新创业的理念深入人心,变得愈发"大众化",也让与创新创业教育相关的科学研究得以不断推进,变得更加"学术范儿"。

5.4 服务体系建设

学校秉持"知行合一"校训,积极发扬"四文化"融合育人特色,坚持以"院园合一"校企协同育人机制塑本,以生态型孵化体系增效,实现了校、政、行、企四方联通,学科专业 + 创新创业专创融通,线上线下课程理论传授与校内校外实践理实贯通等"三通";并将科技创新、孵化创智、研学创行和共育创展的"四创"理念落地,着力构建、完善和健全分层次指导、按梯度进升、创业前培训、创业中孵化、接续式提高等"五位衔接"的一体化服务体系。这种集"三通、四创、五位"于一体的服务体系,明确了大学生创新创业实践活动的阶段性差异,贯通了创业前疏导、扶上马推送、创业后追溯的优质化、高效能和生态型创新创业服务链条,不仅有效解决了创新创业过程中出现的困难和问题,更提高了创业孵化成功率,助推了创新创业教育活动的深入跟进。

第6章

新时代背景下工作室制创新创业教育模式的深入构建

在新时代背景下,新兴产业蓬勃发展,跨界融合势不可挡。信息化技术的日新月异,大数据平台的无限延展,加之创新驱动发展理念的有效指引,为深度构建创新创业教育模式奠定了牢固根基。本章内容立足于与工作室建设关联的已有经验总结和成果积累,着眼于高效能、智慧化和生态型的育人模式构建,提出了一些前瞻性的见解和认识。

6.1 创新可期:新时代创新发展理念和未来创新创业教育实践刍议

当前,世界正经历着百年未有之大变局,激发着新一轮科技革命和产业、行业变革。在"双创"成为时代风潮和全球共识的新时代,教育愈发成为推动社会不断进步的"原动力",促使未来教育的形态、方式发生了翻天覆地的变化。面对着新时代交付的新使命,如何迎"新"而上、"创"响未来,正日益成为所有致力于教育事业的人们急需深入思考的问题。尤其是在疫情当前、全球倡导构建人类命运共同体的呼声日益高涨的今天,对于未来教育发展前景的关注、创新人才培养模式和路径的探索等,变得更为炙手可热。

未来已来,创新可期。现对"创新和未来教育"发表浅薄之见,与大家共享学习,不当之处敬请指正。

6.1.1 未来教育形态、方式等发生着深刻变革

未来人们面临的将是一种当下未可预知的社会形态,在引发新型教育理念

的同时，也在悄然改变着现代教育的形态、方式等。

首先，教育理念的创新引发教育资源的重构问题。打破传统思维模式的束缚，需要灌注新的教育理念。以共享、共建和共通的创新理念引领资源的高效利用，是新时代创新教育的内在要求。实践证明，教育资源不仅要求课堂学习所用教材的甄选利用，也需要课后习题、拓展资料的消化吸收，更为关键之处在于在教材以外能给学生提供什么样的学习资源。整合现有教材内容，链接网络资源，采取线上线下相结合的方式对施教内容进行重构，是实现教师高效施教和学生深度学习的有效路径。因此，超越教材内容窠臼，多渠道实现资源利用并使其不断得到丰富与完善，在知识体系上成功进行"能力本位"的转变和回归，以提升学生灵活变通和运用知识的能力，愈发成为现代化、创新型教育的航标指向。

其次，教育模式的创新带来教育空间的再造问题。创新型的高校教育打破了固有模式，提供给学生的是一种既自由又有约束力，既通畅无阻又规矩分明，既视野宏阔又专业聚合的场域、空间，不仅极其富有个性化，而且是反常规的"场景式"和"现实性"的教育模式，并且有效连接了社会和职场，使学生身居"看世界"的平台，得以为将来施展才华而储备有生力量。

再次，教育方法的创新造成教育样态的创生问题。相比传统型教育，创新型教育规避了应试教育的弊端，使得师生同台演出、师生同创甚至师生竞技成为现实，不仅循序渐进地传授了学科知识、循规蹈矩地教育了学生，也搭建了创新发展、协同共进的平台，改变了单一、乏味的教学功能，让学习不再是一种简单的模仿、机械的训练，而成为体验式学习、沉浸式学习、情景化学习和项目化学习。这些新的教学样态，无疑更具吸引力、可行性和适用性。

最后，教育技术的创新促使教育评价机制的重塑。大家不单要注重通过信息技术赋能，更需要关注科学、健全、公平、合理的教育评价改革等问题。

个性化教育理念的革新、自主学习意识的增强和协同育人环境的营建，为高效培育"内心丰盈个体、积极行动公民"提供了推动力和肥沃土壤。由于每个学生都有自我独特的天赋和创新潜能，所以需要教育工作者适度开发，通过"个性化定制"改变其自身的"休眠"状态。值得反思的是，当下的教育在很大程度上并没有做到注重开发学生的创新潜能。孤岛式的课堂设计、固化了的施教理念、低效能的实践方法，加之滞后的学科教材，致使学校培养的所谓的"人才"可能只会生搬硬套,却不懂得灵活变通,极其缺乏"真刀实剑"的创新应变能力,所以根本无法适应社会发展的快节奏和市场化竞争的残酷性,在综合素养方面急需提升。

由此可以断定,当今时代的教育应更加注重有效开发学生的天赋,唤醒其创新潜能,激发并帮助他们具备自主学习意识,在学习、生活甚至社会化职场竞争中获得"有质有量的进步"和拥有"有表有里的实力"。

6.1.2　"互联网+"时代的创新创业教育模式

随着"互联网+"模式已成为国家战略,各种渗透尤为明显。互联网可以和行业、企业、创业等融合,甚至基于体验感知、创意萌生和服务提供等多种需要,在技术引领、需求导向等方面实现突破。新时代的创新创业教育更是离不开互联网。如何以新战略开拓新市场、以新创意谋求新跨界和以新融合实现新驱动,愈发成为众人探索的焦点。

"互联网+",本身体现的是跨界融合、开放融通和革新融创的理念。在"互联网+教育""人工智能+教育"等观念日益吸引创新教育实践者的眼球之际,大家更不能忽略的是教育领域最需要的"创新实践",其实是以知取胜、以质取胜和以智取胜的"内容创新"。

无论是学习能力、思辨能力,还是批判能力、创造能力,都需要决心、毅力、远见和创新元素的融升并进,都需要人们抛弃陈腐观念和低效做法,重新审视和重视人工智能的力量和大数据分析的作用,紧追科技创新的前沿,占领发展战略的制高点,并不断超越自我、适时推陈出新。因而,在"互联网+"时代,教育工作者需要深思的,应是如何紧跟时代发展的脉搏,将科技与人文精神更好地密缝契合,以便实现融合式发展和稀缺资源的平衡利用,并以适合、适用和务实的实践精神构建更加新型和便捷的教育模式。

陶行知先生曾经提出学生能够获得的"六大解放",即解放他的头脑,使其能想;解放他的双手,使其能干;解放他的眼睛,使他能看;解放他的嘴巴,使其能谈;解放他的空间,使其自在获得学问;解放他的时间,使其具有创造力。

想必大家能够体会得到,这位伟大的教育家"毫不过时"的教育思想在今天依然适用和可行。"互联网+"时代,解放了太多闭塞的"观念"和僵化的"束缚",让教育模式的"创新"触角有了无限伸展的可能性:它所搭建的可视化平台、实践性场域,通过情境创设连接知识与经验,将生活、社会、智能,知识和经验的场景融会贯通,并进一步转化为应对生活和挑战未来的实战技能。它所提倡的问题导向,通过问题创设,有效连接了知识与思维,这一"非教学手段"对于开发学生探求知识的思维能力举足轻重。它所推行的多元化理念,通过活动创设解决了知识向能力的转换,避免了单向的知识灌输,发挥出生动学习、多样设计和多元提升的综合实效,也在一定程度上锻炼了学生的设计能力、动手参与能力和创新创造能力。它所推崇的融汇变通能力,通过迁移创设在更高层面上解决了专业知识和学科素养之间的转换,不仅强调了品格熔炼、突显了能力进升,也衔接了教学形式和知识传播载体,培育了学生的思辨认知和创新应用能力。

事实早已证明,一切教育创新都源自教育实践。未来的社会是否具有创新精神和创造力,在于今天学校培养的人是否真正具有创新精神和创造能力。那么,通过怎样的教育实践才能使今天的学生具备创新精神和创造能力呢?

首先,整合优质教育资源,落地专创融合教育,改革人才培养模式。未来教育呈现出前所未有的融合性,促使课堂教学资源的利用方式发生深刻改变。注重资源优化整合、坚持以人为本的立体性课堂,将会借靠着互联网平台上的新教育理念和可利用资源,实现学生学习方式的转变,更多地将社交化、个性化和终身化落地于专创融合教育实践。因为碎片化知识的传播途径更为扁平有效,而单向流动永远比不上双向互动的高效赋能,所以高校人才培养模式将会更加彰显教学活动在服务体系中的作用,由此,教师在人才培养中担当的是更富创造性的角色。

其次,实施课程融合改革,多渠道激发学生的自主学习和探究意识。面向未来的教育是基于跨学科整合、真实场景应用和项目化实践等的深度学习。由此,课程教学不再是教师"独舞"的方式,而成为师生"共舞"的路径。随着小而精、小而美的个性化学习、自主式学习的大量涌现,凸显私人订制和探究精神的课程设计会备受欢迎。另外,项目化教学和 STEAM 教学理念会更深入地融入课程体系构建的全过程。

最后,创建智慧学习共同体,营建场景式、可视化平台、场域空间。以智慧型学习组织创建为导向,打造连接心智的学习共同体,是契合了时代发展需求的教育创新实践。这种颇具个性化特征和创造力量的新型人才与创新型组织,是塑造未来社会、培育时代精英的"孵化器",不仅连接着过去、现在与未来,也打破了时空界限,营建了适用性、真实性的场景,为实现有效互动和强化心智提供了可视平台和场域空间。总之,在"互联网＋"时代,学生漫步于跨界、融合的时空,高效能的团队合作将不再产生"考试焦虑",而是以一种基于研究兴趣和情境需求开展的互助式、高阶式学习。这无疑体现了人文教育与科技精神并重的思想,更有利于成就高素质人才。

6.1.3　教育模式的创新促使教育管理的优质化

教育事业生生不息的力量源自人才,助推着教育模式的创新实践,并在未来教育组织管理与评价机制等方面有所体现。未来的高校将不再是教师单纯依赖的施教主体空间场所,因为互联网平台为其打造自身品牌甚或升格为"网红教师"创造了条件。加之诸多社会精英的加入,教师队伍和教育实践的参与者会越来越多。由此,精准定位自我角色和实现自身价值,在协同发展中推进教育变革,即是教育管理层面所面临的机遇,也成为难得一试的挑战。

在新的时代,那些标准统一、组织固化、运行机械和创新能力培养低下的管理将被淘汰。采用弹性学制和扁平化组织架构,依照学生能力而非年龄组织学习的做法将大受欢迎;而跨越学科界限,根据真实生活重建课程体系和为学生"私人定制"的教育也将大行其道;另外,根据学生个体发展需求灵活提供教学设计安排,而非传统化、固定式课程结构的尝试也会变得司空见惯;而打破现有学制,不断加强并有效衔接不同学段,以便为学生提供选择性强、个性化明显和精准度高的"理想教育"。

当然,鉴于未来综合素质评价体系是基于大数据支撑的评价,未来的考试评价将成为诊断式行为,大数据记录的是学生学习的过程,提供的是技术支持和个性化学习的建议。这种诊断而非鉴定的测评,适应了个性化学习和人才成长的需要,有利于教师在教学上因材施教和进行多元开放式的评价。为加强综合评价的科学性、发展性和激励功能,需要在管理理念施行、机制制定实施等方面灵活变通,着力突破束缚学生健康成长的诸多瓶颈和单一的评价方式。

教育的根本,在于培养具有良好的道德情操和创新能力的人。未来教育的创新,必定是深度内容的创新和高效模式的创新,这些都离不开深厚文化内涵的长效积淀和经久滋养。锚定立德树人根本任务,培育敢闯会创应用型人才,是新时代在高素质人才培育方面对于高校提出的刚性要求。而每一个人适应未来社会发展和满足竞争需求的关键能力,便是这种创造力。由此,当今的高校教育务必要积极回应未来社会的呼唤。工作室制创新创业教育模式应运而生,并在人才培养路径上做出了实效性探索。愿大家能够踏着创新发展的青春节拍,在更加新颖、鲜活和灿烂的新时空携手奋战、勇往直前!

6.2 多枝共干:基于工作室载体的创新创业教育模式实践的前瞻研究

新时代的创新创业教育,利于城乡协同发展和校企协同育人,甚至促进了国际化创新实践的接续进行。其有效模式多枝共干的深入推进和大范围推广使其在未来发挥综合实效的前景不可估量。比如,作为独特的生成谱系,“四个自信”为创新创业教育铸造了信心之本,疏通了动力之源,以清晰的逻辑内涵和齐全的整体架构,有效推进了创新创业教育理念的深入实施和产教融合、专创融合等生态圈的系统化构建;而大数据视角下基于“院园合一”的工作室制创新创业教育模式探索,则对大数据呈现出的精准化、智能化、可视化、平台化和个性化特征进行了剖析,将会为构建适用于高素质应用型人才培养的智慧型教育模式、生态型发展体系和创新型实践路径提供广阔思路。下面结合具体内容对其加以解读。

6.2.1 工作室制项目化教学中学生自我认知能力提升模型的设计和创新路径

自我认知能力指的是个体对于自我存在、行为所向和内在心理的感知、觉察和评价能力。作为一种源自外界刺激后或成熟或稚嫩的高级别自我反应和控制调节能力,它无疑影响着个体或集体对于整个世界的认识水准和判断力。在项目化教学过程中,学生这方面的能力自然也会影响到整个项目实施和相关问题的处理,需要引以为重。

6.2.1.1 项目化教学模式需要深度重构

学生认知能力的提升不可小觑,它在项目化教学过程中发挥着极其重要的作用。更何况,当前和未来很长一段时间内,人们对于项目驱动下的成果导向认识还停留在渐趋加深的阶段。虽然充分认识到了其重要性,却没有对怎样的成果具有实效价值做出明确界定,这一点对于如何通过有效驱动提高学生对于核心知识的深度理解和高效应用甚至创新发展至关重要。事实证明,低效、海量的一般性成果并不能通过单一的项目化驱动促使学生提升自我认知能力。而真正的能力提升,需要在思维方式改变和集群化效用等方面做出实质性突破。由此,项目化教学模式的深度重构便被提上了研究的日程。

6.2.1.2 自我认知能力需要有效提升

那么,在这种情况下,如何才能有效提升学生的自我认知能力呢?除了常规化的做法之外,更多的关注点聚焦在模型设计上。倘若能够利用一定的模型在行动方案或是实践路径上对完善和合理的设计模型发挥出流程导引、应用验证和质量提升等综合功效,的确能够事半功倍。这就需要紧密结合工作室的具体特征和项目化教学的内在特点加以分析。

6.2.1.3 模型设计思路和创新路径

有效的模型设计基本上都具有其出发点和具体思路。在项目化教学过程中,学生自我认知能力的提升不能靠一盘散沙式的"胡作非为",而是需要考虑工作室制创新创业人才培养的目的和成效,在"有章可循"的基础上做出实质性创新,寻求新的路径实现新的突破。

首先,总体设计思路。总体上,学生自我认知能力提升的模型设计遵循了基于素养提升的辐射性、融合式、生态型和国际化等创新发展规律和实践原则,有其可参照的路径。在力主实现高阶性、不断增强自信心等方面,更有其独特的借鉴价值。

其次,创新路径。

第一,建立影响力循环模型。"影响力循环模型的理念维度以四个关联理念为基础,即价值观、宗旨、影响力、愿景。"(埃德·布雷内加尔,2021)这种设计模型无时无刻不在影响着人们学习和生活的方式,并决定着看待自己的眼光和视角。在工作室项目化教学实践中,要提升自我认知能力,需要适时将自己纳入这种力量的循环之中,在集体协作和自我认知能力的提升中获得新的认同感和成就感。

第二,融合式重塑模型。当今时代,融合式发展已成为实现创新和精进的主流路径之一。一方面,要做到成功融合,首先需要正确认识到现实世界中稀缺元素和创新因子得以重组而生发的合力的实践效用;另一方面,完美的融合还需要具备在生活中洞悉新发展趋势、掌握并应用新技术的能力。要突破认知局限,实现飞跃式发展,二者缺一不可。

第三,韧性化熔炼模型。在学生认知能力方面,居安思危的思想意识、反脆弱和抗摔打的能力必不可少。这种模型设计需要让学生置身于真实项目的场景之中,通过充满着刀光剑影的"实战"来见分晓。实践证明,此模型中潜在性危机识别能力是对学生的综合考验。即便是在面对真正的危机时,具有高韧性的学生个体或者团队也能够协同作战,并肩寻求转危为安或转败为胜的有效出路。

第四,国际化拓展模型。国际化思维是个体或团队融入世界竞争市场大环境并掌握制胜先机的法宝之一。在提升学生认知能力上,这种模型设计充分考虑了生产要素的国际流动、双语素养的国际应用和核心竞争力的国际考量等。开放性视野和兼容并包的精神需要被纳入其中,以便让实践者能够更好地以新姿态迎战全球化创新创业风潮,并立于不败之地。

第五,进阶性复盘模型。"复盘是指棋手在完成对局后,重新回顾一遍棋局,分析优劣和得失的过程。"(虚舟,2021)无论是从细化的实践标准,还是从具体的实施层面,它都是一种从"反观"到"反思"再到"反省"的进阶性过程,不仅使学生在回忆式的记录中审视了自我,也在痛苦的"蝶变"之中磨砺了心志、获得了新生,并酣畅淋漓地品尝到苦辣酸甜的味道。可以说,工作室制人才培养中的这种复盘思维既能够帮助学生"回到原点",又能够使他们"接续前进",最终在实战能力方面获得滚雪球式的提升。

第六,自信力创建模型。作为应用型人才必备的素质之一,自信力是一种有着从容心境、敢于接受挑战并能够乘胜出击的综合素养,它在工作室制创新创业人才培养的实践过程中发挥着稳固阵脚、接续发力和能打硬仗的作用。项目化教学模式需要这种设计模型,因为有了它,学生才会不断地在逆境中取悦内心,在顺利时超越自我;因为有了它,学生才敢于在攻克难关时冲锋陷阵,既不畏惧失败,也不瞻前顾后。

第七,创造性空间模型。此模型指明通往创造空间的三扇门分别为"制定个人战略规划、提高个人生产力和工作效益、培养空间心态"(德里克•德雷珀,2021)。工作室作为实践载体,为创造性空间模型发挥作用提供了无限可能。它不仅为学生个人检视内心、挖掘自我潜能提供了空间,也帮助师生冲出了"死角",以任务性驱动避离了"抽打式"教育,以项目化教学打破了"狭隘性"设定,有益于集群化培养"空间心态"。这恰恰吻合了创造性空间模型的四个关键维度,即思考、人际交往、行动和自我存在。

模型的设计只是给创新创业教育及其实践活动提供了参照模式,并有利于在践行路径方面触发新的思维产生。这些不一而足的设计模型,对于学生认知能力的有效提升,在一定程度上起到了规范引领、经验传授和高效突破等多种作用。然而,认知能力的提升是一个需要接续完成并不断在实践中加以验证的系统化工程,其过程不仅漫长,也充满了苦闷、彷徨甚或伤痛。而自成目标的体验才是能够让一个人经久专注、持续高效且又"幸福感"满满的"心流"。"它能把生命历程提升到不同的层次。疏离变成了介入;乐趣取代了无聊;无力感也变成了控制感;精神能量会投注于加强自我,不再浪费于外在目标上。"(米哈里·契克森米哈赖,2017)

这种"心流",属于一种超越形壳的"水到渠成"。实际上,在工作室实践载体中,项目化教学尽管能够促使学生沉浸在项目驱动的环境中,以"真体验"获得"真认知",却仍然需要结合时代发展的需要,进一步探索通过深层次驱动、高效能实践和创新性应用等发挥更大集群化作用的有效路径,以便让"心流"在自主创新和乐于创业的过程中发挥作用。这无疑会成为人们在未来研究的新课题。

6.2.2 "四个自信"视域下的工作室制创新创业教育模式和实践路径探索

6.2.2.1 国内外研究现状

《中国教育现代化 2035》提出以习近平新时代中国特色社会主义思想为指导,坚定"四个自信",推进教育现代化,建设教育强国,办好人民满意的教育。随着凸显国际化视野、内涵型发展和创新力提升需求的新工科、新医科、新农科、新文科建设工程的大力推进,我国高等教育领域也发生着翻天覆地的变化。作为高等教育中与社会发展、市场需求结合最为紧密的实践领域之一,创新创业教育及其人才培养的创新理念也正在全国高校相关学院的努力下呼之欲出。

随着创新发展成为新时代商贸、物流、互联网金融以及人工智能等服务业接续前进的主旋律,依赖互联网、大数据等新型技术与智慧平台改变高等教育思维架构和实践模式已成为共识。国内高校纷纷就如何支持创新创业人才培养事业发展、共建现代学习共同体和培养高质量创新型人才展开研究,逐步认识到主动应对复杂挑战、实现可持续发展才是筑建科学、高效和生态教育体系的关键。由此,对于新时代应用型人才的培养,更要瞄准市场导向,根据实体经济供给侧的需求,走市场化、企业化合作办学之路。

发达国家较为重视学生的价值观塑造和创业素质提升,相比之下,我国创新创业人才培养、创新成果转化及对其的认识、重视程度均存在明显不足。目前,国内研究的瓶颈主要集中在以下几个方面。其一,围绕夯实"四个自信"的物质基础、开展"四个自信"的教育和形成"四个自信"的话语展开研究,但在人才培养的具体路径上缺乏适用性研究,且与区域经济社会发展的契合性不强。其次,能够依据文化自信的根基性、主体性和总体性特征,视"文化"为支撑教育事业的更基础、更广泛和更深厚的力量,但理实一体的落地力度不够,在辐射面上也缺少极具说服力的实效验证案例。再者,基于对"四个自信"的认知多局限在理论框架和模型设计方面,对于凸显统一呈现效用和系统研究价值的科教融合、专创融合甚至产教融合、校地融合等方面却涉及较少。而在国外,研究的重心多聚焦在人才应用能力的科技性、平台化和社会型提升层面上,研究者由于对"四个自信"的内涵深意及逻辑关系认识不深入,而和此一视域下的人才培养模式和实践路径贴合不多,研究成果也极为欠缺。

鉴于"四个自信"是对中国特色社会主义"三个自信"谱系的创造性拓展,标志着党和人民对于中国特色社会主义更为明确和开阔的文化建构,笔者认为基于此视域对新时代创新创业人才的培养路径进行探索,是勇于接受、敢于适应和扎实推进教育变革的创新之举,在强化创新创业人才培养的政治坚定力、真抓实干力、科学统筹力和价值追求力等方面可实现新的突破,为应用型人才培养提供新的借鉴路径。

6.2.2.2 研究意义

"四个自信"的重要论述,体现了历史创造的厚度,彰显了意义诠释的深度,阐明了理想建构的高度,拓展了接续发展的宽度,为新时代应用型人才的培养提供了航道指向、制度统领、路径指引、理论指导和内涵滋养,使之在行动方案上更加注重适用性和实用性,在实践路径上也更显现辐射性和系统性。而牢固树立"四个自信"意识,坚定有力地服务地方区域经济社会发展,则是地方高校的根脉所在。

首先,有利于牢固树立应用型人才培养特色化发展的"道路自信"。将创新创业人才培养与高校马克思主义政治经济学和西方经济学两大体系有效融合,基于对马克思主义政治经济学教材建设、课程设计等实际需要,以之为指导建设极具特色的课程思政体系,为新时代专创融合教育铺路架桥。

其次,有利于牢固树立贴合实际和凸显体制优势的创新创业教育"制度自信"。通过个性化构建适用性强的应用型人才培养话语体系,通过实施科学、完善的机制体制,统领和推进商道明晰、管理高效、模式精进的创新创业人才培养实践,便于建立与国际接轨的创新航道,立足中国国情,熔炼典型案例,解释中国现象,解决中国问题,最终助力经济社会发展。

再次,有利于牢固树立创新创业教育内涵型、融合式发展的"理论自信"。在深入挖掘文化内涵、高度熔炼创新经验的基础上,坚持学科建设的文化之根,奉行"中体西用"原则,便于形成适合校企协同发展和整体高效推进的管理思想体系,以"兼容并蓄"建立新模式,为理实一体地构建应用型人才培养生态圈打造理论阵营。"理论自信是对事物认识、实践过程的收放自如、圆融通达。"(戴立兴,李琪,张亚娟,2019)作为一个螺旋式上升的过程,理论的生成源自内外作用的合力生发,在不断发现问题、分析问题和解决问题的同时,也实现了二者的相互融合、互为作用,并周而复始地发生着转化。

最后,有利于实现学思并用、思创融通并树立创新创业教育"文化自信"。坚持文化育商、商以载道,对于提升创新创业人才的专创融合素养大有裨益,也便于将思政元素融入创新发展全过程,一体化构建学习共同体,为培育具有深厚文化内涵、创新创造能力的时代精英,积淀底蕴,铺展亮色。

实践证明,坚定道路自信、理论自信、制度自信和文化自信留下的启示,在于它们能够为更深入、更科学、更优质、更丰硕的探索提供实践路径、逻辑指南、参考借鉴和中国智慧。而对于应用型本科高校,所得到的"红利"还在于"融合式"构建应用型人才培养体系、"接续性"增强应用型人才培养实效、"集群化"落地应用型人才培养机制和"内涵型"提升应用型人才培养质量等。牢固树立道路自信,落地专创融合、产教融合等实践理念,利用样板化设计、高联动平台和国际化航道,是构建凸显创新意识、专业品质、国际视野和创造能力的链条化、生态型教育体系的必由之路。搭建内涵型、融合式发展理论框架,夯实创新创业教育理论根基,在真实场景应用中培养企业家精神,是基于实际需要接续增强教育实践成效的理论之源。稳步实施优质化教育机制,结合学校实际打造专创融合课程群,是形成辐射深远、带动明显师资团队的智慧载体。着力强化文化自信,锚定立德树人根本任务,熔炼专业品质,全面提升学生综合素养和应用技能,是高质量培育高素质应用型时代精英的内涵支撑。

6.2.2.3 研究内容、目标和能够解决的实际问题

第一,研究内容。

首先,以"四个自信"的实践精神,理实一体地剖析新时代创新创业人才培养的基本特征,将时代性、国际化、融合式和实用性有效融入应用型人才培育全过程。

在时代性方面,紧跟新经济、新业态、新规则、新模式的发展态势,捕捉创新创业人才的实际需求。我国创新经济、知识经济、数字经济、共享经济等新经济业态蓬勃发展给创新创业教育提供了广阔的天地。商业、数字、人文和技术不断融合,不断颠覆传统的商业模式开创了商业智能化时代,应用型人才培养理念、培养模式的持续优化和创新已经成为不可抗拒的时代潮流。面向新商业人才需求,培养符合时代发展需要的新时代创新创业人才,真正解决现实的经济问题,必然对创新创业教育提出时代性的改革需求。在国际化方面,应该明了全球化经济和国际贸易的快速发展趋势,全社会对于具有国际化视野的应用型人才的需求亦会迅猛提升。由此,人们理应立足本土优势,服务于全球经济发展,并树立面向未来、面向世界的战略思维,着力培育具有国际竞争力和能够驾驭新业态的职业经理人。鉴于本科层次人才的培养已被置于全球化背景下,需要人们主动出击,为满足全球化需求解决全球化问题。因而课程的国际化、师资的国际化、环境的国际化、教学的国际化和人才培养的国际化,便成为必然趋势。在融合式方面,必须要强化对于"融合"已成为未来商道新逻辑的认知:各行各业的发展与文化、技术是融为一体的;行业的创新发展不是单一性、专门化的行为推进,而是跨界融合、门类交叉的综合体;专创融合应是跨学科、跨专业的实践行为,创新创业教育是直孓为学校、企业等实体和经济社会发展培养高素质人才的教育,也与市场、产业、行业紧密结合。因而,创新创业人才培养必须要结合市场的实际需求和社会的综合考量走产教融合之路。当然,创新创业人才属于典型的复合型、应用型人才,其培育应与理、工、文、法等其他学科紧密关联,也需要打破传统型学科之间和专业之间的壁垒,将不同学科、专业与之有机结合,使其能够在管理学、统计学、数据科学、人工智能等不同学科领域内游刃有余。在实用性方面,创新创业教育模式作为一种涵纳了创新意识增强、

创业能力提高的生态架构,不仅需要专业化的学问,也需要应用中的实证。创新创业人才就是市场需要的真正具有敢闯会创能力的战将、精英,能够解决经济、管理、社交、融资和服务等多方面的现实问题。可以说,实用性算是其本质特征,不仅要强化能力培养和对现实环境的认知,更要促使受教者树立主动学习、深度学习、系统思考和不断创新的意识,以便能够及时地发现问题、客观地分析问题和有效地解决问题。

其次,以"四个自信"的理性认知,深入构建融合式创新创业教育模式,通过寻求最佳"融合点",为培育应用型人才提供技术支持和平台支撑。

从理论上讲,新旧成分的重组和融合创变是事物不断创新发展的关键,其间创造力担当着整合事物的角色,而融合则通过创造性思维,探寻到发挥长效辐射作用的本质规律。在新时代,依据系统论、生态理论等适时推进融合式教育,正成为创新创业教育得以创新发展的有效路径。融合创新能力的提高,需要突破思维定式,拓宽视野,寻求差异,并勇于将探索心得和实践新知付诸实践,在积极应对实际问题和解决困难的过程中将新模式、新技术和新方法的适用性和可行性加以验证,以便最终完成组织边界的缝合、工作流程的变革甚或实践模式的更新而渐入佳境。

具体实践上,融合式培养的目标为"五育融合",即德、智、体、美、劳五育融合。德育与智育相融合,需要加强课程思政建设;第二课堂与第一课堂相融合,需要加强体育、美育、劳动和生活习惯养成方面的教育,以便构建校内外相连通、专业教师与管理人员相结合的全员育人格局。融合式教与学的内容,则是商贸、管理、技术和人文艺术的相互融合,创新创业实践和学科专业之间的相互融合,因为它不能作为单纯脱离生产实践而独立存在的事物,应与其他内容相互融合,而在新时代经济学、管理学、传播学、计算机科学技术、智能科学、数据科学等的交叉融合应用会愈发广泛,行业、产业和人文、科技等的深层次融合会成为人们司空见惯的事情,将创新创业教育与多元学科相融合,有利于培养受教者跨学科的思维和实践能力。这可谓一种"行业 + 智能 + 人文"的实践思路,突出知识和技能的跨界融合,并在融合中培养应用型人才,破除了领域思维壁垒,突破了资源整合边界,融通了院系治理边界,开启了多元混搭模式。融合式教与学的方式和手段,则聚焦于产教融合、科教融合、专创融合、校地融合和线上线下融合等。其中最主要的是产教融合和校企协同育人。校企合作从对接单个企业向对接产业群转变,从对接产业单个环节到对接产业链转变。产教融合的关键,在于供需对接、资源转化、价值交换和利益共享,在于资源、平台与机制等核心要素的系统化。产教双方的各种资源要素互相转化、互相支撑,形成了一个良性互动的全新生态体系。通过以产业学院为依托、开展微专业教育和共同开发专创融合课程,有利于有效开展学、产、研、训、创的融合式教育改革,使得校企双方、行业产业和社会相互融合,亦校亦企,知行合一,并集人才培养、科学研发、科技创新、创业孵化、社会服务和国际合作于一体。

需要做出说明的是,这里的融合是思想的汇聚,是方法的连接,是手段的应用,也是路径的延展,却不是最终目的。融合式教育依然是一种教育,而融合后的创新创业教育则成为新时代背景下的专创融合、科创融合、产教融合等创新型、应用型教育。实践证明,有效构建融合式培养机制和开展融合式教育改革,培养的是适应未来经济社会发展的新时代精英人才。

第二,研究目标。

通过"四个自信"视域下的新时代应用型人才培养实践,将目标锁定在探索内涵型、融合性、生态化和应用型人才培养的可行性行动方案和实践路径上,并进一步熔炼成熟型、优质化、可落地的新应用型人才培养模式,为进一步提高人才培养质量提供借鉴思路,为培育能够适应产业发展、行业需求和专业需要的新时代精英赋能增效。

第三,将要解决的实际问题。

能够解决的问题之一:针对人才培养具体路径方面缺乏适用性研究和与区域经济社会发展契合性不强的问题,通过构建产教融合、专创融合、校地融合等"融合式"人才培养模式,提高创新创业人才培养的适应性和实用性。

能够解决的问题之二:针对创新创业人才培养中文化素养提升"理实一体"落地力度相对不够和实践效用辐射不强的问题,通过工作室载体的真实场景体验、任务驱动的项目化教学典型案例,推介应用型人才培育的实践成效。

能够解决的问题之三:针对"四个自信"的实践认知多局限在理论框架和模型设计方面的问题,通过内涵引领、素养提升、实效呈现和系统研究等深挖可利用资源,探索合乎教育规律且能有效指导实践的应用型人才培养生态体系,解决考核指标不明、监管过程低效和评价机制不健全的现实问题。

6.2.2.4　基于"四个自信"的创新创业人才培养路径探索

将"四个自信"理念与创新创业教育深入融合,是铺筑教育未来美好之路的航标指向,有利于淬炼智慧教育硬核精神、构建素质教育数智平台。在道路上夯实牢固阵地筑建之基,为走特色化道路思想的接续传承指明方向;在理论上形成饱含艰苦卓绝奋斗精神的坚实源头、实践依据和深厚底蕴,不断优化和完善教育综合治理理论体系。在制度上强化以人为本的善、美、诚、真优势,注重以厚重博远的顶层设计全面深化教育理念实践。在文化上更坚定了传承精髓和创新发展的自信,将最基础、最持久和最深远的文化驱动力及其实践效用发挥到极致。现结合应用型人才培育和工作室建设的实效案例,做进一步的说明。

其一,亦儒亦商。创新创业教育根植于文化内涵,呼唤人文精神,需要中国学派,把思政教育、时代精神与优秀传统文化的精真内核融入人才培养全过程。管理需要中国学派,企业需要承担社会责任,儒商把经济目标与人文目标"合二为一",把时代精神与传统文化"融为一炉"。立足于中华优秀传统文化,目的在于将学生培育为内有家国情怀和科学人文修养,外能勇担社会责任、怀抱经世济民理想的"全面发展的人",最终推动立德树人根本任务落到实处。通过工作室载体,研发具有儒商精神、创新特色的系列课程,可为提升学生的"儒魂商才"素养提供有力保障;通过工作室载体,开设并建设好儒商文化专业基础课,能够扎实地熔铸学生专业品质和职业素质;通过工作室载体,主张所有专业课程都要进行课程思政研发和建设,旨在以社会主义核心价值观强化应用型人才价值引领,实现全课程育人。

其二,亦中亦西。坚持"不中不西、亦中亦西、中西结合、中西混搭、中西合璧"的理念,推进人才培养的"国际化"进程。把"外语＋"作为工作室制创新创业人才培养的刚性要求。基于学生的国际化学习成长通道设计课程教学体系,匹配政策、人力和项目支持,持续增加英文授课、双语课程、国际项目学生的数量和比例。通过引进具有留学背景的双语专业教师,建设国际化专业课程团队,在创新实验班、商务英语、国际经济与贸易、国际商务等专业的专业课中实行双语授课或英文授课,建立全英文(双语)专业课程体系。通过加强与国外高校的交流与合作,培养具有国际视野的卓越人才。

其三,亦校亦企。不断深化校地融合、产教融合和专创融合,低重心地与地方产业、行业、企业紧密对接,特别要与中小微企业广泛合作。力主做到在工作室制人才培养过程中每个专业都要对接地方产业发展,与地方产业、行业协会、龙头企业紧密对接。应在"院园合一"机制下,深化专创融合的工作室制人才培养模式改革,建设"双导师联合、双课堂融通、三业融合、三实教学"的高素质应用型人才培养模式。

其四,亦学亦教。着力培养学生的四种能力,即阅读能力、写作能力、演讲能力和实践能力;加强在线课程、翻转课堂、高效课堂建设。鉴于改到深处是课程,改到痛处是教师,需要视"课"为人才培养的基本单元、关键环节和核心要素。由于课程质量直接决定着人才培养质量,需要以学定教,并崇奉"课比天大"的理念。务必要建"金课",去"水课",让要求严起来,让课程难起来,让教学实起来,让学生动起来,坚持脑手并用、教学并重、学教结合、教学相长,以构建基于工作室载体的生动课堂。

作为大道之行的骨气和底气,"四个自信"的真知灼见,源于劳动人民的伟大实践,充满了理性而不虚妄浮夸,集聚着自强不息的精神而不妄自尊大,并在不断开放的视域之中被实践验证。如若能将"四个自信"体现的坚定信念、笃行心志和从容心态贯穿于工作室制创新创业人才培养的始终,必定能够有效提高教育实践主体的参与度,重塑师生同创的核心价值观,形成思学融通、科创融教和专创融合的教育闭环,进而为教育赋能,为产业注智,更好地助力于高素质应用型人才培养。

6.2.3 大数据视角下基于"院园合一"的工作室制创新创业教育模式探索

在万物互联时代,基于大数据呈现出的精准化、智能化、可视化、平台化和个性化特征,通过有效的数据分析和完整的体系链接,构建适用于应用型人才培养的智慧型教育模式、生态型发展体系和创新型实践路径,已成为人们较为关注的研究课题。由此,如何锚定青岛创业型城市的发展定位和社会化需求,着力发挥自身资源优势,为满足创新创业教育需要、实现新旧动能转换和服务于区域经济社会发展赋能增效,成为新时代双创教育实践的重中之重。

本部分内容注重营造工作室场域空间,坚持以项目化教学为手段、以专创融合为抓手、以产教融合为路径和以现代产业学院为依托,基于学院 + 产业园"院园合一"的校企协同育人机制,着力发挥创新创业教育学院、国家级众创空间、国家级产教融合实训基地、省级大学生创业孵化示范基地"一体三翼"的综合育人功效,适时打造学业 + 产业 + 创业"三业融合"的创新创业教育生态圈,以便在深入推进双创教育数字化平台建设、精准引导应用型人才培育实践和不断提升智慧教育空间等方面实现良性连锁反应,为成功构建学业、产业、创业、就业循环衔接的产教融合生态系统提供可行性方案。

6.2.3.1 探索式研究的目的、意义和目标成果

此部分内容体现了精益管理、体验式教育和任务驱动等思想,以便为进一步构建大数据平台支撑下的创新创业教育可追溯体系打下坚实基础。

第一,研究的目的。

基于大数据思维进行模型研究,目的在于通过大数据技术的分析手段,对创新创业教育教学的前端经验进行总结,对平台运营和实践探索过程中的数据进行分析,并对未来创新创业教育产生的实效进行预测,以形成可量化的结果和更加成熟的经验,为提升创新创业人才培养质量提供可借鉴的模式。

首先,提供完善的工作室制创新创业人才培养模式。基于可视化平台的数据分析,以工作室作为产教融合育人的基本单元,以企业项目为载体,以工作任务为驱动,在青岛黄海学院全面推进学院 + 产业园"院园合一"的工作室制人才培养模式。一是实现环境职业化,以工作室为载体构建职业化教与学环境,旨在建立一种"实践出真知"的体验式学习方式。二是实现教学情景化,以工作场景布置工作室环境,教学方式情景化。以企业真实环境打造工作室,营造真实的企业文化。三是实现内容项目化,真实项目进课程、进课堂,教学内容项目化。在工作室里工实现课程"项目化"和项目"课程化"。四是实现导师双师化,以学校"双师双能型"教师为主体、以企业经理为辅管理教学。五是实现成果显性化,根据项目、成果的完成程度,用作品、业绩等外显性词语量化学习成效,折算相应的学时学分。其次,强化基于工作室制的项目驱动式实践教学。基于二级学院 + 产业园所建产教融合平台的数据分析,多方共建近百个创新创业工作室,打造项目化学习团队,着力将其建设成应用型本科院校实施人才培养的基层组织,形成师生同创、企生共创和学生自创等多形式"百团大战""全面开花"的良好局面。每个工作室人数在 10 人以内,成为人才培养小而美的"超级细胞"和责权利统一的"蚂蚁军团",基于企业真实项目和学科创新竞赛项目,"真枪实弹"开展项目化、体验式学习。各工作室之间形成战略合

作的生态共赢团队群,既可以在业务上进行分工合作,又能够在项目竞争中汇拢成渠,更便于实现资源共享,形成紧密的伙伴关系,共建开放平台。在工作室团队之间、工作室团队和产教融合平台之间构建连接协调、利益分配、信息共享和质量干预等机制,避免市场化带来短期导向和小我利益的最大化,以确保创新创业人才培养的公益性导向。

第二,研究意义。

首先,项目研究倡导校地融合,有利于结合实际构建专创融合集群。构建紧密对接区域产业链的专业群,适应了上合示范区、山东自贸区建设发展,主动对接了相关产业链的发展需求,构建了专创融合集群。研究主张以"群"建"院",依据新一代信息技术、新工科、新商科等专业群组建具有行业学院和产业学院特质的二级学院;主张以"院"建"园",依托行业学院成立小微企业聚集的产业园,二者共生、共荣、共赢,成为校企命运共同体;二级学院是产业园的人才库、智慧源,产业园是二级学院人才培养的实践场、孵化器,二者有机融合,建立、健全了地方产业链、应用型专业群、二级学院和产业园链式关系,有利于实现学校低重心、高质量办学。其次,亦校亦企有利于完善"院园合一"的校企协同育人机制。将"创新创业"置于"产业园区",基于青岛黄海学院建设成效,进一步完善国际商学院和数字经济创新创业园"院园合一"校企协同育人机制,完善学业 + 产业 + 创业"三业融合"的创新创业人才培养体系。构建专业二级学院 + 产业园融合机制的本质是搭建专业群对接产业链、创新链的平台,体现了亦校亦企的产教跨界融合实质。再者,有利于瞄准市场需求优化适应产业发展的创新创业课程体系。通过市场调研及其相关数据分析,更加明确了行业、产业对于创新创业人才的能力要求,可以有针对性地对人才培养方案进行改造升级。基于主流行业岗位群需求分析课程教学目标,便于构建模块化课程体系建设,实施高校理论课程、项目实战、专业实践、创业孵化四位一体的创新创业人才培养计划。最后,有利于基于"院园合一"机制提高工作室制人才培养的成效。此一探索的实际意义在于应用,"院园合一"机制下的工作室制创新创业人才培养模式锻造出一大批行业精英,便于找到产教融合的机制——"院园合一"和应用型人才培养落地的路径——"工作室制",一定程度上能够保证学生高质量就业,切实提高人才培养质量,以满足社会行业企业发展对于人才的迫切需要,助推区域外向型经济发展。另外,探索研究的成果源自理实一体的理念落地,对于地方性应用型本科院校、高职院校中专创融合的实践育人体系建设,以及就业创业孵化基地、创新创业教育学院的建设,都具有较大借鉴价值。

第三,目标成果。

目标成果建基于原来的工作成效,主要包括以下几个方面。其一,通过在青岛黄海学院校内采纳并广泛应用,力主构建专业学院(国际商学院、创新创业教育学院、智能制造学院、大数据学院、建筑工程学院、护理与健康学院、学前教育学院、艺术学院)和产业园(数字经济创新创业园、大学科技园、影视产业孵化园)合一的育人机制,形成校企协同的育人链条,辐射学业和产业两端,熔炼出"学业 + 产业 + 创业"的产教融合办学新模式。其二,基于"院园合一"校企协同育人机制所建立的近百个突显师生同创、企生共创、学生自创实践成效的工作室制创新创业人才培养实效,进一步依托大数据技术、国际商务、商务英语、国际经济与贸易、市场营销、物流管理、影视艺术、建筑工程等专业构建专创融合集群,实现专业群对接青岛产业链,全面开展工作室制人才培养。将企业真实项目引入课程教学和工作室,通过强化项目化教学培养学生创新创业能力。

6.2.3.2　探索研究的内容、工作方案、创新点与关键点

现就其包括的具体研究思路和方法、采取的措施、技术路线、未来规划、拟达到的技术指标、提交成果方式和创新点、关键点等,做出详细的说明。

第一,研究思路和方法。首先,完善组织机制,建立院园合一、专项资助和联动协调的创新创业工作保障体系。发挥学校大数据与智能决策研究所、大学生创业指导委员会、创新创业教育工作领导小组和协同创新专家咨询委员会的综合作用,严格管理,强化职责,压实任务,专人对接,做好"双创"教育和实践服务工作。其次,坚持开放协同,搭建有助于"提质""增效"和"培优"的创新创业实践平台。多方整合优势资源,打造智能化、高效能的"双创"实践平台、校外实训基地和综合实验室等;坚持与时俱进,不断延伸创新创业教育环节,落地校、政、行、企多主体联动的"引企入校、引政入校、合作共建、过程共管、人才共育"项目,使产教深度融合、校企紧密合作常态化;结合国家大学生创新创业训练计划项目和"互联网 +"创新创业大赛等需要,深度践行以赛促教,以赛促学,以赛促创的赛、教一体化理念,鼓励更多学生勇于创新、积极参赛。再次,

以市场需求为导向,优质化构建创新创业模块化课程体系并着力提升成果转化率。以培育"双创"人才的自主创新能力为目标,结合区域特色创建创新创业模块化课程体系;建设并优化专创融合的在线课程,深入推行线上线下混合式教学模式;外联内引,建设"双师双能型"师资库,基于工作室载体实效发挥和项目化教学模式,全面提升师生同创、企生共创和学生自创的综合业绩和成果转化水平。

第二,具体措施和技术路线。首先,基于数据分析,形成校、政、行、企四方联通,产、学、研、用融入创新创业教育体系的良好态势,建成统筹功效、承载能力强大、示范和带动效应明显的智慧平台,打造出"知行合一"的创新创业教育及实践乐园。其次,基于生态体系构建,凸显创新创业人才培养的优势和实效,有力推进师生同创、企生共创和学生自创的工作室制人才培养进程,打造、培育出一批"双师"精英和"创客"娇子,并为营建能够涵纳创新精神培育、创业项目孵化、创意无限生发的空间场域铺垫基础。再者,基于提质、增效和培优的实际需要,施行更加规范的教育管理制度和园区运营模式,建立科学有效的成果激励和动态评价机制,建设实效性强、指导作用明显的"双师双能型"导师库,提升师生同创能力并提高创新创业成果转化率。

第三,未来规划。首先,结合校内外数据整合实际情况,组建专门团队和师资力量进行有效分析,并联合各职能部门和二级学院,深入研究"院园合一"校企协同育人机制下的"四三二一"创新创业教育系统构建之得失,形成初步的建设方案。其次,紧密追踪学校大学生创业孵化示范基地、数字经济创新创业园、大学科技园和影视产业孵化园"一地三翼"的建设运营状况,积极吸纳兄弟院校的成功经验,为着力打造特色鲜明、效用明显的"智慧平台"提供参考性依据。再次,发挥"双师双能型"导师资源库的实践指导作用,结合学校师生同创、企生共创和学生自创的工作室制人才培养模式,形成与专创融合、科创融教相关的典型案例和平台建设经验推介材料。最后,围绕产学研用、赛教一体等,多形式开展问卷调查、实地调研和师生座谈等,并进一步集思广益,做好建设方案的深度完善和终期总结工作。

第四,技术指标。它主要包括基于大数据平台的精准化、智能化、可视化、平台化和个性化特征,通过有效数据分析和完整体系链接且借助电脑系统支撑的数理统计方法,以及运用一些复杂计算公式来判断创新创业项目孵化、实践成效落地和市场导向下发展趋势等的量化分析方法。具体而言,动量指标、相对强弱指数、随机指数和未来走势数据等均被涵盖在内。

第五,成果方式。首先,校、政、行、企四方联通,创建理实一体、专创融合的创新创业人才孵化平台,全方位提供线上线下相结合的混合式培训,校企共建"双师双能型"师资团队,瞄准区域经济社会发展需要,建设一批产教融合实训基地、现代产业学院等,并将教科研方面落地较好且能凸显实效价值的研究项目纳入平台管理。再者,营造凸显中国优秀传统文化、红色文化、工匠文化、创新文化"四文化"融合育人特色的创新创业教育和实践场域空间,发挥智慧平台作用,建成新一代信息技术产业与教育联盟,构建孵化成效高、辐射影响好的产业 + 学业 + 创业 + 就业循环衔接的生态系统。

第六,创新点和关键点。创新点主要有以下几点。

创新点一:此项研究创新了学院 + 产业园"院园合一"机制,使产教融合有了机制保障,让校企协同育人有了落脚点。将"院园合一"校企协同育人机制具体落实到工作室制创新创业人才模式创新上,青岛黄海学院已在其构建实践和基于学院 + 产业园融合机制的应用型、创新型人才培养改革等方面取得了一系列成就。这些对于在新旧动能转化背景下有效推进专创融合的集群化教育向着更优质的方向发展有着极大的创新价值。

创新点二:此项研究创新了工作室制应用型人才培养模式,使得人才培养有了工作室载体,教学有了项目化路径。工作室是培养高素质创新创业人才落地的创新之举,突出了人才培养中的企业因素,在课程建设上融入了实际项目,在实践教学上彰显了创新创业的实训特点。工作室把高校教师、在校学生、行业企业三者有机结合,将教学目标与岗位职责对接,将教学过程与岗位工作内容融合,将课程考核与岗位考核相统一,形成了开放、有效的应用型人才培养模式。学生通过完成工作室具体任务,积极参与和解决问题,无疑会成为创新创业人才培养方式的一种有效教学模式探索。

关键点包括以下几个方面。首先,立足实际,发挥本校特色和区域优势,打造"院园合一"校企协同育人机制和"四三二一"创新创业教育系统升级版,即通过数据分析和平台建设,有效发挥校、政、行、企四方联通作用,打造科技创新、网上创业和文化创意三大创客平台,创新创业实践与成果孵化两位一体的教学体系,打造"一条龙"创业孵化链条,并坚持以专创融合为抓手,深度构建新商科、新工科、新一代信息技术、影视艺术、健康护理等专业集群,着力构建突显能力本位、落地技能培养和注重开放融通三位一体的创新创业课程体系。其次,提升创新创业教育学院统筹下的"一基地、三园区"整体运营能力,实现创新创业教育全员化和全覆盖,并构建高效能、多实效的"双创"教育实践平台和聚合区域资源且服务于地方经济社会发展的"智慧平台",为培育具有敢闯会创能力的新时代大学生提供全程服务。再者,以建立现代产业学院为依托,铺展创新、创业、创意、创客实训式人才培养的新格局,着力健全学校"双创"支撑服务和科学评价体系,为创新创业人才培养提供保障,并力主营造和谐氛围和实践场域,为创新创业者筑建乐园,真正呈现以创新引领创业、以创业带动就业的良好局面。

第七,现有的支撑条件。一是成立了研究所、工作室和智慧教室等。目前已经成立了统计与数据挖掘研究所。基于传统研究方向,结合本学科特点,主要从高维数据统计分析与挖掘、大数据整合分析、金融大数据分析与挖掘三个方面进行数据研究。二是成立了大数据与智能决策研究所,旨在顺应国家科技发展战略,切合大数据产业的发展需要,开展大数据与智能决策理论及应用研究,并通过与政府、高校及企业深化合作,实现校内外数据资源融合、提供精准高效的数据服务,培育新的学术增长点与跨学科研究团队,成为大数据与智能决策领域科学研究、人才培养、社会服务以及产业孵化的创新平台。主要研究领域包括大数据分析与决策、智能商务、云服务与云安全、云计算与智能算法、物联网与智能物流信息处理、大数据与平台经济等。研究所现有教师 12 人,其中教授 2 人,副教授 6 人,高级工程师 2 人,具有博士学位的教师 4 人,山东省创新创业导师库专家 2 人,青岛市高校教学名师 2 人,青岛西海岸新区拔尖人才 1 人。团队成员长期从事数据科学、决策优化等方面的研究,近 5 年承担省厅级以上科研项目近 20 项,在国内外权威核心期刊发表论文 60 余篇,大数据与商务智能社会服务创新团队获批山东省高校青创人才建设团队。三是创立了人工智能应用创新研究中心,师资由致力于人工智能技术研究、热衷于产业化应用的教师组成,与百度、华为等公司深度合作,使用 AI 开发平台、云服务、深度学习框架等提供算法、算力和应用开发支持,促进教学、科研成果转化。研究中心采用企业化运营方式,招收学有余力、立志从事 AI 技术研发的学生加入团队,定制个性化学习路线,在各类专业竞赛中提升实战能力,通过创新创业推动研发成果落地产业实践,探索"专创融合 + 研究导向"的学研创用型人才培养模式。四是成立了大数据学院 V 平台创新工作室,属于师生同创工作室之列。其宗旨是以项目为依托,提升师生实践动手能力。工作室自创建以来共完成了社区人口管理系统、宾馆—超市一体化管理系统、科研数据综合管理系统、干部考核信息管理系统等项目的开发。成立工作室的目的是培养一支具备软件开发能力的学生团队,能够引领本专业学生的专业知识学习与实践,进行创新性的软件开发,积极参与创新创业活动。五是成立了大数据小毛桃工作室。学习探索前沿的软件开发技术包括 HTML5、CSS、JS、JQuery、VUE、LayUI、Python、Spring、Springboot、Mybatis、Scrapy、MySQL、Docker、Nginx、Apache、树莓派等,承接软件开发项目,积极与企业对接,参与本专业学生培训等工作。六是建立了智慧教室。AI 共享智慧教室集成了达冠教育智能纳米触控黑板、东信同邦教学录播系统、嘉课堂智慧课堂软件等主流硬软件,有助于教师进行智能化授课、教学录播直播、提升教学效率等。

第八,场地和资金支持。学校已投入 4 895 万元,建成了面积达 27 447 平方米的青岛黄海学院大学生创业孵化基地,建有校内实验室总面积 25 000 余平方米,教学仪器设备近 12 000 台套,覆盖了现有所有专业。

第九,实施"一把手"工程,强力发挥自身作为国家级众创空间、省级大学生创业孵化示范基地等的综合功用。这在创新创业教育和实践方面取得了一定实效。2020 年学校以专创融合为抓手构建创新创业教育专业集群、实现应用型高校转型的材料在教育部第七届产教融合发展战略国际论坛受到中国职业技术教育学会会长、教育部原副部长的点赞,平台点击率达到 557 万人次,影响较大。

第十,高认同的项目。研究团队曾获批教育部高教司"基于信息技术的新工科创客团队建设"等协同育人项目 3 项。2019 年 2 月,团队又成功获批数据中国"百校工程"产教融合创新项目。2019 年 12 月,"大数据与商务智能社会服务创新团队"获批为山东省青创人才引育项目。以上项目的成功获批,在很大程度上为提升人才培养能力搭建了更好的平台。

第十一,本专科专业和实验室建设。研究团队现已开设计算机科学与技术、数据科学与大数据技术、经济统计学、人工智能 4 个统招本科专业;移动应用开发、大数据技术与应用、虚拟现实应用技术、电子竞技运动与管理 4 个统招专科专业。建有计算机软件实验室、网络实验室、蓝鸥大数据实验室(校企共建)、统计分析实验室、数据处理实验室、电子沙盘实验室等实验实习场所。

6.2.4 基于工作室的"创、教、赛、孵"一体化师资培养探索和实践

创新创业教育模式的构建,离不开高效能、高水平的"双师双能型"教师队伍建设。在此结合工作室建设的实际需要,就"创、教、赛、孵"一体化师资培养做出实效性解读和说明。

6.2.4.1 研究背景

根据专创融合教育发展的现实需要,构建"创、教、赛、孵"一体化师资培养体系,已成为应用型高校提升办学质量、增强师资力量和熔炼创新品质的探索模式。如何在新时代培养具有学术创新精神、超强动手能力和竞赛指导效能的融合型创新型人才,实现一体化创建优质化"双师双能型"师资团队构建的目标,正成为重中之重。鉴于专创融合深度发展、产教融合紧密跟进的实际需要,更好地发挥专业师资施教和指导实践项目的核心作用,基于 VR 平台构建打造学术科研阵地,发挥高校的专业优势和学术载体综合功用,以辐射专创融合课程体系建设、教科研实践项目落地和创新型竞赛深入推进等方面的工作,面向全体,聚焦热点,助力虚拟现实专业人才培养和推动虚拟现实技术在教学中的运用,进而提高师生同创能力、师资整体指导水平、学生参赛项目技能和卓越人才孵化能力,最终实现创新有为、施教有方、参赛有果和孵化有效。

6.2.4.2 研究基础

此项研究开展主要基于学校应用型人才培养目标的实际需要,着力将科学性、可视化、创新型理念融入其中,突显了强效能师资团队打造、一体化平台构建、创新型能力提升和高素养内涵积淀等核心元素的整体功用,并有效衔接了创新链、教育链、创新链,以构建链条式师资培训生态体系,利用可视化平台呈现实践效用。

其一,形成了优秀典型案例,产生了较好的辐射效用。2021 年 3 月,"院园合一的机制"入选教育部"产教融合实训基地优秀案例",突显了学校专创融合、知行合一的"双师双能型"师资队伍效用。

其二,构建了优质教育模式,发挥了良好的实践动能。基于学校"四文化"融合育人特色,完善"四三二一"创新创业教育系统,并以工作室为载体,以产

教融合为路径,以科创融教为手段,熔炼出 2020 年山东省级本科高校教学改革项目"基于工作室的应用型本科创新创业教育模式研究与实践"(在研),带动成立 50 余个师生同创工作室,突显了师资指导能力和学生创新实效,校内外辐射作用明显。

其三,实施"一把手"工程,打造了高效能团队。学校实施校长主抓专创融合师资队伍建设的"一把手"工程,各职能部门和二级学院负责落实具体工作,实现了深融入、强融合和高融通,打造出一支创新能力强、教学水平高、大赛成果好、孵化效能实的高水平师资团队,为项目运营奠定了基础。

6.2.4.3　特色和亮点

首先,推进多元渗透,注重专创融合。全链条构建"创、教、赛、孵"一体化师资培养体系建设,发挥多元化渗透的综合实效,注重专创融合、思创融通,理实一体地提升师资师资培育水平。其次,凸显科创融教,注重赛教一体。打造科技创新、网上创业和文化创意"可视化"平台,凸显科技创新辐射带动作用,坚持赛教一体,实现以赛促教、以赛促学和以赛促创。再者,力求敢闯会创,注重孵化实效。锚定高效能师资团队打造和敢闯会创人才培养目标,构建学创结合、思创融通、科创联动的优质化孵化体系,最终提升师生同创、学生自创和企生共创的综合实效。

6.2.4.4　项目建设目标

目标一:构建理实一体、知行合一的高效能师资团队。通过深化专创融合、科创融教和思创融通理念,以项目化运营为实践抓手,施行浸入式、场景化和体验式行动方案,打造创新成果多、教育水平高、竞赛成效好和孵化能力强的"双师双能型"师资团队和创新型导师智库。

目标二:构建可落地、能产出、多实效培训生态体系。将专创融合落地于师资培训全过程,将项目驱动贯穿于师资培训各个环节,构建体现市场导向、突显创新能力、发挥孵化成效的高效能师资培训生态体系。

目标三:构建校企协同、师生企共进的高效培训机制。力求产教紧密融合、校企深入合作,基于本单位学院 + 产业园"院园合一"的协同育人机制,打造凸显校、政、行、企四方联通实效,科技创新平台运营能力,师资培训综合效用的实训式人才培训机制,为多方共赢创造条件,为校企共生提供保障。

6.2.4.5 项目建设内容和实施路径

首先,落地专项资助、联动协调和融创并进的保障机制,实施"一把手"工程,发挥上下一体、协同育人综合功效,结合产教融合、专创融合、科创融合等需要,探索师资培训高效模式和具有辐射带动作用的孵化体系。其次,围绕市场需求,熔炼核心成果,通过构建优质化课程体系,增强师资团队整体专创融合水平,并在师生同创方面做出突破,强化任务驱动式的项目化培育实效。再次,实施校企协同、多元合作机制,借助可视化平台,实现因势利导,打造创新意识强、孵化效用好、应用价值高的"双师双能型"师资队伍和智慧型导师团队。最后,坚持赛教一体,以"互联网+"创新创业大赛和"国创训练计划"项目为抓手,锻炼教师指导能力和自主创新意识,并将经验延伸到课堂教学,实现学以致用和用以致学。

6.2.4.6 研究预期成果

第一,形成科学健全、优质高效的"双师双能型"师资团队。凸显"院园合一"校企协同育人机制和师生同创孵化实效,以项目化为手段构建场景体验式培训场域空间,培育一批"双师双能型"实战派精英,构建科学健全的人才孵化机制,打造优质高效的双创师资"精英团队"。

第二,形成专创融合、思创融通的"创教赛孵用"实践方案。预期将形成突显专创融合实效的行动计划,并将思创融通、科创融教有机结合,为深度熔炼落地于"创、教、赛、孵"的实践方案奠定基础。

第三,形成校企协同、共赢创收的优质化师资培育生态机制。在构建高效能师资团队的基础上,发挥校企协同培育精英团队的综合效用,探索出一套能够助力双方共赢创收的优质化师资培育生态机制,不断地发挥长效辐射作用,为区域经济社会发展赋能。

6.2.4.7 项目实施计划

其一,发挥团队成员自身能动作用,并集思广益地深入调研兄弟院校师资建设需求,瞄准高效能的"双师双能型"团队构建目标,适时反思自我,不断查漏补缺,探索能够实现劣势突破的可行性路径。

其二,紧密追踪校内学生对于师资力量的实际需求,结合自身建设现状和应用型人才培养目标实现,进一步寻求解决问题的行动方案,逐步形成可落地的规划思路。

其三,围绕深化产教融合、强化专创融合的实际需要,将前期思路、规划深融进师资队伍建设,反哺于其间创新意识增强、科创融教施行、赛教一体推进和精英孵化场景等具体实践,逐步熔炼成熟型方案。

其四,以高效能、创新型"双师双能型"师资队伍打造为终极目标,强化赛教一体自主意识,并入产、学、研、用实践环节,多渠道、多形式地开展实地调研、师生座谈等工作,并做好经验总结和深度完善,形成优质化的师资培训经验,在更大范围发挥辐射作用。

6.2.4.8　预计投入经费规划

学校坚持专项资金专用的原则,着力优化资源配置,全力支持高效能智库团队打造和"创、教、赛、孵"一体化 VR 师资队伍建设。

使用经费主要用于专创融合和"双师双能型"师资团队打造,并结合社会职场对于应用型人才的实际需要和校企协同育人的创新发展需求,在实践项目运营和相关教、科研成果等方面做出预算支出。

6.2.5　基于"四文化"融合的工作室制全产业链孵化体系构建实践研究

"四文化"融合,即优秀传统文化、红色文化、创新文化和工匠文化的融合。以此为基础进行融合式全产业链孵化体系构建实践研究,具有新的实践价值,对于深化基于工作室载体的创新创业教育内涵和系统化提升其实践成效,将起到不可忽视的作用。

6.2.5.1　概况介绍

对其基本概况,现从实践性、创新性和示范性等几个方面,简要概括其特点及应用情况。

首先,实践性。深挖文化内涵,融合效用好。立足实际,秉持"知行合一"校训,发挥处于灵山湾文化产业核心区域优势,开拓国际化发展格局,打造"以优秀传统文化育人、以雷锋精神红色文化育人、以工匠文化实践育人、以创新创业文化协同育人"四文化融合育人特色。力达思创融通,渗透力度强。将思政思想融入文化生态构建和产业链条孵化全过程,以科学发展观厚植文化基因和创意元素,突破了外在形壳束缚,将立德树人的根本任务渗透于专业人才培养和个体化认知,传播了文化内涵,传承了创新理念。注重理实一体,应用价值高。坚持市场导向,具备覆盖全校、影响本地的应用价值。教学做合一,理实一体构建产教融合孵化链条,解析学孓职业素养"积存性"提升策略与综合能力"融合式"生发路径,有利于发挥文化内涵实践指导作用。

其次,创新性。围绕全产业链青岛文化产业发展进行深入研究,创造性解决了文化产业链完整度差、结构及层次低、人才匮乏等现实问题;定位于构建创新型产业集群模式和人才孵化链条,基于"院园合一"校企协同育人机制,创建现代产业学院和工作室制载体;全流程优化文化产业价值链、全要素保障文化产业企业链、全配套完善文化产业供需链、全地域统筹文化产业空间链和全方位打造文化产业孵化链等,满足了为促进产教深度融合提供深厚内涵支撑的时代要求。

再者,示范性。项目以专业链对接产业链、创新链,建设特色文化艺术专业群,为高素质应用型人才培养提供范例。将文化开放融通作为推动产教融合、专创融通、科教融合与校地融合的内涵支撑,产生了明显的辐射作用。构建了特色专业 + 文化产业 + 创新创业的办学模式,赋予学生"鹰的视野"和"敢闯会创"能力。全要素、深融合的产业学院成立和知行合一工作室制人才培养,在资源共享、学科创建、人才孵化和师生同创等方面发挥了示范作用,有利于构建产教深度融合、校企紧密合作的文化生态。

6.2.5.2 详细内容

第一,背景介绍。此项研究力主迎合产教融合全球化趋势、齐鲁强省建设战略、青岛创业型城市发展规划和未来影视之城的发展方向,着力为西海岸新区文化产业发展提供优质化服务,通过构建和完善文化产业人才孵化机制,培育应用型、创新型人才,并基于人才孵化链条的接续性构建,有效促进相关专业建设、人才培养模式改革,以便为青岛文化产业发展提供智力支撑,为构建内涵型全产业链孵化体系树立标杆,也在一定程度上解决劳动力就业、创业问题。

该研究瞄准为文化产业培育高、中、低端的全产业链人才目标,充分发挥青岛本地优势,依托西海岸新区文化资源,打造涵盖影视文化、海洋文化、传统文化产业的人才孵化平台,进而形成人才培育、文化创意和配套服务等多功能聚合的文化产业孵化基地,为青岛文化产业孵化链条的建设提供可参照性建议。

第二,研究目标和主要措施。本研究基于全产业链的青岛文化产业发展进行深度研究,就青岛影视文化企业的产业链完整度低、产业结构和层次有待提升、人才匮乏等现实问题,进行基于构建文化产业集群的人才孵化器运行机制研究、产业集群发展与创业人才孵化、文化产业创业型人才培养模式研究、文化产业人才孵化链条研究、基于创新创业创客的工作室制研究、"院园合一"机制下内涵型、应用型人才现代学徒制研究等,并对青岛文化产业创新发展中有效实施全产业链战略的基本途径展开研究,即全流程优化文化产业价值链、全要素保障文化产业企业链、全配套完善文化产业供需链、全地域统筹文化产业空间链和全方位打造文化产业孵化链等,以进一步形成可复制、可推广的实践经验,发挥出更大辐射作用,满足产教融合生态圈构建需求。

具体内容包括建立众创空间—孵化器—加速器—产业园的孵化平台,辐射学校高素质应用型人才培养改革的"前端"和产业化承接地带的"后端",为文化产业和相关企业提供可持续发展的承载空间。在高端引领方面,建设文化研究院、文化产业智库、文化实验室、导师工作室、人才猎头机构,引进文化界知名人士和高层次学术人才,开展青岛文化研究和学术交流活动。在中端孵化上,建设文化艺术中心和继续教育学院,面向大中专毕业生、社会人员进行专业培训和继续教育。在基础培训中,主要建设技工学校、文艺培训机构、技能培训机构,面向社会零基础人员进行全方位的文化涵养和职业素养提升培训。其次是主要措施。主张文化产业价值链、企业链、供需链、空间链、孵化链"五维"互动,形成对接融通机制,在产业上、下游同时发力,建链、补链、延链、强链,提升全产业链发展水平。青岛文化产业链不仅基于青岛特殊的区位、文化、经济、社会优势和历史传统,也根据青岛多元化、特色化文化产业市场的专业化分工,使得各个文化产业部门建基于以上五种关系而最终形成"五维"链条。全产业链发展意味着"时尚青岛"建设将在文化产业高质量发展上实施战略聚焦、饱和攻击、精准发力,为青岛经济转型升级赋能增效。

具体措施包括以下几个方面。

其一,全流程优化青岛文化产业价值链,为形成辐射性的全产业链孵化体系构建提供优质化思路。消费升级成为文化产业发展的驱动力,青岛以打造文化产业全产业链为突破口,大力推动了文化产业的发展。青岛时尚城市品质促进了文化产业向价值链高端迈进,有利于形成一个"上游开发、中游拓展、下游延伸"的产业价值链条,抢占全球文化产业链中高价值区的先机。再造优化青岛多元文化产业价值创造分布模式,建立全产业链是青岛文化产业转型升级之需。

其二，全要素保障青岛文化产业企业链，为形成辐射性的全产业链孵化体系构建提供立体化策略。青岛文化企业竞争力提升，有力地保障了各类文化企业主体所构成的产业链条，便于形成融合式企业生态系统。完善文化产业企业链的线性拓展全要素策略，通过搭建文化企业发展平台、建设文化产业园等，抢占了文化发展的制高点，搭建了文化产业聚合发展的平台，引进了培育多元化文化企业形成的链条，有利于深耕文化企业创新创业的土壤。完善文化产业企业链的立体融合策略，以切实可行的商业模式和行业新业态寻求混合媒介的协同优势，成为文化产业发展的驱动力，推动了青岛形成行业企业共生共荣的良好局面。

其三，全配套完善青岛文化产业供需链，为形成辐射性全产业链孵化体系提供持续发展动力。消费需求再造文化产业链条，实现了价值的最大化，促进了文化产业的高质量发展。青岛文化产业供需链的均衡发展和资源整合，是加强文化产业一体化建设的方向。聚合优质影视资源，全配套完善供给链平台，为青岛文化产业发展提供了深层给养，有利于文化产业链条中企业之间供需的持久发展，并建立系统化、专业化、一体化的运营体系，形成多方共赢和可持续发展的平衡关系。

其四，全地域统筹青岛文化产业空间链，为形成辐射性的全产业链孵化体系提供共享性平台。缩小产业配套半径，遵循了"遵优推移"原则，优化了文化产业的空间布局。完善"1+N"文化产业发展格局，以灵山湾影视文化产业区为龙头，带动辐射青岛其他地区文化产业的发展，形成一核引领、多点发力的"1+N"文化产业发展格局，加强了创意文化产业和动漫产业集群建设。完善青岛区域文化生态圈，有利于在"互联网＋"时代推进青岛文化产业的融合式发展，全链条聚集资源，打造中国文化产业的黄金地带，抢占新一轮竞争的制高点。

其五，全方位打造青岛文化产业孵化链，为形成辐射性的全产业链孵化体系提供全方位服务。以问题为导向构建孵化机制，冲破了"内容为王"的制约，对于高端人才引进、中端人才孵化和低端基础培训大有裨益，便于依托青岛本地文化资源，打造涵盖文化产业和专业人才的双孵化平台，形成人才培养、文化创意、配套服务等多功能聚合的文化产业孵化基地，完善众创空间—孵化器—加速器—产业园链条，推进学业＋产业＋创业"三业融合"的育人模式。推进全产业链孵化战略,整合了文化产业的物理空间链和政策服务链,使得校、政、行、企四方聚力于文化产业创业孵化,共建文化创业孵化园、科技园,举办文化类创新创业大赛,搭建应用型人才成长的场域空间,并通过产、学、研、训、用实训式人才培养,把青岛建设成为我国影视文化全产业链"人才高地",并辐射到多层面,服务于区域经济社会发展需要。

第三,主要创新点。

创新点一:以协同理念为引领,一体化打造文化产业孵化链条。项目研究力主以多主体协同共建的现代产业学院为依托,以建立影视人才孵化器为起点,基于协同论和三螺旋理论,坚持跨界融合,做好异业结盟,推进产教融合,实现工学结合,力达知行合一,通过青岛黄海学院"四文化"融合之品牌文化产业孵化器的建设运营,校、政、行、企四方联通开展集人才培养、生产经营、文化创意、创业孵化和服务社会为一体的生态体系研究与实践探索。

创新点二:以集群构建为思路,全方位实施生态体系运维战略。项目研究聚焦于青岛影视文化产业集群发展,创新了创新型文化人才培养机制,拉长了青岛文化产业链条,有利于形成理实一体的文化产业集群,全方位地构建并完善青岛文化生态圈,为进一步形成可复制的实践经验夯实了基础。

创新点三:以产教融合为路径,高质量培育敢闯会创的时代精英。项目研究以山东省"十强产业"和青岛市"956"产业体系为依托,对标社会职场实际需求和人才核心竞争力提升诉求,校企共建协同创新平台、实验室和研发机构等,发扬"四文化"融合特色,通过文化内涵滋养驱动资源高效融通,发挥出平台效用助力文化成果转化,进而为服务区域经济社会发展培育更多具有国际化视野、专业品质、职业素养和创造能力的应用型人才。

第四,现实问题的解决情况。问题的解决突显了行业共性问题和关键共性技术。

对于行业共性问题,首先,项目以青岛影视文化产业孵化链条建设研究为基点,探索促进产教融合发展的新路径并结合本校影视文化园区的建设运营成效,验证了校、政、行、企四方联通作用,为理实一体实施应用型、创新型人才培养和高效开展基于专创融合、思创融通、科创融教等的一系列实践研究提供了泛在化案例。其次,项目针对青岛影视文化发展的孤岛式设计现象,创新了文化人才的培育机制,有效带动了青岛文化产业链条的矩阵式管理系统和文化产业集群建设,在一定程度上为完善青岛特色文化圈起到了助力作用,更便于拉动社会多方需求,为区域经济社会发展提供优质化服务。再次,项目基于影视产业人才孵化机制构建,为培育应用型文化艺术创新创业人才提供了成功经验,更通过微观视角上的影视专业建设和人才培养改革,在宏观层面上为其所辐射的文化产业生态链条构建提供内涵支撑,很大程度上为解决文化产业人才就业难、创业成功率低的问题提供了可行性方案。

对于关键共性技术,首先,克服闭塞的观念,深化了理论源自实践又指导实践的共识性理念。将科技创新、文化创意和网上创业的创客实践行为内化于"四文化"融合育人体系的构建过程,强调了理实一体推进技术进步的重要性,验证了创客平台建设的紧迫性和实效性。其次,将产教深度融合、校企紧密合作纳入实践载体,普及并传播了创建教育新生态和进行深度学习的科学发展观和协同创新理念。再者,基于"四文化"融合的全产业链孵化体系构建实践研究,离不开以大数据分析为参照,多实效推进高精尖技术进步,智慧型、信息化和可视化平台的创建刻不容缓。

第五,关键要点主要包括以下几点。首先,发扬"四文化"融合育人特色,并对相关文化产业展开深入的实践探索,有效带动了本校文化产业孵化器的科学建设和教科研学术成果的转化,属于宝贵实战经验与理论成果的智慧型叠加式积累,所形成的高技术含量文本资料和可复制性经验不可多得。其次,基于青岛区域性文化产业集群建设进行的实证研究,深入到青岛及国内部分文化企业和行业协会,且进行了一系列广泛而深入的学术调研活动,研究者掌握的是第一手数据和高信息材料,对于有效促进文化产业的发展提供了适用性对策和可行性建议,实用价值较高。再次,新一代信息推广、影视文化项目孵化和可视化平台打造,需要高科技含量且智能化较高的平台支撑,涉及一定的保密信息。

第六,项目应用和推广情况。在学术应用推广方面,项目发扬和深度熔炼了优秀传统文化、红色文化、工匠文化和创新文化"四文化"融合育人特色,并将"三螺旋"理论应用到影视 + 文化的应用型人才孵化平台构建实践,探索了极具区域文化特色的人才孵化平台和实践育人路径,并将"院园合一"校企协同育人机制和教育新理念应用于新文科、新商科、新一代信息技术、民生产业类等专业集群建设。有关青岛文化产业集群构建的实证研究,辐射到青岛及国内部分文化企业和行业协会,助力其开展了一系列学术调研活动,为促进本校二级院系的内涵建设和青岛文化产业孵化器建设提供了实证支撑,有效带动了相关部门、文化产业孵化器的科学建设和教科研学术成果转化,并形成了有利于青岛文化产业发展的对策建议。

第七,社会效益和经济效益。项目具备覆盖全校、影响本地、辐射广泛的实践应用价值。不仅为青岛影视文化产业孵化基地的建设提供了可借鉴的经验,也为以专业链对接地方产业链、创新链,建设特色文化专业集群和培养高素质应用型人才提供了范例。学校开放办学的理念更加深入人心,"平等自愿、资源共享、合作共赢"的原则,更对接了地方文化产业,推动了产教跨界融合,完善了"院园合一"校企协同育人机制,并起到一定的辐射作用。学校实施学业 + 产业 + 创业"三业融合"的人才培养战略,搭建了文化创新实践教育平台,为培育敢闯会创的基层组织和项目团队提供了保障。基于工作室制的项目化教学和基于现代学徒制的实习、就业开展得有条不紊,形成了可复制经验,对于构建产教融合新生态,实现校地融合、专创融合和科教融合,培育校企共育应用型、内涵型和创新型人才,大有裨益。

6.2.6　基于学业 + 产业 + 创业"三业融合"的工作室制育人模式应用研究

作为一种融合式思维,学业 + 产业 + 创业"三业融合"的人才培养战略,也是实践育人模式,很值得探讨和深入推进。其在优质化培育创新创业人才方面,凸显了系统化架构和平台化优势,对此一模式的应用研究可谓意义非凡。

6.2.6.1　该项研究所涉及的研究背景、研究现状及课题重要性分析

第一,研究背景。按照习近平总书记重要指示要求和党中央决策部署,山东省确立了综合实力、发展质效、科技创新、改革开放、生态建设、治理效能、民生改善"七个走在前列"。2019 年 2 月召开的山东省狠抓落实动员大会提出,需构建以新旧动能转换、乡村振兴、海洋强省、三大攻坚战、军民融合、打造对外开放新高地、区域协调发展、重大基础设施建设八大战略布局为支撑,以全面深化改革为保障,以全面从严治党为统领的整体发展格局;并在科教、文化、健康、现代农业、先进制造业、海洋、数字、新能源新材料、交通九个方面树立了"强省突破"目标。省政府工作报告也提出,应加力产业转型,推动结构持续优化升级,夯实优良产业生态的"四梁八柱"。目前,我省已初步建立了以"十强"

现代优势产业集群为主导的现代产业体系。该课题以此为背景,展开实效性战略应用研究。

第二,研究现状。当前,国内相关研究主要围绕面对以国内大循环为主体、国内国际双循环相互促进的新发展格局,聚焦于以科技创新、营商环境和强化服务等来推动高质量发展的研究,但在多主体深度融合和生态体系构建,尤其是将学业与产业、创业甚或就业等的接缤体系运维和核心元素链接上略有欠缺。国外则瞄准应用型人才的能力提升目标,坚持市场导向,将产业发展、行业运营与双创教育有机结合,在科技创新方面走在了前列,为国内进一步借鉴其"强效补链、产学衔接、创新发展"理念提供了范例。基于此,研究如何创新发展并通过强链、补链推动学业、产业、创业"三业融合"进程,开拓优质化发展新格局,成为重中之重。青岛黄海学院锚定应用型高校转型目标,基于学院 + 产业园"院园合一"的校企协同育人机制,深入实施学业 + 产业 + 创业的优质化发展战略,通过打造人才链、产业链、创新链和价值链"四链合一"的综合性、智慧型产教融合实训平台,谋求高质量发展之路。其研究立足于青岛争创国家级创业型城市的发展定位,以筑建专业、产业相融通,行业、创业相引连,学业、就业相衔接的立体化、可视化和生态型产教融合与双创实践乐园为航标指向,深度完善"院园合一"机制和打造"四三二一"双创教育系统升级版,以构建成熟发展生态,并形成极具推广价值的实践经验。

第三,重要性分析。"院园合一"机制下基于学业 + 产业 + 创业"三业融合"的优质化发展战略应用研究具有独到的学术和辐射影响价值。理实一体地将政策解析、实证分析、案例剖析和理论探析相互融通,提炼出规律科学与导向鲜明的"三业融合"优质化发展战略和实践模式。将科创融教、产教融合、思创融通等元素融入优质化发展体系构建的全过程,基于现状剖析研究赋能综合发展,为提升人才的创新应用能力提供最佳方案,针对性较强,辐射效用明显。

6.2.6.2 该项研究的基本内容、主要思想或主要观点、研究重点及难点、突破点分析

首先,研究内容。坚持从实际出发和问题导向,聚焦于科创融教、产教融合和思创融通的理论支撑、实践调研、案例分析和对策应用。主要研究如何以产教融合为路径、以专创融合为抓手、以产业学院为依托,充分发挥校、政、行、企四方联通协调作用,基于学院 + 产业园的"院园合一"校企协同育人机制,在

总结自身作为国家级众创空间、省级大学生创业孵化示范基地等成功建设经验的基础上，着力构建学业＋产业＋创业"三业融合"的发展战略和卓越人才培育体系，力主形成产业、学业、创业、就业循环衔接的产教融合生态圈，不断提质、培优、熔炼、提升并增强自身融合品质，应对社会竞争的综合素养和一体化服务能力。

其次，思想观点。总体上，主张通过实施学业＋产业＋创业"三业融合"的发展战略，打造"院园合一"协同育人机制升级版，为服务区域经济社会发展、实现科教兴鲁赋能增效。具体体现在三个方面：其一，以产业学院为依托，高效能构建产教融合"智慧平台"。高效搭建校、政、行、企四方联通，多主体合作共建的联动机制，理实一体地构建现代产业学院建设平台，着力增强科技创新、网上创业、文化创意的核心竞争力。其二，以专创融合为抓手，集群化打造卓越人才"孵化链条"。汇聚核心资源库力量，集聚区域优势和多方资源，发挥"双师双能型"名师工作室及智库作用，构建模块化发展体系和科学健全的评价机制，接轨社会化职场需求，实现一体化培育创新型人才的目标。再者，以科创融教为手段，优质化创建产教融合"国际生态"。携手各大科研院所、智慧平台及创新载体，构建优质化服务体系，培育高素质复合型人才，并将国际化思维、创新创造能力、创客实践精神与创意文化内涵融入其中，为构筑开放型的全产业链育人工程和产教融合国际生态圈提供增效合力。

再者，重点和难点。重点在于立足实际深挖资源构建学业、产业、创业循环衔接的生态链条。以建立现代新产业学院为依托，铺展创新、创业、创客的优质化发展新格局，着力健全学校"双创"支撑服务和科学评价体系，为高素质人才培养提供保障，并力主营造和谐氛围和实践场域，为创新创业者筑建乐园，真正呈现以创新引领创业、以创业带动就业的良好局面。难点则在于如何发挥优势对标国家战略并与国际化发展格局接轨。如何基于"院园合一"校企协同育人机制的深度完善，增强"一体三翼"的综合实效，将学业、产业和创业"三业"有机融合，实现校、政、行、企四方联通，最终构建导向明确、链条清晰、实效明显的国际化发展生态体系。

最后，突破点分析。其一，视角突破。突破常规化育人载体的形壳和平面化设计思路，寻求提升科创融教、产教融合实训平台的培育质量和综合辐射功效发挥的适用方案；挖掘产教深度融合、校企紧密合作的多元化路径，以现代产业学院为依托,发挥工作室实践载体功用,有助于提升项目孵化实效,进一步创新优化基于创新、创业、创客的实训式人才培养模式;聚焦于现代产业学院综合功效发挥和多平台交叉应用的集群化建设思路,便于为深度打造创新有门道、孵化可接续、实效可追溯的智慧型产教融合生态体系提供借鉴。其二,方法突破。基于实际以解决问题为导向,开展深入调查,并将定量与定性相结合,融入了行动研究法和案例分析法,探索"三业融合"的发展战略应用有效路径。

6.2.6.3 该项研究的具体方法以及研究的阶段性计划

第一,研究方法。坚持问题导向,进行深入调查,将定量与定性相结合,融入行动研究法和案例分析法。

第二,阶段性计划。主要分为三个阶段进行,即前期详列问题、任务、进度等清单,明确研究目标和责任分工,确定研究路径与方法;实施中选派成员多方锻炼,通过调研获取第一手资料,并对柜关活动总结提炼;升华时合理分工,总结规律性、指导性材料,并实践验证研究结果,形成共识性模式。研究计划务必要注意结合实际,做好统筹安排,分期、分阶段、有步骤地加以实施。而在可行性上,基于国家关注、社会呼唤和发展需要,构建高质量、创新型的产教融合生态体系早已提上议事日程,但相关理论与对策研究滞后于实践需求。该项研究需要长期关注并从事相关工作,做到人员专业结构、年龄合理,且有实际工作经验,理论功底深厚,研究能力较强,并且研究成果能够落地实施。另外,该项研究也具有实施的资源条件。

6.2.7 固立德树人之本,铸课程思政之基,育敢闯会创人才

创新创业人才培养需要固本培元,需要思创融通,更需要实践磨砺。由此,瞄准立德树人根本任务,夯实课程思政之基,着力以工作室为载体培育敢闯会创的应用型人才,更显现其珍贵之处。实践证明,厚植立德树人文化沃土的课程思政,通过发挥课程的育人功能,达到了行知并进、润物无声的实效,并在不断将课程思政理念融入专创融合课程建设的实践过程中,做到了知识传授的显隐有序、能力提升的梯度进阶和价值塑造的思创融通,实现了"课前导例引情感共鸣、课中互动启理论思辨、课后延展拓眼界学养"(霍世平,赵怡,2021)。

现结合乐行—朗威跨境电商工作室专创融合教育和实际运营情况,以国际市场营销课程思政教学改革研究为例对其进行全面解读,以便为进一步熔炼内

涵型、创新型和卓越型的创新创业人才提供借鉴。

6.2.7.1　基本信息介绍

第一，前期的基础铺垫。乐行—朗威跨境电商工作室秉持"知行合一"校训，以真实产品实践平台培育具有创新意识和实操能力的实战型人才，并以之为基础开展专创融合科学研究，赛教一体地推进应用型人才培养。在近两年的实践过程中，工作室将市场营销课程思政思想融入其中，不断尝试改革，成效明显。

第二，依托的研究项目。在此以项目名称、立项单位、项目类型、立项时间、承担单位、主持人为主要介绍内容。按照青岛黄海学院《关于开展 2019 年校级"课程思政"试点课程建设项目遴选工作的通知》，齐伟伟老师主持申报"国际市场营销"课程思政教学改革项目，成功立项。并于 2020 年 12 月以评审成绩 91 分、结题结论"优秀"等级，通过了学校项目结题验收工作。

第三，内容摘要。

其一是课程认定。"国际市场营销"于 2020 年 3 月被认定为山东省一流线下本科课程，2021 年 4 月入选山东省本科高等学校课程思政示范课。

其二是课程思政教学改革示范包。撰写课程思政教学大纲，重塑教学内容。撰写课程思政教案、教学设计。汇编课程思政案例集、影视资源。明确课程考核办法，平时成绩比例提高到 70%。制定了课程思政教学效果评价方法。

其三是课程建设相关的科研成果。2021 年 4 月"'国际市场营销'课程思政教学改革设计研究"获省教育厅立项，还有其他相关课题 10 项、论文 13 篇和专著 2 部。主要有齐伟伟老师主持的课题"国际经济与贸易专业'课程思政'教学改革研究""高校专业课教师立德树人能力提升研究"和论文《基于课程思政的国际市场营销教学改革研究》等，以及王佳璇老师主持的课题"新时代高校专业教师'课程思政'教学能力提升研究"，还有师生获得的荣誉。课程组教师王式晔老师在 2021 年 6 月参加的山东省青年教师比赛中荣获一等奖。课程组教师指导作品 3 项，在 2021 年 5 月全国高校商业精英挑战赛品牌策划大赛（A 类）中获一等奖 2 项、二等奖 1 项。课程组教师在教学比赛中荣获一奖 9 项、二等奖 5 项、三等奖 5 项。老师指导学生参加各类大赛，获国家奖 18 项、省级奖 10 项和校级奖 22 项。

第四，相关经验总结。

其一,工作室主要根据针对的问题进行了经验总结,并基于成果积累着力体现要解决的教学问题。此探索提升了课程的价值引领作用,实现了课程思政教学示范化,做到了以课程思政之基铸立德树人之魂。工作室认识到坚持与时俱进,不断挖掘、完善、更新思政育人素材,开发育人媒介,改革考核方式,有利于进一步发挥示范课的引领作用。工作室体会到增强学生的"四个自信"意识,塑造他们的爱国情怀、创新精神和企业家精神等,为培养"又红又专"的国际市场营销实战人才提供了内涵支撑和强效动能。另外,融合式思维不仅有利于引导教师开发教学资源,也杜绝了伧们照本宣科、毫无创见。而重新修订课程思政教学大纲,明确了课程的知识目标、能力目标和素养目标,重构强化课程思政素材的教学内容,则使得教学内容"模块化",不仅将企业项目有效导入,也促使参与者更加重视 OBE(Outcomes-based Education)效果产出。在实践过程中,工作室认识到融合式思维指导开发教学资源,务必要和企业、工作室实操项目相融合,要和红色教育基地、历史文化和时事政治以及典型案例、代表人物等相融合,也要和创新创业实践相融合,当然更需要和实现"中国梦"、践行"新发展理念"等国家战略相融合。实践证明,在教学过程中引入实操项目,注重 OBE 理念下的学习效果产出,有利于进一步强化学生的实践技能培养,激发其主动参与意识。而且,通过调研可以充分掌握学生学习本课程的诉求和用人单位的需求,并有效建立以学生为主体、以目标效果为导向、以实践应用为核心的教学模式,摒弃了期末"一考定成绩",便于引导学生"功夫用在平时"。在OBE 成果导向指导下,平时成绩由学生的项目书、策划案、工作室业绩、大赛成绩、读书报告、论文发表等构成,并将课程综合成绩评定中的期末考试成绩比例降至30%,平时成绩比例提升到70%。学生如果平时不努力,只靠期末考试前突击,是不能获得本课程学分的。

其二,对主要的理论基础即指导解决问题的理论进行总结。在课程思政教学改革理论基础方面,课程文化发展理论为课程思政建设提供了本体性证明。课程思政建设的根本目标在于提高思想政治教育水平,但基础与前提必定是落实在各门课程的本体上。积极推进课程思政建设,是新时代我国高校课程文化实现科学发展的内在要求。课程建设绝不能离开课程文化的发展和壮大。

早在 1983 年,英国著名课程论专家丹尼斯·劳顿就提出了课程发展的文化分析概念,力主在课程规划中对文化做出恰当选择,以确保课程发展建立在良性的文化选择基础之上。法国社会学家皮埃尔·布迪厄直接将课程本身视为一种"文化资本",认为其在推进政治资本与经济资本等的发展中起着不可忽视的作用。我国对集体价值的崇尚,要求学校课程文化的发展着力体现群体价值的重要性,这在某种程度上也构成了我国课程文化发展的根本取向。课程思政与我国高校的课程文化建设是殊途同归的,课程文化发展由此也构成了课程思政的本体性依托。而有效教学理论为课程思政建设提供了发展性证明。有效教学是教师在教学过程中能够做到遵循教学规律,着力维持学生的学习热情进而达到预期教学效果的教学过程。实现有效教学是现代教育发展的根本诉求,诚如夸美纽斯所言:"求学的欲望应彻底在学生身上被激发出来",这既表明了有效教学的重要性,亦隐含了其内在的难度。作为将思想政治教育内容同专业课教学内容紧密融合的教学实践活动,课程思政所倡导的就是知识传授与价值引领相结合的教学目标。课程思政的推进不仅在于充实专业课教学内容,使专业课教学变得更加丰满和厚重,更重要的是通过将思想政治教育内容同专业课内容的紧密衔接来推进前者实现对后者教学规律的内在契合,实现专业课教学的开展同学生价值观的引导的内在统一。对有效教学的追求为课程思政的发展提供了内在的逻辑证明。在项目导入实践教学理论基础方面,实践教学是实现人的全面发展的根本途径。马克思主义实践观认为,人在实践的过程中完成了自身的发展,人的劳动实践使生产者也改变着,炼出新的品质,通过生产而发展和改造着自身,造成新的力量和新的观念,造成新的交往方式、新的需要和新的语言。在实践过程中,人们不仅能获得知识、技能的提高,更重要的是在这一过程中会伴随着世界观的形成或改造、社会生活基本素质的养成,最终实现了个人能力、个性发展和个人价值的充分统一。这也正是马克思主义哲学关于人的全面发展的基本内涵。因此,对于项目导入的实践教学活动中,学生自身以内在体验的方式参与教学过程,不断地获得知识、技能及道德行为等多方面的提升,不断地习得和积累社会生活经验,逐步养成参与社会生活的基本素质。这样在教育的根本目的得以实现的同时,也满足了包括人的社会生存、社会适应、社会发展在内的全面发展的需要。而情景学习理论,则成为马克思主义哲学关于人的全面发展的基本内涵。在 OBE 成果导向教育理论基础方面,OBE即成果导向教育,强调教育者必须明确定位学生毕业时应具备的能力,并通过与之相对应的教育教学设计来保证学生达到预期成果。OBE 基于学生的学习产出进行评价,并根据学生学习产出驱动教学活动过程。西澳大利亚教育部门把 OBE 定义为"基于实现学生特定学习产出的教育过程"。教育结构和课程被视为手段而非目的。如果它们无法为培养学生特定能力做出贡献,就要被重建。学生产出驱动教育系统运行。OBE 教育理念的核心是"以学生为中心",而"成果导向"强调教学要动态性持续改进,必须建立行之有效的改进机制。因此,教学质量的评价应采取以学生为中心的评价模式,而这种评价与改进应贯穿学生培养过程的始终。

6.2.7.2 解决问题的方法

第一,明确了教学改革思路。"以学生发展为中心""激发学生内驱力",通过紧密融合知识目标、能力目标和思政素养目标,三位一体培养学生。为了更好地落实素养目标和能力目标,把课程思政建设和 OBE 产出导向教学理念结合到一起。同时本着"利用一切可利用的资源"服务课程的原则,"融合式"思维指导下不断开发各种教学资源。在教学内容上,把课程内容模块化,在每个知识模块载体上挖掘思政要素。教学过程采用理论加案例、室内加户外、专业加实践、线上加线下、汉语加英语。把企业、工作室以及思政媒介和各种信息化资源引入课程。同时注重课程效果评价,构建了学生评教、同行评价、企业反馈等多维评价机制。

第二,重塑教学内容。根据课程思政教学改革,更新以德育和实践能力培养为主的教学内容和大纲,深度结合学科、行业、企业与科技前沿,对课程内容进行重塑与整合。设计五个教学模块,每一教学模块既体现课程知识,又体现思政内容和 OBE 学生学习效果产出。

第三,引进企业项目。在课程开始前,先将班级学生分成小组,每个小组匹配不同合作企业。课程开始后按教学内容在智慧树平台发布学习任务,要求学生提前预习新学理论知识,同时附上报道、视频、案例等资源拓宽学生视野。教师在智慧教室或企业、工作室完成理论讲解,随后布置小组任务,需以真实企业项目驱动完成,如市场调研前景发展、品牌策划报告和促销推广方案,进行小组展示,路演打分。课后整合学生的产出项目书,参加"互联网 +""三创"等大赛,或者申报"国创训练计划"项目。

第四,改革考核方式。降低期末成绩比例,加大平时考核力度,综合成绩 = 期末闭卷成绩(30%)+ 平时成绩(70%),平时成绩(70%)= 课堂表现(10%)+

实践成绩(45%) + 期中成绩(15%)。期末命题增加时事、外交等主观题比例,引导学生将家国情怀、社会责任等纳入解决方案。实践成绩包括指定书目阅读(读书报告)、社会实践(实践报告)、科研项目(论文撰写、项目申报)、学科竞赛及创新创业大赛(获奖证书)、加入工作室(工作业绩)等,遵从学生个性化发展,分类指导,以上任选三项完成,实践项目成绩评定采用 Rubric 法。增加期末考核环节与思政融合所占分值,要求学生给出解决方案时要考虑到对自然、社会、环境等的影响,增强学生的社会责任感,培养学生开放、包容、共生的全球理念。根据平时成绩考核项目完善 Rubric 评定表,适应团队教学和学生分组作业,给出相对公平合理的成绩。

第五,建设课程思政教学改革示范包。这主要包括课程思政教学大纲、教学设计、教案、教师教学案例集、学生成果案例集等。同时开发企业实操项目、国内外典型案例、优秀人物代表、时政新闻、阅读书目、学科技能竞赛、项目申报等素材。课程上线智慧树山东省高等学校在线开放课程平台。配合教学改革研发了适合团队小组作业的平时成绩 Rubric 评价办法,成绩由学生自评、合作者评价和教师评价三部分构成。学生自评引导学生展开自我批评、自我剖析,评价目标体现课程思政成效。课程效果评价办法包含学生 / 毕业生评价问卷、教师同行评价问卷、企业 / 工作室评价问卷等。

6.2.7.3　研究的创新点

首先,课程思政体系化,实现思政教育元素"深融入"。践行立德树人根本任务,撰写课程思政教学大纲、明确课程德育目标、修订课程思政教案,构建课程思政示范包,把思政教育无缝融入课程教学中。获批山东省级一流本科课程,立项山东省课程思政教学改革项目,入选山东省普通本科高校课程思政示范课。

其次,企业项目、大赛导入课程,激发学生"内驱力"。以提升学生实践能力为中心,从学生实践需求角度设计教学,以企业实际营销项目为载体,把关注点放到学习效果产出上,中间过程给予学生更多的自由,培养学生的创新意识和创新能力,激发出学生学习的内驱力。学生的项目书、策划案、工作室业绩、大赛成绩、读书报告均可作为课程综合成绩评定的一部分。

再次,三全育人、多维评价,教学资源开发"融合式"。课程涉及国贸、外交、管理、经济、文化、科技等多个领域,为根本落实"三全育人"理念,整合所有可用的教育资源,和企业、工作室实操项目融合;和红色教育基地、历史、时政融合;和典型案例、人物融合;和创新创业融合;和"中国梦""一带一路"倡议融合。项目作业成绩评定采用小组、教师、企业导师共同打分的 Rubric 评价法。课程效果评价上采用融合学生、同行、企业等的多维评价机制。

6.2.7.4　研究推广应用的范围

2020 年 7 月,工作室老师在青岛黄海学院"高质量发展与改革创新"中层干部暑期培训班上,以"积微者著——'国际市场营销'省一流金课申报与建设情况汇报"为题进行了有关一流课程建设的经验介绍,随后又受学校智能制造学院邀请做了经验介绍。

"国际市场营销"为国际商学院共建共享课程,受众学生包含国际经济与贸易、市场营销、国际商务、商务英语等 4 个本科专业。近 5 年来,校内受益学生达到了 500 人。自 2019 年起,以课程思政改革为创新点,该课程获批校内"课程思政"建设试点课程,于校内得到推广。同时与山东科技大学和滨海学院加强课程建设和开发,2021 年入选山东省普通高校本科课程思政示范课,得以在省内推广。同时,智慧树山东省高等学校在线开放课程平台累计选课达到了528 人,累计选课学校有 7 所,累计互动 391 人次。

6.2.7.5　研究推广应用的效果

学生反馈课程学习难度提升,但学习热情反而高涨,学生的兴趣和实践能力提高,课程组教师评教名次均列学院排名前列,学校督导听课成绩均为优秀等级。工商管理类学科教指委专家评价本课程改革"具有先进性、前沿性和适用性""课程资源丰富,课程始终处于更新状态"。

课程受众学生近几年参加社科奖市场营销大赛、"互联网＋""三创"大赛等获奖人次增加 70％,企业用人单位对相关岗位毕业生满意度提高 6％。本课程作为"省级一流课程""省级课程思政示范课",将继续着力增强课程的"两性一度"(创新性、高阶性和挑战度),充分发挥省级示范课的辐射效应,面向其他高校及社会共享本课程建设成果,以便服务于更多的学习者和爱好者。

6.2.8　工作室载体下基于师生同创的应用型人工智能人才培养路径探析

随着国内越来越多的高校开设人工智能专业,人工智能人才培养成为广受关注的研究课题。应用型本科高校应该如何立足于自身条件和资源,走出一条有特色的人工智能人才培养道路,关系到专业建设发展和学生就业质量。此部分分析了应用型人工智能人才的培养现状,归纳了当前存在的主要问题,提出了"软硬结合"的系统化产教融合育人方式,即建设一支对标工程师的开发者型教师队伍,将"经验者 + 应用者"作为人才培养目标,遵循"通识 + 专识"的多元化培养路径,采取"普惠 + 精英"组合式教育,以培养满足行业需求的应用型人工智能人才。

6.2.8.1 应用型人工智能人才培养现状分析

近年来,随着人工智能技术的快速发展,各大高校纷纷开设人工智能专业,希望为人工智能领域培养更多人才。在教育部公布的 2019 年普通高等学校本科专业备案和审批结果中,新增数量最多的是人工智能,共有 180 所高校新增,而 2018 年度仅增加 35 所,增幅惊人。

同时,与人才需求高增长相对应的是行业要求的高门槛,根据英国剑桥大学 2020 版《AI 全景报告》中的数据显示,机器学习/深度学习工程师、数据科学家、AI 研究人员和算法开发人员需求最高,而这些职位对应聘者的理论基础、技术水平、实践经验等的要求非常高。

在 180 所新增人工智能本科专业的高校中,相当一部分是应用型本科高校,虽然应用型本科高校依托计算机科学与技术、数据科学与大数据技术等专业积累,具备一定的人工智能人才培养条件,但距离行业人才培养要求仍有较大差距。

第一,教师专业水平急待提升。许多人工智能专业教师是从计算机科学与技术、大数据、统计学、数学等专业转型,自身的人工智能专业理论基础和实践经验较为薄弱,多数还是以往的专业思维和教学方式,知识结构没有系统性的转变。

第二,教学、实训、科研的硬件条件有待改善。有的院校虽然开设了人工智能专业,但相关硬件条件没有明显改善,学生感觉不到人工智能专业学习的特色,教学使用的还是传统的机房、教室。

第三,与国内双一流等高水平院校差距明显。由于应用型本科高校以民办高校为主,在相关政策和资金支持方面要大大逊色于国内"双一流"等高水平院校,且生源的学习基础不占优势,如果仍采用传统的教学模式和人才培养体系,不但较高的教学目标难以达到,学生毕业后也缺乏良好的竞争力。

第四,课程教学内容需要改革。以"人工智能导论"为例,当前此类课程教材中大部分仍以理论教学为主,配套的实验教学很少,而且未能与主流 AI 开发平台、深度学习框架、开发者生态很好地结合起来。"人工智能导论"是人工智能专业学生接触到的第一门专业课,需要让学生提兴趣、明目标,而不仅仅是灌输一些知识。

第五,需要创新人才培养模式。应用型本科高校由于多方面基础条件的局限,若采用传统教学模式,培养出来的学生相较于国内双一流等高水平院校学生不具优势,毕业后可能很难从事对技术能力、行业经验要求较高的工作,所以需要突出应用,走适合自己的特色道路。

6.2.8.2 对标工程师的开发者型教师

名师出高徒,要想培养出高水平的应用型人工智能人才,首先要在师资培养上下足功夫。人工智能是一个应用牵引发展的专业领域,工作室希望培养有一定理论基础、应用能力较强、理解行业需求的 AI 人才,这就要求专业课教师不能只会讲理论、按照教材做实验,而应该懂行业、知理论、能开发,即成为工程师化的开发者型教师。

第一,选择合适的赋能课程与认证。现在人工智能的课程、教材很多,主要可分为三类:一是理论型,偏向于讲解人工智能相关理论,实践内容少;二是工具使用型,主要是讲述相关平台、工具等的使用,缺乏专业理论支撑;三是宏观论述型,主要是从宏观层面对人工智能领域相关问题进行论述。作为培养应用型 AI 人才的教师,在自我赋能方面,应该选择具有一定理论深度、突出产业化应用的课程、教材。百度、华为等企业与国内双一流高校合作推出的产教融合类课程、教材等就是很好的选择。通过这类课程的学习,不但能了解行业需求、掌握相关理论,而且能上手进行开发实践,助力应用落地、创造价值。为了使自己的知识结构更加系统,同时体现自己的能力水平,可参加行业认可度高的职业认证,如百度深度学习工程师、华为人工智能高级工程师,通过认证考试来评定自己当前的实力,也有利于开展教学与横向课题合作。

第二,熟练掌握 AI 开发平台和深度学习框架。要将人工智能技术应用于产业实践,需要借助 AI 开发平台和深度学习框架,AI 开发平台如百度 AI 开放平台、华为 ModelArts 一站式 AI 开发平台,深度学习框架如百度 PaddlePaddle、华为 MindSpore、TensorFlow、PyTorch。要根据自己的技术理解和使用习惯,选择一款 AI 开发平台和深度学习框架,熟练掌握,不断赋能编程开发,提升理论转化为实际应用的能力。

第三,积极参与高水平竞赛。掌握了理论基础和 AI 开发平台、深度学习框架的使用,还需要不断实战,才能使自己的专业能力迭代发展。每年国内外有各种各样的人工智能大赛,可以根据自己的技术特点,参加影响力大、认可度高的优质大赛,检验自己的能力水平,学习优秀开发者的先进技术,提高工程化技术能力。

第四,与用户开展横向课题合作。养兵千日,用兵一时。学习了理论,掌握了 AI 开发平台和深度学习框架,通过了职业认证,经过了竞赛的历练,最终是否能成为一名合格的开发者、工程师,还要看能否独立负责并交付项目。工程师化的开发者型教师,应该练就敏锐的洞察力,善于挖掘行业需求和项目机会点,并能找到合适的技术路径来解决痛点问题,为用户创造价值。

第五,密切关注技术发展方向。近年来,深度学习技术推动了人工智能快速发展,以知识推理为核心的认知智能将是未来的发展方向。在应用人工智能技术为行业创造价值的同时,也要时刻密切关注人工智能技术的发展方向,及时接纳新理论,使用新技术、新平台、新工具,不断进行应用创新,更好地为行业创造新价值。

6.2.8.3 "经验者 + 应用者"的目标导向

应用型本科高校或职业技术学院的学生,学习基础相对双一流高校总体有一定差距,所以最终希望培养什么样的毕业生非常重要,正确的目标直接决定了毕业生的就业质量和长久的职业发展。

从应用型 AI 人才的特点和发展特点来看,不适合走理论研究型的发展道路,而应该熟知相关主流技术理论,洞察行业需求,熟练使用 AI 开发平台和深度学习框架,能够根据用户的需求和痛点,将业务需求转化为技术实现路径,进而推动应用落地,解决实际问题,为用户创造价值。同时,在一次又一次的应用实践中,不断提升技术水平,进行应用创新,将技术成果转化为产业应用,产生效益。所以,应用型 AI 人才应该走"经验型 + 应用型"的发展道路,练就敏锐的洞察力,善于挖掘行业需求,精于运用相关理论和技术解决实际问题,只有这样,才能走出自己的特色,才能使自己更好地满足市场需求,实现在人工智能领域长期的职业发展。

6.2.8.4 "通识 + 专识"的多元化培养路径

根据对 65 名 2020 届人工智能本科生毕业后工作意向的调查,在包括研发、技术支持、管理、项目交付、运维、营销、创业等在内的职业方向中,每位学生的兴趣方向和职业规划都不一样,如果按照统一的人才培养方案,是达不到个性化培养的效果的。因此,在上完"人工智能导论"课程之后,基于现有统一的人才培养方案,应探索依据学生发展意向的个性化培养方法,使学生在掌握本专业所要求必修课程的同时,拓展研修专有方向的课程,即走一条"通识 + 专识"的多元化培养路径。

当然,多元化培养方式对专业教师提出了更高的要求,教师需要采集每个学生的学习特征数据,加以分析研究,制定个性化学习路径,并对学生在学期间的学习状态进行动态监测与效果评估,及时进行指导和调整。为了提高学习状态监测、评估、指导等的效率和准确度,可开发相关软件平台,利用大数据、人工智能技术,进行数据采集、效果评估、智能推荐等。个性化学习效果的影响因素,有学生与教师的配合程度、学习路径的合理性、学生的学习能力和勤奋程度、学习状态的纠偏等。

6.2.8.5 "普惠 + 精英"组合式教育

常规的教学方式主要以课程为单位,即不同教师只对其所教授的课程负责,对学生个体的持续激励性和综合系统性是不足的。

为了配合人工智能人才培养,工作室在二级学院相关领导的指导下成立了人工智能应用创新研究中心,每个年度模拟企业招聘流程,分笔试、分组面试、专业综合面试进行团队学员选拔,在首个年度选拔活动中,有 33 名学生报名,最后录取 7 人,入选率仅 21.2%。通过这种教育方式,在常规的人才培养基础上进一步拔高,主要达到以下几个目的。

使入选学生深感机会来之不易,有压力、动力激励努力提升自己,并配合教师积极协助其他学生学好相关课程,解答同学们的疑难问题。同时,看到研究中心提供的个性化学习路线设计、专业书籍资源库、导师面对面指导、专有工作室、研发设备、企业交流机会等,其他学生心生羡慕,受到激励并发奋图强,很多同学期望能参加下一年度选拔,起到带动和示范作用。

每个学生的能力基础、职业方向不一样,不能对每个学生都提出过高的要求。成立人工智能应用创新研究中心的目的,就是从现有学生中,选拔基础较好、兴趣浓厚、有一定潜质和特长的学生加以拔高培养,使其在普通水平基础上,达到更高的水平,走"精英化发展道路"。

学习进步的动力源于内心的驱动,主动学与被动学的效果完全不同。列举华为天才少年张霁等逆袭的事例,激发学生的上进心与自信心,让他们明白"他可以,我也可以"的道理。同时,推荐学生阅读关于百度 CTO 王海峰的《AI已来:让中国 AI 走向世界的王海峰》和华为公司《以奋斗者为本》等书籍,通过榜样的力量带动他们树立远大目标,从而转化为追求卓越的动力。

在小班式的"精英"教育团体中,学生和教师共同学习、共同研究,长期近距离接受教师的指导和影响,潜移默化地受到优秀教师的能力、素质等方面的熏陶,同时,这些学生很自然地把这些积极的影响扩展到其他同学中,产生带动效应,进而提升整个班级学生的素质,形成"普惠"。

6.2.8.6　系统化的产教融合育人模式

应用型人工智能人才培养的特色是走产教融合育人的道路,是一项复杂的系统工程,需要多方面条件支撑。除了师资水平、课程体系、培养方式等"软"的条件,还需要教学环境、实验实训设施等"硬"的条件,只有软硬结合,才能实现人才培养目标。

为了配合人工智能教学体系建设与教学方式变革,工作室建设了 AI 共享教室和人工智能实验室。AI 共享教室配备了当前主流的教学录播、云资源共享、师生交互、教学数据分析等智能化系统,使得学生体验到 AI 技术在教育领域的应用,同时留下教学状态数据,供教师分析研究,优化教学。人工智能实验室依托百度 AI 开放平台、AI Studio、开发者生态和相关硬件,涵盖计算机视觉、语音识别、自然语言处理、无人驾驶、机器人等实训科目,让学生模拟实战,增加经验,提高应用能力。

目标导向的应用型人工智能人才多元化培养系统架构,通过基础设施层、AI 平台层、支撑条件层、业务应用层的融合作用,共同助力人才培养的迭代发展,真正实现了产教融合育人。

随着新增人工智能专业的普通高校的数量不断增加,应用型本科高校在人工智能人才培养方面如何走出一条特色之路,是迫切需要研究的问题,关系到学生的职业生涯规划以及将来能否在人工智能领域发挥应有的价值。此文从系统工程角度,提出目标导向的多元化培养路径,主张传统型教师向开发者型

教师转型,采用"普惠 + 精英"组合式教育,支撑多元化发展,培养"经验者 +
应用者"。

6.2.9 工作室载体下基于服务外包的创新创业教育模式实践路径研究

服务外包作为一种经济活动,指的是企业将具有基础性、共享性和边缘化
的业务及流程从自身价值链中剥离出来,并外包给专业服务商。它基于信息化
技术的广泛应用,将服务工作通过计算机完成,并在交付上采用现代通信手段,
不仅重组了价值链、优化了资源配置,也降低了成本和增强了核心竞争力。创
新创业教育模式的创新路径探索与之相结合,能够触发新的实践思路。现以青
岛黄海学院开展的相关实践为例,对其进行简要说明。

6.2.9.1 服务外包业务开展的基本情况

十余年来,青岛黄海学院开设的电子商务、动漫制作等服务外包专业已通
过创办特色班、卓越班等形式,陆续开展了校企合作。2011 年 5 月,学校与阿
里巴巴教育科技有限公司合作共建服务外包专业人才培养基地;2013 年 12 月,
与浙江天猫供应链管理有限公司签订校企合作协议,共建服务外包专业人才储
备基地;2014 年 10 月,与青岛聚品电子商务有限公司签订校企合作协议进行
服务外包类专业的人才培养合作项目;学校电子商务、动漫设计与制作等服务
外包专业,被批准为青岛市市校共建重点专业;2016 年学校被山东省商务厅、
山东省财政厅、山东省国家税务局等九部门联合评选为"2016 年外贸新业态—
山东省跨境电商实训基地";2017 年 5 月,被山东省商务厅评为"2017—2018
年度山东省服务外包人才培训机构";2018 年,被认定为山东省大学生创业孵
化示范基地;2019 年 5 月,被山东省商务厅认定为"2019—2020 年度山东省服
务外包人才培训机构";2020 年,学校应用型人才培养的目标和定位于为区域
经济发展服务的产教融合实训基地建设案例,入选教育部优秀典型案例并获得
教育部原副部长的点赞,辐射带动效应明显。

近几年,学校密切关注全省服务外包产业发展态势,严格遵照远景规划,
紧紧抓住产教融合良好机遇,坚持以产业育人才、以服务为宗旨的实践导向,不
仅完善了办学软硬件设施、规范了各项管理制度,也进一步对接了产业、联通了
行业并创新了服务外包人才培养模式,在规模和质量上实现了双突破。

首先,构建专业集群,多主体推进办学机制。学校在调整发展布局的"大

部制"基础上,有效归拢校企资源、学科专业并增强了聚合发展的实践动能,着力构建新工科、新商科、新一代信息技术、影视艺术、智能制造、学前教育和民生领域等专业集群,实现了学业＋产业＋创业"三业融合"和校、政、行、企"四方"聚合联动,并以现代产业学院和创客工作室为实践载体,积极推进产教深入融合、校企紧密合作的多主体合作办学机制。

其次,结合区域特色,多元化实现校地融合。学校遵从自身实际,发挥本地区域优势,将专业链、人才链与地方产业链、创新链紧密对接,多渠道培育机械装备、航运物流、船舶海工、汽车工业、电子信息等与青岛西海岸新区支柱产业密切相关的学科专业,大力引入并扶持影视产业、文化创意、生命健康、港口贸易、游艇邮轮等青岛西海岸新区新兴特色产业相关专业,通过创建专业实验室、科技创新平台、校外实训基地、国际化合作平台等,服务地方经济和社会发展,因地制宜地实现了校地融合的多元化。

再次,坚持专创融合,高质量培育应用型人才。学校以专创融合为抓手,以市场需求为导向,将创新创业教育思维模式融入专业教育和人才培养的全过程,通过实施学科专业动态调整机制和信息监测预警机制,加强新旧动能转换并着力推进综合试验区建设,提高了专创融合的覆盖率。学校瞄准应用型人才的培养目标,已与北京蓝鸥科技集团、慧与科技、科大讯飞、华为集团等公司深入合作打造计算机科学与技术、数据科学与大数据技术等专业,熔炼了课程体系的专业品质,增强了育人平台的科技含量,提升了学生的实际应用能力。

最后,接轨时代前沿,内涵性提升服务化水平。学校定位高端,立足于灵山湾影视文化产业区核心区位优势,以青岛市建设创业型城市的发展布局为契机,不断强化内涵建设,坚持融创发展,深入推进国际化合作进程,形成了以青岛影视文化产业园区为依托的人才孵化基地和文化内核创新阵地,产生了较好的辐射带动效应,极大地促进了学校相关专业的接续发展。

学校不断深化与国际知名企业之间的校企合作,学习其先进的管理模式、高精尖的研发技术和优质化的人才培养模式以及未来职业生涯规划。学校董事长刘常青自赴杭州华为全球培训中心考察学习大数据、人工智能、物联网人才培养和 5G 运用等以来,又进一步与华为公司开展了更深层次、更广范围的校企合作,效果显著。

当前,学校面临着根据服务外包人才需求的新方向平稳施策和有效发展的新形势。尽管取得了一定实效,但相比未来发展的目标和兄弟院校已有的成

绩,学校还需要在不少地方进行适当的改进并逐步加以完善,尤其是建设周期
较长、建设成效却不明显的工作。今后,青岛黄海学院将基于"院园合一"校企
协同育人机制,以产教融合为路径,深化校企合作,不断创新应用型人才培养模
式,并对专创融合的课程体系和实践教学思路加以完善,多形式开展服务外包
人才培养实践活动,多渠道加强合作办学、专业共建及订单式人才培养工作的
推行力度,在培训规模和培训层级方面实现新的突破,为加快新旧动能转换提
供人才支撑,为推动产业结构升级和促进区域经济社会协调发展提供成效显著
的行动方案。

6.2.9.2 具备条件、投入金额和实际用途

学校依据"对国家、省商务主管部门认定的服务外包人才培训机构,每家
给予资金奖补"的条件要求,细化于实践落地。另外,青岛黄海学院服务外包
培训机构具有符合条件的场地、设施、专业教材和师资力量,在 2019 年 7 月 1
日至 2020 年 6 月 30 日期间,引进软件、视频资源和设备实际支出金额 93.97 万、
培训服务外包方向的师资力量等发生的相关费用实际金额 5.34 万,依据实际
支出按发票金额 70% 基于补助的通知,同时申请 50 万元的服务外包发展专项
资金支持。

目前,学校已与青岛国合对外经济技术合作有限公司就一些培养项目开
展了有效合作。在此,以智能制造的服务外包卓越工程师项目为例。该项目以
国内外知名度较高的服务外包企业为服务对象,力主培养具有高超专业技术能
力和良好现场工作适应能力的卓越工程师,并需要他们具备较好的语言沟通能
力。部分优秀学生可直接赴国外获得高薪职位,年收入达 20 万人民币。培养
服务外包高端人才是此项目的终极目标,显现出实践起点高、就业前景好、发展
潜力大等诸多特点。

通过与该公司的沟通与洽谈,学校的人才培养水平获得了多家日本上市
企业的认可。目前主要有 OST 集团(东京证券交易所一部上市企业,员工约
78 000 名)、UT 集团(JASDAQ 上市企业,员工约 22 000 名)、YUME-T 株式会
社(JASDAQ 上市企业,员工约 5 500 名)、WillTec 株式会社(行业知名企业,员
工约 4 500 名)。开展高素质人才赴日工程师就业、服务外包及专业的日语培
训和技能培训业务,在日本东京、京都设有办事处,协助境内外企业对就业人员
进行管理与服务,得到了顾客的认可和就业人员的信赖。

学校已将"智能制造的服务外包卓越工程师"培养项目作为重点,同时在软件开发、跨境电商方向与北京蓝鸥科技有限公司、山东网商教育科技集团股份有限公司共建特色班,在培养相应服务外包人才方面做了大量工作。学校被山东省商务厅认定为 2017—2018 年度和 2019—2020 年度山东省服务外包人才培训机构,同时被青岛市商务局认定为青岛市服务外包人才培训机构,辐射效用明显。并针对服务外包方向人才培养,出资引进软硬件设施,且进行了课程建设与服务外包方向师资培训。所有资金支持主要用于大力开展服务外包人才培养工作,保质保量,将该项目打造成为亮点突出、特色明显、实效显著的服务外包高端人才培养新模式。

6.2.9.3　未来将会呈现的资金绩效量化目标

未来几年,学校将至少建成 3 个现代产业学院;建设在线课程 6 门;外出师资培训达到 16 人次;取得培训证书不少于 10 项;培养具有日语能力 N3 以上、技术能力优秀的工程师 18 名以上;国内外智能制造服务外包企业人才需求调研报告一份;"智能制造"服务外包人才培养计划、大纲 1 份,相关教材 1 部;校企共建网络培训课程 5 套;线下特色日语培训课程 3 套;教师培训 10 人 / 次以上,取得相应的培训证书不少于 9 项;设备更新或购置新设备不少于 6 台套。

6.2.9.4　对于创新创业教育模式的借鉴意义

首先,服务外包倡导集群化构建实效性强、辐射面广的生态教育体系,对于创新创业教育模式的深度构建提供了系统化思路。实践证明,创新创业教育模式不可缺失专创融合实践落地。因此,在实践路径上应着力以之为抓手构建专业集群,在更大范围发挥出集群化效应,以实现多行业联动、多学科互动和多实效拉动,并形成卓越人才孵化的生态教育体系,促进应用型高校的转型和创新创业人才素养的提升。

其次,服务外包注重融合式推进转化率高、影响力大的核心成果提炼,对于创新创业教育模式的广泛推介提供了可信赖保障。因此,在新时代,融合不再是新生事物,而成为接续抱团和创新发展的不竭动力。基于高效能团队的打造和核心成果的熔炼需要,以之为借鉴,坚持产教融合、科教融合和校地融合等,能够高效整合资源,基于市场导向不断满足用户实际需求,从而进一步提高创新创业教育的综合实效,产生更为广泛的辐射影响力。

再次,服务外包注重多元化构建落地性实、创新性好的协同育人机制,对于创新创业教育模式的质量提升提供了坚实性基础。未来,协同创新将成为靠得住、走得远和行得稳的实践理念。在实践中,借鉴服务外包通过多渠道多元化构建协同育人机制的做法,在校企紧密合作方面用心用力,是建立和完善应用型人才培育长效机制的明智做法,有利于提高人才孵化的质量,并在多方面对其核心竞争力加以验证。

最后,服务外包讲求内涵性熔炼严标准、高水平的创新发展格局,对于创新创业教育模式的底蕴化建设提供了经久性的动力。不管哪种层面上的实践,立德树人的根本任务决不可忽视、懈怠。基于此航标指向,以宏阔视野和开放格局获得精进发展和稳定发展,已是无法阻挡的大趋势。创新创业教育同样不可偏废德行进修和底蕴积淀,这也是高质量培育应用型人才的根本要求。

基于工作室实践载体的创新创业教育模式研究,虽具有其前瞻性,并一直在进行着前瞻性研究,但不管它如何具有创见性,都需要前期的经验总结、实施过程中的实践反思和探索过程中的不断完善和精进。创新创业教育模式的构建是一个系统化的工程,会随着模式摸索的不断精进和路径研究的逐步加深而渐趋成熟,更加显现其实效性和辐射作用。

6.2.10　智慧教育时代基于工作室的跨境电商卓越人才孵化体系构建

跨境电商卓越人才的孵化,在智慧教育时代日益体现出智能化、创新性和生态型特点,但目前在孵化体系构建上大多陷入低端、低效、低能且孤军奋战的境地。突破孤岛式设计思路,注重高效能提升和应用型人才培养,正成为创新者不断尝试的实践路径。本文通过体现并发挥工作室载体的实效作用,就如何在跨境电商人才孵化体系构建中体现卓越性进升和生态型培养提出了践行方案。

随着智慧教育时代的来临,专创融合、产教融合和师生同创越来越成为专门化人才培养、应用性技能提升和全素养育人体系构建的核心动能。尤其是跨境电商人才孵化,要凸显高效,最终离不开和谐有力、践行有位、研创有为的创新教育和科学、健全的实践体系。近年来,工作室制被广泛应用于跨境电商卓越人才孵化体系构建与具体化教学实践过程中。这种模式在跨境电商应用型人才培养核心理念的指引下,通过项目式驱动、任务型课堂设计和综合素养提升等践行方案,理实一体地培育出了大批跨境电商卓越人才。与此同时,也暴露出不少问题。

6.2.10.1　跨境电商卓越人才孵化在体系构建方面存有诸多瓶颈

智慧教育因需而智、因智而创、因创强实、因材施教且因教而行,以优质化、高效能和创新型等理念助力卓越人才培养并实现创智孵化。鉴于智慧型实践的核心诉求和考量标准,构建跨境电商卓越人才孵化体系更成为一项集聚生态型、长效性、接续式和系统化的精密工程。但凡生态体系构建,都不可仅凭个体力量一蹴而就,而是需要一种链条式培育的创新思维和集群式孵化的模式来跟进。鉴于此一体系构建过程中存在的诸多瓶颈问题,现基于工作室实践载体的人才孵化,在宏观层面做出简要列举。

其一,低端呈现、低效推行、低能培养,无法实现卓越闯关。传统型教育模式致使跨境电商人才孵化轻质重量现象严重,长期处于低端呈现和低效推行状况,这应归咎于专业性实践意识淡漠、集群式信息资源匮乏、智慧型核心技术落后和优质化创新动能缺失,因而在人才孵化体系构建过程中不能保持多方需求的平衡,超出了求知者的认知能力,破坏了专业融合的整体系统,也无法实现核心能力的高效能提升,卓越培养和迎战闯关便成了空话。如此缺乏抓手和失去凭靠的状态,久之会形成恶性循环,导致整个跨境电商人才孵化体系陷入漏洞百出、四面悬空的境地。

其二,孤岛设计、孤立践行、孤单接续,陷于进退两难的境地。任何人才孵化体系的构建,从来都是需要谋全局规划和看长远成效的。跨境电商人才的孵化如若只是停留在孤岛式设计层面,而缺失较为健全的体系支撑,将会被这个信息化技术发展日新月异的时代所抛弃。创新意识的缺失、强效师资的缺失,和助推项目的匮乏、实践空间的缺失一样,都会让跨境电商卓越人才孵化体系的构建陷于被动局面甚或瘫痪状态。在此实践过程中,孵化思路的闭塞和认知视野的狭隘,造成了体系构建深陷自设的围墙之中,且长期处于孤立无援和盲目乐观的境地,根本无法实现认知上的突破与技能上的飞跃,久而久之便只能是无创新思维融通迸发、无外力协同助推,最终出现进退两难、一筹莫展的尴尬境地。

其三,方案陈旧、施策沉闷、成效封闭,缺乏创新发展后劲。智慧教育时代的实践教育,越发突显出碎片化知识捕获、个性化方式呈现和综合性知识融通等多种特点。在跨境电商卓越人才孵化体系构建方案的提供方面,存在着缺乏创新品质和创造价值的现象,根本无法体现其"智慧型"和"高标准"的层面,只是在换汤不换药地复制他人现成的经验,或简单拷贝前期施行的方案。如此照搬而行,不仅流于形式、不接地气,也没有坚持与时俱进,致使施行策略陈旧,也让实践者无法施展开手脚,心中烦闷。更有甚者,稍微有了一些实践成效便以为万事大吉,不予深度跟进,甚至束之高阁而使其尘封已久。这些缺乏创新精神和长效干劲的短视行为与低效做法,无疑会严重阻断跨境电商卓越人才孵化体系构建的深度施行和后续完善。

6.2.10.2 基于工作室制的跨境电商卓越人才孵化体系构建思路

跨境电商卓越人才孵化体系的构建,需要进一步秉持"高端统领、中程驱动、基础夯实"的理念,体现出实践技能提升的层次感和人才孵化的梯度性,并以基于工作室实践载体的项目式教学为主要施教方式,辅以"专创融合"和"科创融教"的赛教导引思维与接续培养应用型人才的践行路径。简言之,既要注重数据分析,又要做好链条式反馈,并讲求成果产出与全面成效,以培养出真正能够满足社会职场需求和市场竞争的应用型跨境电商卓越人才。

首先,遵从"实际",强力"实干"并讲求"实效",着力践行"知行合一"理念。工作室制下跨境电商人才的孵化,应聚焦于孵化渠道和实际效用,重点在这两个方面集中用力,积极探索适应社会职场需求和市场化竞争的创新型工作室模式,科学把握育人规律,深度构建长效机制,并适时沉淀创新方法。如果脱离了实际超速推进,或只是停留在浅层阶段裹足不前,肯定会在培养目标上与卓越无缘。由此,遵从自身优劣势实际,瞄准人才培养定位,理性分析跨境电商学科特点和未来发展境况,脚踏实地去寻求适用和实用的践行方法,做到不好高骛远、不虚浮于事,一定能够在实效增进和合力升增上取得突破性进展。这也是从根本上践行"知行合一"理念的落地式行动,为跨境电商卓越人才孵化体系的构建把控了节奏,也指明了方向。

其次,倡导"双语"应用,力求"双效"打造,做到"双能"提升,实现"协同发展"。跨境电商卓越人才是能够迎战闯关的专业精英,双语能力是其走向国际化大舞台、一展身手的"法宝"。由此,工作室制也有利于在两个平台的绩效方面实现融通,即国内平台的实践效用和国际平台的联动功效。实践早已证明,跨境电商平台的高效运营,如果缺失卓越双语应用能力的强化提升,卓越人才的孵化也就根本无从谈起。于人才培养而言,恰恰需要此类人才具备跨越国界的双语应用和平台拓展能力,以此体现有利于实现跨境电商专业理论应用和基于国际化平台高效运营的"双能"；而就导师素质来讲，"双能"也是"双师双能"型师资所必备之核心素养的有机组成部分，即作为理论授课教师的基本素养和作为综合实践导师的应用技能。如果能在这几个方面实现协同创新、融合并进，使其发挥出综合实效，将会对跨境电商卓越人才的孵化起到事半功倍的作用。

最后，要聚力"创新"、全力"创业"和助力"创客"，个性化培育"时代精英"。工作室制本身脱胎于传统的跨境电商专业课程实践教育模式，既突破了常规化的教学理念，又在跨境电商任务型、项目式驱动的教学设计方案具体实施过程中，超越了场地限制、空间束缚和人员局限，从而使得跨界融合成为常态，也让创新意识不仅涵纳了百科所长、突破了行业禁锢，更能够辐射久远且极具"创行"功效：它一方面吸引了大批致力于实现创业梦想且极力想通过自己的双手改变现实的追梦人，进而使这些"创行者"成为遵从客观真理、讲求循序渐进却又不惧怕苦累、劳顿的"创客"；另一方面，由于智慧教育时代的多元化、智能化理念不停地在前方召唤，科技发展的脚步不断地往前行进，创智孵化的行动也得以积极地开展，因而想要孵化出极具跨境电商专业精神和应用型技能的卓越人才，务必要形成全生态构建、全周期推进和全维度助力的"三全"效应，以便全链条地锻造跨境电商卓越人才孵化工程，为"精英教育"的顺利施行铺路架桥。

由此，基于工作室的跨境电商卓越人才孵化体系构建，不仅在顶层设计上使职能部门变得更加视野宏阔，也能够融聚核心元素精准发力，使其真正成为跨境电商产教融合的"智库"力量。它也使得高等学校和科研院所成了理论应用、技术研发与文化滋养的实践阵地，进而在创新、创业和创客"三创融合"的模式之下，有效地推动集聚专业、行业和产业资源优势的跨境电商"融创载体"不断地走向"常态化"创新的实践轨道。不可否认的是，在智慧教育时代，校、政、行、企既是卓越人才培育的"孵化器"，也是社会职场的"对接人"和市场运作的"转接器"。因而，发挥出综合实效为跨境电商应用型卓越人才的孵化提供便利，着实是一个需要长期协同推进和不断创新发展的实效性探索过程。

总之，新时代的应用型人才培育需要付诸更多的实践行动，因为基于工作室载体的跨境电商卓越人才孵化，要在优质化人才培育和卓越性素养提升等方面实现突破，极其需要一个凸显实效且科学完备的生态型支撑体系，以便能更好地发挥卓越人才孵化的综合效用。处于智慧教育时代,每一个教育工作者都应该成为"终身学习"的倡导者,也理应成为"知行合一"理念的践行者。而以工作室为载体进行的项目式教学,瞄准的是跨境电商专门化、应用型卓越人才的培养,其本身就是在整肃自我心智和践行此一理念。尽管个体化的实践行为已日渐完美无缺,却依然不能离开系统化、协同推进的力量。唯有将其纳入生态型实践体系的构建过程之中,才能够在培育实效和产出成果上左右逢源,并获得长效发展。从这个意义上来讲,所有致力于跨境电商工作室制卓越人才培养的实践探索者,皆重任在肩。

6.2.11　创客工作室模式下商务英语"双创"课程群建设实践研究

商务英语在"双创"时代更显其实践效用,在发挥其商贸"桥梁"实际功用的同时,也日渐暴露出自身发展的瓶颈问题。基于工作室的商务英语"双创"课程群建设,在"协同育人"理念和师生同创实践指导下,将融合发展、产能合作的思维创新和商务应用、双语增效的实践能力提升实现了高效融通,在师资培养、课程熔炼、人才培育和评价机制等方面凸显出辐射效应。本文倡导在校企协同育人机制基础上,通过创客工作室模式,把文化元素、专业实践和双语教育融入商务英语"双创"课程群建设全过程,并使其发挥出最佳效用,以形成多学科融通的课程集群效应,为高效培养应用型人才提供适用性方案。

6.2.11.1　工作室模式是智能化时代完善应用型人才培养体系的新型探索

随着新时代"双创"教育升级版打造的热潮,融入专业品质、文化素养和"双创"理念的商务英语课程群建设,被提上了教改、课改的日程。基于数字经济发展、社会化需求和多层级育人实践的合力增效,人们开始着力探索"专业 +'双创'"的新型实践育人体系构建思路。但目前,有效的模式和适用的路径尚在探索之中,因而各高校的商务英语人才培养方案多是流于形式而无实际的施行成效,造成了"高校有章难循、教师施教无趣、学生苦不堪言"的窘迫困境。尤其是在全球化背景下,移动互联设备更迭的迅捷快猛和智能化高端技术发展的日新月异,更使得人们往往会因为自身的常规化思维牵绊而越发束手无策,即便是执教多年的专业课教师也难以跟上社会高效发展的急促步伐,而囿于固定课堂的狭小空间,变成了"依本守教、缺乏创见"的"教书匠",最终致使商务英语学科建设仍然停留在语言辐射效力薄弱、专业创新品质低下和整体创造能力不强的层面。

创客工作室模式下的商务英语"双创"课程群建设研究,聚焦于培养具有国际化视野、深厚文化内涵、专业实践技能和"双创"能力的创新型、应用型人才,通过匹配"一师多徒"或"双师多员"的"工作室"实效方式,落地基于商务英语及其相关学科专业的"双创"应用型人才培养方案,融聚"教学两用、师生互助"的实践育人理念,以创新精神和创展思想锻打出商务英语"双创"课程群,并将创业动能和创客实践渗透其中,形成极具特色的产教融合系统和"专创"效应,并不断增添后劲深化实践,以成果成效为导向注重过程性建设和业绩考核,进一步探索能够推动生态型育人体系实际功效的效能模式,有针对性地开展有关课程群智化建设高效模式和适用路径方面的深研活动,以在解析本土化实效案例正反两面经验、形成商务英语学科教育创新发展典型案例的基础上,提炼出更多学科资源高效整合和优质平台育人体系创建的可行性思路。

6.2.11.2　商务英语"双创"课程群建设在人才培养体系当中的实际功用

商务英语"双创"课程群建设,是一个讲求理论应用和注重实训效果的系统性工程,以融通智能制造、大数据、物流管理、国际经济与贸易和跨境电子商务等学科专业的"大布置"和基于平台构建生发的集群效应,改变了以往单一、呆板的"基础英语 + 泛在商务"知识课堂授课与实践模式,融入了更多的联动平台资源和智能孵化元素,借助一系列高效能实训软件的"可视化"功用,使得所有基于商务英语专业的"双创"实训活动共处于一个不可分割的生态链条之中,既有效开辟了商务英语课程体系建设的新型路径,又极大体现出当前跨学科教育和实践技能提升的开放性与国际化特点。

由此,此项研究立足于商务英语课程体系的创新型构建和工作室空间的科学、高效与合理应用,属于"体验式"学习模式的再创造和与国际化接轨思路的新发展,瞄准了应用型人才培养的实践层面,也拓宽了"商务专业 + 双语教育"的思维触角。在工作室模式下,师生之间不仅在商务英语知识学习与应用方面"同创新""共创造",也会一同面对市场竞争所引发的诸多困境与审时度势后尽力捕捉到的商机,进而齐心协力地寻求最佳解决方案,增强了学生的竞争意识,也提升了其基于专业、行业的触类旁通的能力。当然,工作室本身并不是万能的实践平台,不以纯粹商业化的运营思维追求利益导向,但它融入了创新思维和平台效用,让商务英语学科真正冲出了单一的课堂教学模式,在课程设计上做到了以实际项目的驱动完成学生自身学习兴趣的升增并不断促发其对于各种专业性参赛活动的晋级,有效实现了师生以教促学、以赛促教的"同行共进"局面产生。概括起来讲,工作室模式下的商务英语"双创"课程群建设,不仅对于时下应用型高校构建智能化、专业性和双语型实践育人体系有着一定的参考价值,也会在多学科融通、协同式创新、生态型发展和多元化评价等方面,为深度培育适应无边界职场需求的商务创新型、应用型人才提供一些实效方法。

6.2.11.3 工作室模式下的商务英语"双创"课程群建设思路和实践路径

首先,要构建"理实一体、双语双能"的生态系统。将基于工作室的"双创"课程群建设纳入学生全知识生态体系建构中,更有利于梯度式提升其应用技能。笔者曾深入山东省内不少国家级众创空间和省级大学生创业孵化示范基地进行调研,发现有的高校多年来兴办融入各学科的"双创"教育,并实际运营诸如大学科技园、数字经济创新创业园和影视产业孵化城等类似的示范园区,在将商科知识应用于社会实践和通过双语通道拓宽视野等方面颇见实效。它们审时度势,与山东网商集团、山东跨境电商产教联盟、青岛市跨境电商协会等共建了多途径协同育人模式,既吸纳了区域内的企业高管、行业精英和"双师双能型"教师加入核心师资库,也有力整合了"双师双能型"外语师资,详尽列出了国家级、省级创新创业导师梯队和专兼结合的校外实践导师,真正形成了"资源可调动、创中得技能"的生态型教育体系。

其次,需打造"双线齐行、多效增进"的双创金课。在"互联网+"时代,商务英语"双创"课程群建设更加强调应用型人才的培养目标,树立的是文化育人导向,以铸就"知行合一"精魂。基于此,线上、线下双结合的内涵型商务英语课程体系建设,不断提升了商科专业教师基于课堂授课和网络平台联动的实践技能,成熟构建了模块化课程体系,也鼓励了其他各个学科的教师基于自身专业和擅长领域开发"双创"公选课和必修课,联合社会力量多渠道开设慕课、视频公开课等平台开放课程,并围绕着新时代"双创"型人才培养模式,将一批高精尖的商务英语实践"金课"融入平台化建设,最终打造出完善的"强师资、重能力、讲实效"的"双创"工作室模式,高效实现了资源共用和能效共联。

再次,应培育"儒魂商才、经世致用"的高贵品质。商务英语"双创"课程群建设,离不了"儒魂商才"的育人根本和"德行天下"的宽广视界。笔者在国内几所高校调研,发现青岛的一些高校融入了"国学基础"及相关科目的双语授课形式,实践效果良好且有着一定的示范引领作用。吸纳国学文化精髓,方能熔铸"儒魂商才"品质。当下,高校开设商务英语学科专业,需要的依然是新动能和创新力,如若培养不出新时代经世致用的"儒商式"应用型人才,即为实践教育影响全局的根本性失败。商务英语"双创"课程群恰好涵纳了这一根本任务,将德育教化和理性实践有机交融在工作室模式下的核心课程中,在本专科各年级的人才培养方案中匹配了不同比例的专业内涵型文化课程,如在大学低年级主要开设的是双语形式的国学文化课,旨在做好学生国学素养的"前迎"和"接续";而在高年级培养体系中,则加大了包括《大学》《道德经》《孝经》与《致良知》等在内且连接了商务英语核心课程的模块化主干课程比例,不忽视商务英语学科专业融合发展中的"强体"和"铸魂"攻略,以为学生积淀高贵品质且获取到能学致用的全人素养教育而提能助力。

最后,应强化"师生同创、项目驱动"的实践功效。商务英语课程群充分发挥了工作室模式的实践动能,既遵循"双创"实训式人才培养思路,把项目驱动式教学融入具体的实践过程,又成功做到了将每门课自然植入,并借靠企业实际项目的牵引激发学生学习商务知识的兴趣和在实战中进升双语技能的动力,不仅使学生在具体的参与过程中逐渐固化学科知识创新思维,提升了"真刀实干"取得业绩的效率,也让学校和企业受益,进一步增强了校企之间的信任度与深度合作的意愿。商务英语"双创"课程群更对此进行了强化,在核心课程中实现了"双创"意识和实践理念全覆盖,并集中配套了与之相关的适用性应用训练和高强质量测评环节,真正调动起了师生"良性合作、同创共进"的积极主动性,从而在创新型人才培育和动手实践能力提升上,更好地以高规格、高效率促发了高增量和高水平的实践功效。

当前,通过资源的集群化整合精准发力,不断落实、落小和落细地做好高效能和优质化商务英语"双创"课程群建设,以着力推进师生同创、学生自创和企生共创的工作室兴建思路并充分发挥其综合性的实践功效,正逐渐成为高校不断优化创新型、应用型人才培养方案和升格其占领人才市场制高点实践路径的大胆尝试和得力举措。笔者实地调研得来的一系列数据也充分证明,此项课题的研究能够突破学科界限和专业壁垒,改变单一场景组接且相对零散的商务英语课程教学模式,既瞄准了全球化标准和市场化需求,以开放性视野树立了"大双语"和"大商科"理念,解决了学生英语素养欠缺、应用技能薄弱、学科融合低效和"双创"元素匮乏的实际问题,又可以通过学科融通、师资共享、空间共用等途径,加快商务英语背景下学生"双创"能力提升的进程。

6.2.12　基于工作室的"创业基础"(社会实践类)一流课程建设思路

在新时代,基于工作室载体,打造功能健全、推行有力和效用良好的高水平实践课程,已成为实施创新创业教育模式的必然要求。建设"创业基础"(社会实践类)课程可谓迎时之需,又显现出创新创业教育层面的创新特色。现就其课程建设目标、课程建设及应用情况、课程特色与创新、课程建设计划等内容做出详细解读。

6.2.12.1　课程目标

本课程结合学校的办学定位、学生情况、专业人才培养等要求,首先对学生学习本课程后能够获取的知识、培养的能力和塑造的价值进行了具体描述。

课程瞄准应用型人才培养目标,面向全体学生开设,且能聚合专业和围绕赛事,克服学生科研能力弱的弊端和发挥动手能力强的长处,并不断提升"师生共进"能力。通过"四段式"课程创新改革,施行分层、定制和个性化创新创业教育模式,能够以"创业基础"课程为引流,使课程产生漏斗式效应,实现"精准孵化、分类考核"的显著效果。对于创业基础课程学习,每年大三本科学生的参与率达到了100%,其中20%参与创新创业、科技大赛等实践项目,并从中精选2%学生进行独立创业。

同时,教师颠覆了传统的"讲授式教学"模式,转化为"枢纽性角色",兼具讲授、指导实践能力,且在整合、协调、沟通与调配校内外优质资源方面发挥着总控台作用。

6.2.12.2　课程建设及应用情况

此部分主要涉及本课程的建设发展历程、课程与教学改革要解决的重点问题、课程内容与资源建设及应用情况、理论学习与社会实践内容的相关性、社会实践环节的动手训练内容和具体做法案例等。对于课程学业考评方式和课程评价及改革成效等情况,也略有表述。

其一,建设发展历程。第一阶段是"1.0阶段",即2015年3月—2016上半年。课程主要采用理论讲授方式。第二阶段是"2.0阶段",即2016年3月—2017年。课程采用理论讲授加情景互动模式,引企入校,协同育人,组建草根创业班。1 330名学生完成了理实一体学习工作,100余名学生进入13家电商企业实训,15名学生进入草根创业班。第三阶段是"3.0阶段",即2017年3月—12月。课程采用理论讲授、情景互动及平台模拟模式,引入创业项目,以招募合伙人形式与学生进行匹配。1 069名学生完成理实一体学习工作,300名学生参加企业创业项目,151名进入创客空间。第四阶段为"4.0阶段",即2018年3月—2019年12月。课程采用线上线下混合教学模式,进行分层次教学,实现多元化创业形式,并引入创新创业大赛。3 406名学生完成理实一体学习工作,800余名参加创新创业大赛,680名学生进入工作室,51名学生成功创业,漏斗式效应显现。第五阶段则是"5.0阶段",即2020年3月至今。课程力主扩大孵化对象类别,融入了创新大赛类学生团队,以此实现精准孵化,进行分类指导考核,并对创新大赛工作室和创业工作实现数字化平台管理,解决学生创业团队线上申请、人员招募、路演信息预览、团队运营过程的周报、会议管理问题。实践证明,本课程在实现"精准孵化、分类考核"方面效果显著。

其二,重点解决的问题。首先,将学生创新意识增强、创意想法熔炼、创业项目孵化、创造能力培育和创客实践深化等全流程人才培养及社会实践能力提升纳入"可追溯体系"。其次,丰富创新创业类导师资源,转化教师单一角色,任务分工更加灵活,解决创新创业实践与社会脱节问题。再者,重视创新创业实践能力培养,解决课程教学偏理论化、课程设计不够深入、创新创业实践考核形式单一等问题。

其三,课程建设应用与实施。课程主要通过"四段式"熔炼来实现全程式推进,即分为创新创业教育、创新创业孵化、创新创业提升、稳定运营等四个阶段,全程实现学生的创新创业实践教育。首先,多点对应,以基础教育课程点燃创新创业激情。教师以一对多的知识点讲授为主,通过线上线下混合、小故事点拨、情景互动、无领导小组讨论等助力学生激发创新创业欲望并点燃其组队成立工作室的参赛热情与创业激情。其次,实训孵化,通过工作室载体孕育创新创业种子。教师先对具有创新创业梦想的学生进行筛选,根据创新大赛类别,依托孵化基地现有资源开展项目路演,同时结合两大"赛道"(创新大赛团队、创业团队),按照师生同创、企生共创和学生自创 3 种工作室模式匹配学生团队。教师分析现有工作室所在专业领域、市场环境、技能需求以及创新创业类大赛参赛要求,协调校内外导师开发 30 分钟一对一工作室技能培训课,并发挥总控台枢纽作用,制定"个性化定制创新创业技能课程一览表",通过使用"点单式"自主勾选方式,让参与创新大赛和创业实战的学生以工作室为单位自主选择所需技能课程,满足个性化定制技能需求。指导教师类型也由单一讲师扩展到企业导师、专业导师等多元角色。最后通过数字化管理平台系统上传完成会议记录、周报任务等孵化阶段的过程考核。再次,分类指导,强化创新创业技能提升和实践效果。针对创新大赛工作室,教师引导学生提炼项目创新点,完成项目 PPT 设计和项目预演模拟等,充分做好参加创新创业类大赛准备;针对创业团队,企业导师前向拉动创业团队,根据项目类别、所处阶段和综合能力进行初创运营业务开展。最后,稳定运营,注重实践落地以展现创新创业实效。通过挖掘创新创业大赛获奖项目的市场潜力,选择有发展前景的项目进行落地转化。教师除了对学生进行创业技能指导,还要让学生学会成本核算、利润计划、销售计划、运营成效评估等,并按部就班考核,凸显实际成效。

其四,课程评价机制 + 过程监督。课程考核紧扣"四段式"设计思路,按创新创业教育占 20%(课堂表现 50% + 测评 50%)、创新创业孵化占 30%(阶段目标 20% + 任务分工 50% + 周报 30%)、创新创业提升占 30%(参赛 PPT 20% + 团任务分工 50% + 预演 30%)、稳定运营占 20%(业绩 45% + 会议管理 20% + 周报 20% + 价值观 15%)进行核算,每一个阶段均有不同考核内容和比例。

其五,改革实践成效。首先,学生创新创业技能显著提升。2018 年 3 月至今"创业基础"课程受众学生 8 100 余人,孵化基地现有创业实体 88 家,每年参与创业实战学生 320 余人,近 3 年参加"互联网 +"大赛 4 932 人,共 593 个参赛团队,相比前两年增长 3 倍。"国家大学生创新创业训练计划"立项 104 项,涌现出一大批创业典型,引领作用明显。其次,教师创业指导更接地气。课程辐射带动"双师双能型"师资不断增强,培养出极具工匠精神的齐鲁首席技师和 16 位省级创新创业教育导师库专家;教师角色完成转化,打破了讲授式育人模式,与市场和社会发展需求接轨,增强了服务区域经济社会发展的意识,提高了培育创新型人才的综合指导能力。所建 43 家师生同创工作室实现了将环境职业化、教学情境化、内容项目化、导师双师化和成果社会化。最后,服务社会实效日益明显。企业创业项目更多流入学校,企业寻找学生创业合伙人更高效、更精准;企业项目生长速度更快。

6.2.12.3　课程特色与创新

此部分主要概述本课程的特色及在教学改革方面的创新点。

第一,本课程的主要特色。首先是课程设计模式"四段式",实践能力提升可追溯。课程分为创新创业教育、创新创业孵化、创新创业提升、稳定运营四阶段,将学生社会实践能力提升纳入可追溯生态系统。其次是课程分层分类设计实现漏斗式效应精准孵化。课程实现了全覆盖,创新意识、创业意愿强的学生参与创新创业大赛和社会实践,根据其所在工作室再次进行漏斗式分类技能指导,最终成功创业。最后是基于工作室灵活实现创新创业技能课程个性定制。课程让技能指导变得更加灵活,通过结合大赛规则和市场发展前沿,开发 30 分钟技能指导课程,实现了一位教师同步指导 2～3 个工作室。

第二,教学改革创新点。一是打造多元化创新创业实践模式,即师生同创、企生共创和学生自创。二是发挥教师总控台调度枢纽作用,即打破教师单一授课角色,使其具备社会资源整合、创业项目引入、"双师双能型"师资调配、实践课程研发、接续服务提供等多角并用能力。三是"点单式"自主选课形式,即根据大赛具体要求和实践项目的社会环境与技能需求,对学生提供自主参与的点选式指导。四是强化过程管理和创新考核方式,即分阶段占比,分内容考核,加大任务分工、周报汇报、会议管理、参赛预演等过程管理,对学生创业激情、团队合作、诚信品质、迎时应变等创新创业素养重点考核。

6.2.12.4　课程建设计划

本部分主要介绍今后五年课程的持续建设计划、需要进一步解决的问题、改革方向和改进措施等内容。

第一,持续建设计划。首先,增强课程专创融合实践力度,基于实际拓展科技创新类、文化创意类创业实践项目的引入、孵化和技能指导。其次,加大引流力度,强化实践环节,通过对"创业基础"课程的不断完善,凸显新颖形式,引流更多学生进入创新创业实践环节。再次,转换创新创业技能课程指导类型,从线下单一指导逐步扩展到线上线下融合的定制化指导方式。而后,提升教师对外部资源的整合能力。最后,深化数据化管理平台的实践应用。

第二,解决的问题,主要包括创新创业项目引入层次如何进一步得到提高和创新创业实践技能指导如何更加贴近学生需求两个方面。

第三,改革方向和措施。首先是深化基于工作室的课程教学改革。深化师生同创、企生共创和学生自创工作室制改革,通过入企实地参观、校企合作项目访谈和参与高端"双创"实践等形式,解决学生认知不足的问题,并定期开展工作室负责人经验分享会或引介社会导师进行心得分享等,营造真实场景,"浸入式"增强其创新意识。其次是强化数据信息化管理平台的应用。强化平台建设,满足创新创业实践中的不同需求。让未参与学生直观感受到创新创业工作室运行实况;让参与的学生实现项目发布、任务上线、周报上线、过程管理的信息化体验,辅助其创业实践;让教师在线考核任意阶段的学生状况。

在特色化课程创建的过程中,工作室本身不仅仅是一种载体,也担当起孵化器、路演地、竞技场和实验室等诸多角色。"创业基础"课程(社会实践类)除了乘借创新创业教育所发挥的实践作用,也充分利用了工作室制项目化教学所依托的平台功效,为构建和推行相对完善和凸显实效的创新创业教育模式提供了理论支撑和实践动能。

6.3 精准发力:锚定创新引领创业、创业带动就业培育应用型人才

"创新驱动是引领发展的第一动力。"(任平,2018)营造创新驱动发展的良好环境,为创新创业实践打开绿色通道,离不开协同育人理念,因而创新教育势在必行。如何精准发力,通过创新教育引领高效创业,首先应成为人们重点思考的问题。

6.3.1 构建一体化创新创业教育模式,深入推进"以创新引领创业"

这里的一体化,是指基于工作室载体在场域、空间、师资、技术和平台等方面发挥的实践效用,理实一体地开展师生同创、企生共创、学生自创等多形式的创新创业教育活动,并坚持赛教一体、训育结合,培育实战型师资团队和创新创业学生骨干,将增强其创新意识融入学习和生活的全部,并以此引领创业实践活动的深入开展。

6.3.1.1　学创一体

系统化的理论知识储备和实践应用技能掌握,和创新意识的增强、创业能力的提高密不可分。实践证明,高效能的创新创业教育模式,一定不可缺失学思结合、学创一体的生态型教育体系架构。在其构建的整个过程中,施教者和学习者都需要树立并固化此一理念,并加以躬身践行。

6.3.1.2　理实一体

在创新创业教育实践过程中,无论是教师,还是学生,他们对于理论知识的认知,都需要结合切身体验加以深化和不断提高。要实现理实一体,首先要做到"理实贯通",即将课堂、书本所学知识融会贯通于具体的实践过程之中。显然,大家所接受的创新创业教育,绝不能是只停留在理论层面的教育,而是需要进一步融入生活实践,并能够真正解决实际问题。由此,理实一体是种硬功夫,任何人都不能急于求成,而需要付出耐心,并做细致化跟进和科学性考量。

6.3.1.3　赛教一体

这里主要以中国国际"互联网＋"大学生创新创业大赛为例。自2015年创立以来,此盛况空前的大赛引导着全国各地的高校主动服务国家战略和区域经济社会发展,并在提高学生的创新精神、创业意识和创新创业能力方面发挥了其他赛事难以匹敌的引领作用。"以创新引领创业、以创业带动就业"的理念,也因此愈发成为青年创客奋发有为、双创精英施展才华的摇篮。参加此赛事,青年才俊不仅可以同台竞技,更以超凡胆识展现了各自在创新创业方面所取得的综合实效。由此,开展创新创业教育活动,也务必要紧密贴合"互联网＋"大学生创新创业大赛、国家大学生创新创业训练计划项目以及其他各级各类创新创业创意竞赛的具体要求和考量标准,需教师在教学实践中做出全面化解读和一体化融入。

6.3.2　完善协同式创新创业教育机制,扎实落地"以创业带动就业"

创新创业教育需要发挥学校和企业"双主体"的积极能动作用,不断构建新型模式,深化合作,协同推进应用型人才培养。尤其是随着产教融合现代化、国际化发展步伐的日益加快,催生内部动力、发挥融合作用和增强综合实效更加成为各界共识。因而,进一步完善协同式的创新创业教育机制,稳扎稳打地开展"以创业带动就业"实践活动,便有了拓展空间和航标指向。

6.3.2.1 深化产教融合，推进校企紧密合作

深化产教融合的国家战略和远见卓识，对于应用型高校在管理模式、专业建设、师资队伍和实践体系等方面提出了更高要求和更新标准，由此也督促其需要在加强多主体产学研合作、实现协同式发展方面付出不懈努力。基于此，创新创业教育作为应用型高校综合教育改革的突破口和实施产教融合国家战略的助推器，急需在如何通过校企合作实现培育新时代精英的模式与路径探索上亮出新招，并增强实效。实践证明，在产教融合探索路径和改革模式深化过程中，实施"三业融合"育人战略，培育敢闯会创应用型人才是一个较为明智的选择，因为"学业"能够凝心汇智，"产业"可以聚能增效，而"创业"则起到了实践助行的作用。通过进一步的校企合作实践体验，笔者切身认识到如果它们基于工作室载体的"五化"（项目化教学、模块化构建、集群化推进、场景化体验和系统化落地）作用发挥，可以达到"四合"（科技创新与平台建设相耦合、网上创业与线下实践相结合、文化创意与项目孵化相融合、人才培养与市场需求相契合）的综合实效。

6.3.2.2 强化专就融合，完善就业指导体系

在创新创业教育模式的构建中，研究和实践主体往往容易忽略的是就业问题。在此过程中，作为实践抓手的"专创融通"理念和作为增效助手的"理实贯通"手段固然不可缺少，但应用型人才的培养质量无法脱离就业率考量和毕业学生的就业质量体现。如何在创新创业教育模式的构建、实施和完善过程中，不断强化"专就融合"并形成施行有力、指导有效的综合体系，着实是个难题。

青岛黄海学院基于自身作为应用型高校创新自主、机制灵活的特点，依托国家级众创空间、省级大学生创业孵化示范基地等实践主体，充分发挥创新创业教育学院的资源统筹、师资配备和平台支撑等母体支撑作用，以工作室为实践载体，就"专就融合"的教育教学实践进行了探索，创造性地构建了"六二四"就业指导体系。这一体系使得"产学研用深度融合，也让学业、专业、就业、创业融会贯通，从而在学校体制、机制层面有效地解决了就业指导中工作表面化、指导粗线条等实际问题"（青岛黄海学院创新创业教育模式探索和实践研究组，2021）。

对于"六二四"就业指导体系，学校针对工作室制创新创业人才培养的需要和大学生求职问题，提炼为六个模块（六道关），并录制成山东省高等学校课

程联盟平台在线课程"求职勇闯六道关",而后通过两个层次的课程打磨,深度挖掘学生各自的优势,最终进入"四个阶段"的具体实施。"六道关"即认识关、信息关、材料关、面试关、权益关和试用关;"两个层次"指的是"六道闯关"和"精准求职、点石成金";而"四个阶段"则包括就业基础教育、就业技能提升、专就融合深化和服务意识增强等。实践证明,"六二四"就业指导体系前后交叉、融合度高,其构建和实施在引导学生合理择业、平稳就业和有效创业等方面,效果十分明显。(见图 6-1)

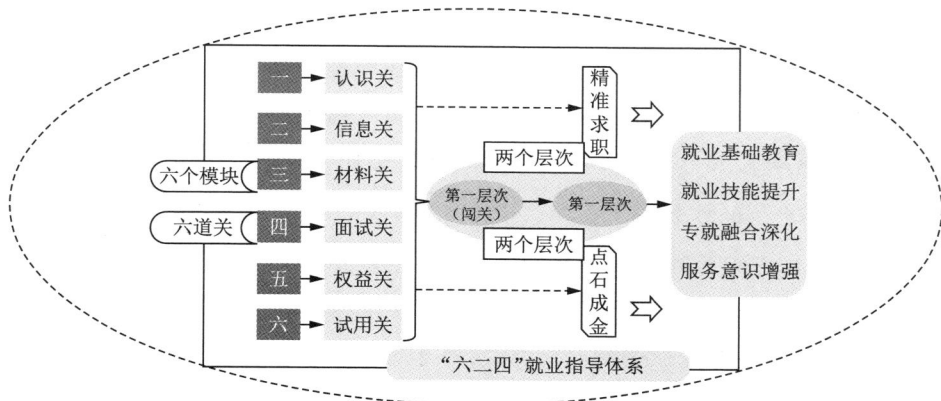

图 6-1　基于工作室的"六二四"就业指导体系

以创新引领创业、以创业带动就业是实现精准发力和有效培育应用型创新创业人才的施行理念和实效抓手。在充分发挥工作室实践载体综合作用的基础上,倘若能够结合社会职场需求和学生就业导向,围绕着企业、行业甚至产业等对于高素质应用型人才的考量标准对症下药并平稳施教,相信将会取得事半功倍的实践成效。

6.4　接续深化:多形式、高实效地推进创新创业教育教学模式改革

应用型本科高校的创新创业教育模式,需要结合时代发展和多方实际需要,不断接续进行深化改革。现结合青岛黄海学院创新创业教育学院已开展的"创业基础""大学生职业生涯规划"和"大学生就业指导"三门课程建设和实践应用情况,对进一步的模式完善提供借鉴经验。

6.4.1 "创业基础"课程教学改革实践与应用

"创业基础"课程作为青岛黄海学院本科专业的必修课,也成为创新创业教育普及化的必要手段。作为一门融必修的基础理论和易于实际操作的创业实践为一体的基础性综合课程,其设置的终极目的在于激发学生的创业激情、增强学生的创业意识和培养学生通过掌握创业基础知识不断提高创业能力,以便进一步为实现大学生自主创业、拓展就业和开创事业等提供系统化的理论铺垫与实践支持。实施创业教育是顺应新时代社会经济与高等学校教育发展的必然要求,且这种教育形态需要紧跟市场变化趋势,基于人才培养机理与中小企业成长规律,运用企业现代管理思想使学生掌握中小企业开办与管理全过程。从学校 2020—2021 学年第二学期面向 2019 级本科生开设的"创业基础"课程来看,其线上线下相结合的教学模式效果明显,且深受学生好评。

6.4.1.1 背景介绍

学校一直重视创新创业教育教学改革,创新创业教育学院充分发挥全校教育资源统筹和实践活动推进的"教育母体"作用,积极组织核心团队和骨干力量,围绕着学校的办学理念与引导方向,全力开展"以学生为中心"的教学改革模式探索。"创业基础"课程的教学在"布鲁姆教育目标分类法"的基础上,实现了将学生从记忆、理解的初级学习阶段上升到了应用、分析、评价乃至创造的深度学习阶段。(青岛黄海学院创新创业教育模式探索和实践研究组,2021)就传统型的创新创业教学而言,基本上是以案例讲解为主,结合课堂上 KAB "经营模拟"环节的实操训练,使学生们知晓创业的全过程、在实践当中可能会遇到的问题乃至相对应的解决方案。"经营模拟"这个概念,在现在看来已不是什么新颖事物,指的就是常规意义上的"学生角色扮演""企业经营业务亲身体验"等实操性模拟训练。实践证明,起初之时这种教学方式确实能够发挥一定作用,效果也相对明显。但随着科技的飞速发展,人们不断增强的个性化需求实非旧有思路和固化方案所能满足。由此,着力培养当代大学生的创新创业思维并提升其创造能力,便愈发成为人们锚定的目标,而不再是单纯的"动手实践"了。

本课程针对本科专业"创业基础"的教学活动而进行,且主要的教学任务包括如下几点。第一,教授创业知识。即通过创业教育教学,使学生们掌握开展创业活动所需要的基本知识,包括创业的基本概念、基本原理、基本方法和相关理论,涉及创业者、创业团队、创业机会、创业资源、创业计划、政策法规、新企业开办与管理以及社会创业的理论和方法。第二,锻炼创业能力。即通过创业教育教学,系统培养学生们整合创业资源、设计创业计划以及创办与管理企业的综合素质,重点培养其识别创业机会、防范创业风险和适时采取行动的创业能力。第三,培养创业精神。即通过创业教育教学,培养学生们善于思考、敏于发现、敢为人先的创新意识,挑战自我、承受挫折、坚持不懈的意志品质,遵纪守法、诚实守信、善于合作的职业操守,以及创造价值、服务国家、服务人民的社会责任感。

6.4.1.2　具体做法

其一,教学环节。学生们线上学习智慧树平台国家在线精品课"创践—大学生创新创业实务"。该课程涵盖创业项目、企业家精神、创业团队、财务融资、市场营销、商业模式选择等诸多理论内容。线上理论内容由学生们自行完成学习,教师在后台对其学习进度、章节测试等情况进行监控。而线下16学时的实践教学内容,则包括创新创业思维训练、创业计划书撰写、创业大赛、创业软件模拟、创业项目路演几个版块。

首先一点是思维训练。体验式学习使学生们认识到创新的本质和自身的潜能,领会了区别于传统性垂直思维的创新性思维属性和运用方式,学会了使用部分易学好用的优秀创新方法,树立了创新自信心,增强并激发了创新意识和创新潜能。头脑风暴方式,旨在结合生活实际,运用创新创业思维解决问题。它以课件展示的形式,向学生介绍发散思维、联想思维等诸多方式,并利用思维导图推介有效培养创新思维的具体方法。而发布头脑风暴活动内容,解决的则是如何让6元钱变成12元钱甚至更多钱的问题。在此之后,学生在线进行讨论并分享自己的观点,教师总结点评完毕再引出实际案例,即国外某所学校的大学生如何充分整合资源启动项目。通过案例解析,教师不仅能够引导出学生的创业思维内容,推介创业思维的理论框架,更让学生在宏观上提高了认知水平,真正体会了如何运用创业思维,实现了学生独立思考和自行创新。

其二,创业实训环节。课程中的创业实训版块,是对学生进行企业创办能力、市场经营素质等方面的培训,并对其在企业开办、经营模拟过程中给予一定的政策指导。此举的目的是提高学生在创业心理、运营管理和创新发展等方面的综合素质。

　　创业模拟软件"贝腾总动员"的创业综合管理版块,则侧重创新创业管理实践,重点是通过对真实企业的仿真模拟,让学生在仿真情境中亲自参与企业的创业管理,了解创办新企业后可能会遇到的风险类型及应对策略,进而掌握新企业管理的特性,了解针对新企业的管理重点与行为策略。背景资料分析和团队分工合作,使得企业战略规划、产品品牌设计、市场营销策略、市场开发定位、产品生产规划、资金筹措策略和经营成本分析等各项管理决策顺利完成,在很大程度上提升了学生的创新创业实践能力。

　　在平台上创建公司并开展运营活动,有利于团队成员"拧成一股绳",基于"同台竞技"的考量需要而"各显神通"。鉴于各个经营环节存在着差异性,各团队的实施对策和解决方案也会有较大不同,从而致使最终经营效益存在着差异化。这种良性的"差异化"在教师比对分析和学生体验分享的基础上,变成了成功运营企业、实现预期目标的较有说服力的实际案例。其所发挥的作用不可小觑,因为平台给予了学生更多真实的体验。这种体验源自创新意识从形成到鉴定的全流程,也源自创造能力从生发到验证的全过程,使学生理实一体且较为直接地加深了对于书本知识的理解,真正为创业项目的"场景化"体验做好了铺垫。

　　其三,创业大赛环节。大学生创新创业大赛的举办是国家创新驱动发展战略的重要体现,为当代大学生的全面发展提供了优质化平台,同时也推动了产学研的融合式发展。我国出台了很多相关优惠政策,以此帮助大学生更好地开展创新创业实践活动,并由多个部委相继颁发诸多文件,着力促进创新创业工作的有效落实和深入推进。教育部、团中央也通过开展多样化的创新创业竞赛,来提高大学生理论认知水平和实践应用能力。为促进创新创业实现可持续发展,我国已设立了超过400亿元的新兴产业创投资金。在"创业基础"课程中,教师通过讲解"互联网+"大学生创新创业大赛、国家大学生创新创业训练计划项目等章程,使学生了解到相关大赛各个赛道、不同组别的比赛规则和评分要求,并组织学生观看相关大赛决赛视频,分析参赛项目的诸多特点与考量标准,将学生的比赛项目与参赛项目进行对比,帮助他们进一步明确需要提升与改善的内容,以对参赛项目进行指导,并在质量提升方面提供合理化建议。

　　其四,创业计划环节。创业计划书的起草与创业本身一样,是一个复杂的系统工程,完成人不但要对行业、市场进行充分的研究,而且还要有很好的文字功底。一份高质量的商业计划书,离不开客观的产品市场分析、精准的核心技术掌握、细致入微的国家法律法规政策解读乃至到位的国内外产教融合动态知晓等基本内容。它着力呈现的,是项目主体现状、发展定位、发展远景和使命、发展战略、商业运作模式、发展前景等内容,不仅深度透析了项目的竞争优势、盈利能力、存活能力和发展潜力等,也力求能够最大限度地体现项目价值。

教师通过对"互联网＋"大学生创新创业大赛获奖计划书的分析,能够使同学们了解到创业计划书的主要框架,并对其所包含的项目定位、计划摘要、解决方案、市场分析、营销策略、竞争优势、核心团队、商业模式和风险控制等版块具有全面而深入的认知。因而,在授课过程中,教师便可以通过结合大赛框架内容和学生创业项目,有比较地加以指导与修改完善。创业计划书指导结束之后,教师可以分享历届"互联网＋"大学生创新创业大赛决赛的路演视频,并讲解不同类型项目的展示要求和不同赛道 PPT 的制作特点,以便对学生的项目路演进行细致而全面的指导与培训。

其五,创业路演环节。创业者想要获得融资,可以通过多种途径获取与投资人见面的机会,路演就是其中一个重要环节。对于创业者而言,路演活动能够吸引投资人的目光,对自己的项目产生深刻的印象并具有深入了解的想法,无疑节省了很多力气。不能否认,路演确实是帮助项目投资方全面了解项目的最佳方式。学生团队对自己的创业项目进行路演,不仅通过视频播放、语言介绍和互动问答等多种形式展示了自我风采,也从多个角度诠释了自己团队的项目质量,让包括教师和同学在内的"旁观者"对项目本身和团队状态有了更为充分的了解。教师可根据学生团队路演的实际情况,进行实时指导,并持续性打造专业学生路演团队。之后,教师可以组织各团队进行中期汇报和期末汇报,总结与分享各个团队在实际项目运营过程中的经验。通过现实"体验",让学生真正去"做",在"做"中学,在"做"中反思,在"做"中总结,并在"做"中提升。这无疑是使创业教学真正落地的实效性做法。如果在创业项目体验过程中,有可持续发展的质量较好的项目,教师还可以进一步扶持和培育,将创新创业课程与全校的创新创业孵化机制相结合,并充分利用创客空间、大学生创业孵化基地和大学科技产业园等资源,为创客们提供更为宽松和高效的创业空间。

创新创业教育学院创新创业教研室对该课程的考核形式进行了改革,重点突出过程性考核,即通过线上线下相结合的考核方式对学生进行考核。一方面,学生线上参加在线课程期末考试,在线课程的综合学习成绩按照50%的比例计入该课程成绩。另一方面,线下考核包括出勤及创业计划书与路演,学生可以通过提交创业项目计划书和参加路演的方式进行线下期末考核。通过该课程的学习,教师在学生的学习过程中,有效地指导了他们进行项目筛选、寻找商业时机、编制计划书和完成路演训练。学生们则在学期之末需要提交团队创业计划书,并进行项目路演,最终完成教师的相关考核。

创新创业教育是当前经济新常态下高等学校高素质人才培养的主要方向。在将来的教育实践当中,高校应充分完善自身创新创业管理体系,给予学生更具创新创业专业性和针对性的指导,使其接触到更多创新创业实践机会,有效提升自身创新创业人才培养水平。学生通过教育教学改革,不仅提升了自己的创新创业思维、团队合作能力,也有效掌握了创业项目选择及运营的方式、方法,并有利于实现创业团队价值的最大化。

6.4.1.3 成效与反思

在全国创新创业教育工作推进实施日益趋向稳定的同时,青岛黄海学院在双创教育及实践方面也取得了不少的成果。单就2021年而言,学校在"建行杯"第七届山东省"互联网+"大学生创新创业大赛中获得了不少奖项,同时还获得高教主赛道优秀组织奖和职教赛道优胜奖。除此之外,学校在智慧树平台建设创业类课程"跨境电商——小e的创业之旅"在线课1门,目前课程运行了5个学期,累计选课人数达到了1.33万。"创业基础"课程自2020年成功申报省级一流本科课程(社会实践类)以来,发挥了较好的辐射带动作用。近两年来,创新创业教育学院与其他二级学院开展了专创融合类课程建设,先后建成20余门课程,极大地丰富了学校创新创业类在线课程资源。

当前,我国高等学校创新创业教育在评价机制方面存在着一定的缺失。如果依然用老眼光去评价创新创业教育的成效,是不明智也是不可取的。比如,单方面看重就业和创业的数量与比例和只是考核学生参与竞赛获奖数量、学生发表论文数量。还有就是一些学校采用"证书兑换学分",即学生通过获得相关职业资格证书换取创新创业学分的做法。以上种种,在一定时期内对促进学生创新创业可以说是能够起到一定推动作用,但从长远来看,这种评价机制已不符合创新创业教育改革深层次发展的实际需要。

评价创新创业教育改革成效,并不是靠具体指标和数字的完成就能客观衡量的。创新创业教育需要以提升全体学生的创新精神、创业意识和能力为宗旨，需要立足于知识积累、专业沉淀、科技突破和创新意识等综合性的习惯养成、环境熏陶和场域浸染。无论是对于教师，还是对于学生，单纯以竞赛获奖、论文发表、获取证书等方式进行衡量，都是虚化了创新创业教育"硕果累累"成效、助长了"急功近利"风气并造成创新创业教育出现"泡沫幻影"现象的错误做法。

高等学校的创新创业教育需要长期进行开拓和革新，唯有在其实施过程中不断积累成功经验并逐步加以完善，方能久久为功。因而，对于"创业基础"课程建设的深入推进，高校需以完善的考核评价机制为抓手，着力加强质量监控制度建设，通过多元化的评价和激励机制，充分发挥师生共进、校企协同的合力评价作用，并注重"形成性评价"与"终结性评价"相结合，脚踏实地助推创新创业教育实施进程，而尽力避免浅尝辄止、虚耗资源的鄙陋现象出现。

6.4.2　"大学生职业生涯规划"教学改革实践与应用

"大学生职业生涯规划"以生涯规划理论为依托，以生涯规划技能为手段，对大一年级学生授课，大二年级学生辅导，以帮助学生树立生涯规划理念、进行自我职业探索、学习生涯规划方法、提高求职能力，激发学生的学习主动性和积极性为主要目的，通过理论学习和课堂活动相结合的方式，提升其对社会职场的理解，为尽早提升自身核心竞争力、实现与社会接轨做好准备。该课程作为青岛黄海学院本科专业学生的选修课，是创新创业教育普及化的常规手段，已成为一门基础性和实用性较强且易于掌握的创业基础课程。根据学校面向2021级本科层次学生所开设的"大学生职业生涯规划"课程情况来看，线上线下相结合的教学模式是贴合了学生实际且能够满足其学习需求的实效做法。

6.4.2.1　背景介绍

"大学生职业生涯规划"的基础教学遵循 OBE 成果导向的教学理念，强调能力本位。本课程的教育目标列出了学习的具体核心能力，每一个核心能力都有详细的课程对应。例如，从学生入学伊始着手，教导学生对与职业相关的人格（如卡特尔 16PF）、兴趣（如霍兰德测试）、能力以及价值观进行自我探索；激发其对周围世界中与个人职业相关的部分进行探索；促使其自主掌握了解社会职场的方法和途径；最终使学生形成个人生涯规划的基本体系，并能够自主进行职业决策及目标设定等。

　　本课程针对本专科大一新生展开。主要教学任务包括如下内容。首先是教授职业规划知识，使学生通过了解专业、了解自己、了解职业要求和了解就业形势，合理规划自己的职业生涯，不断树立正确的职业理想和择业观念，增强就业竞争意识，并通过职业意识的训练与指导，提高就业能力和职业素养，也通过掌握求职择业技巧，增强求职择业的实力。其次是锻炼职业规划能力，即通过职业规划教育教学，系统地培养学生整合职业规划资源的能力，并通过课程实施，帮助学生设计且不断调整自身职业生涯规划，促进他们整合其他课程和活动资源，不断进行有效学习和实训锻炼。总之，通过本课程的学习，让学生为择业、就业、创业做好充分的准备，最终指导和帮助他们实现成功就业。最后是培养"红色文化""社会主义核心价值观"等思政精神。在课程中融入思政内容，发掘和利用红色文化独特的价值功能，有利于高校学生坚持社会主义核心价值体系的实践性，对打造具有中国特色和世界影响力的红色文化产业新品牌，起到了一定的创新引领作用。

6.4.2.2　具体做法

　　其一，教学环节。线上学习超星平台学银在线开放课程"大学生职业生涯规划"，该课程涵盖了自我探索、职业探索、职业决策、学业规划、职业技能板块的理论学习内容。线上理论内容由学生自行学习，教师则对学生的学习进度和章节测试情况适时反馈。而线下16学时的实践教学部分，则涵纳了自我探索、职业探索、职业决策和职业生涯规划书撰写等四个技能学习版块的内容。

　　首先是教学思维转变。本课程以就业市场为导向，以提升能力为目标。课程教学要强化就业能力与社会需求的杠杆对接作用。教学内容则以提升学生的就业能力和职业素养为重点，在教学方法上使用了参与式教学，明确了各阶段的任务目标，力求提高课程教学的实效性。课程体现了高校坚持教育教学改革和确立"以学生为本"的发展观，也告诉人们职业的全面发展最终要表现为社会和劳动力市场对于毕业生的认可程度，表现为人才毕业时就业率高，在岗位上可以"大有所为"，而人才产品质量会受到用人单位广泛而持续的肯定与好评。

　　其次是教学模式转变。本课程以学生为本，即注意发挥学生的主体作用。本课程在框架设计、内容选择、方法运用、效果保障等方面，都紧密围绕学生的就业与未来职业发展的现实需要而开展。课程从协助学生全面发展的角度，考虑现在的教学工作及其效果是不是学生成才发展所需要的,方法手段是不是学生愿意甚至乐于接受的。本课程倡导应用案例式教学、互动式教学,以 OBE 成果导向教学为教学模式核心,引导学生学以致用,积极参加与课程相关的创新创业型赛事,将教学效果与学生长远发展和终身受益的效果相挂钩,考核学生线上理论知识的自学水平和线下技能的结合程度,多维度、多视角地引导学生主动学习,使他们自愿参与到课程教学的全过程。

再次是教学活动转变。职业规划课程不仅包括知识传授、技能培养,也包括态度转变和观点改变,是集理实结合和经验分享为一体的集成化设计。同时又强调了思维方式和技能提升比单纯掌握知识更为重要的道理,学生思维方式的改变是课程教学的核心。因此,在施教过程中凸显职业规划课程的经验性和规划性特征尤为重要。作为经验课程的此类课程,重在学生体验分享和个人规划展示,由此也使学生的个人参与部分占据了课程教学总量的半数以上,使他们能够通过体验式学习和互动式学习,在个人职业设计和未来规划能力方面有所提高。经验课程是以学生兴趣和需要作为课程依据的课程,职业生涯规划课程目前恰恰倾斜于此类课程。具体而言,本课程采取的是橱窗分析法、"兴趣岛"测评、职业兴趣测评、360 度测评、Swot 测评、生涯彩虹图、职业生涯人物访谈、决策平衡单、决策树、决策风格"三分法"等职业生涯规划中常用的互动式职业分析及规划工具,以便让学生能够身临其境,自主参与到课程学习的全过程。

最后是鼓励学生积极参与职业规划大赛。近年来,国家愈发重视大学生职业规划大赛的举办,也通过多种形式提供促进当代大学生得以全面发展的优质化平台。在战略上,整个国家较为重视各方面资源的深度挖掘,并积极发挥相关优惠政策的助力引导作用,以此支持大学生实现理想的职业生涯规划。相关部门也颁布了诸多文件,来促进职业规划大赛和相关工作的落实。更有各级教育部门和省市人力资源与劳动保障部门,通过开展多形式的职业生涯规划竞赛,并利用职业规划平台选拔各高校优秀的职业规划精英,直接为其提供绿色就业通道和就业岗位。这些大赛开展得可谓异彩纷呈,主要有全国大学生职业生涯规划大赛、青岛市大学生职业生涯规划大赛等。目前,青岛黄海学院深入推进职业规划课程建设,落地于实践应用,已连续参加青岛市职业生涯规大赛7 届,并斩获大赛一等奖、二等奖、三等奖、优胜奖和最佳组织奖等多个奖项。

根据以上分析,在本课程线下环节中加入规划书撰写板块。并对规划书的撰写提供实战平台,即参加职业规划大赛。参赛的意义绝不仅仅是"参赛",因为通过课程平台参赛可以实现地方各个高校大学生的信息沟通和资源共享,有利于精准性掌握地方就业政策和就业趋势。职业生涯规划的最终目的,也决不仅仅是帮助个人按照自己的资历条件找到一份工作,达到和实现个人目标,更重要的是帮助个人真正了解自己,为自己订下事业大计,科学地筹划未来,也能够促使学生进一步评判现状,对主客观条件和内外环境的优劣势加以估量,真正设计出能够符合自身职业规划需求和群体特点的可行性职业发展规划。

其二,考核方式。从创新创业教育学院对于该课程进行的考核形式改革情况来看,其凸显的重点也是较为注重过程性考核。这种考核方式将线上考核和线下考核相结合,使学生在线上参加在线课程期末考试,并以50%的比例纳入课程综合评定成绩中,而对于学生线下的考核则主要包括出勤和职业生涯规划书的撰写等。

6.4.2.3　成效与反思

"大学生职业生涯规划"课程内容融入思政板块,旨在帮助大学生全面认知自我、探索职业世界、定位职业目标、提升职业能力、培养职业精神,最终帮助学生实现最优化发展的教学活动。从个人层面来讲,职业生涯教育有助于学生实现个人成长成才;从高校层面来讲,职业生涯教育有助于高校实现人才培养目标;从国家层面来讲,职业生涯教育有利于做到人尽其才,使我国建设成为人力资源强国。

学校创新创业教育学院基于课程建设平台,取得了不俗的成效。2021年,学校荣获"青岛市大学生职业生涯规划大赛"二等奖、三等奖、优胜奖若干。在创新创业教育学院与二级学院联合建设的20门专创融合类在线课程中,"大学生职业生涯规划"也由创新创业教育学院的教师自主开发,共同建设了在线开放课程,并顺利通过了学校在线课程验收,正式成为超星平台学银在线课程,丰富了全校创新创业类在线课程资源,实现了线上线下混合式教学。

"大学生职业生涯规划"课程教学改革,应以提高学生参与性为主,综合利用案例分析法、体验式教学法、任务型教学法、互动教学法等教学模式,强调学生的主体参与性。在以往的教学中,教师是课堂的主体,学生处于被动接受知识的地位,教学效果不甚理想。随着教学改革的深入,学生对于职业规划的重视程度和必要性的理解超越以往,课程的主体地位越来越受到人们的关注,已经成为职业生涯规划课程改革的重点。

鉴于此,创新创业教育学院将此门课程由原先的"大学生涯规划与就业指导"一门课程拆分成独立的"大学生职业生涯规划""大学生就业指导"两门课程,同时面向本专科层次学生开授,以此突出课程的主体性与独立性。课程重点强调"用"中学,强化实践教学环节,组织职业生涯人物访谈、素质拓展训练、职业测评、职业生涯规划书制作大赛等活动。同时,在"互联网 +"的背景下,利用微信群、QQ 群、校园论坛等互联网平台,加强学生之间的交流与互动,营造了主动学习、信息共享、协同发展的良好氛围。

6.4.3　"大学生就业指导"教学改革实践与应用

"大学生就业指导"作为一门实践性和指导性较强的课程,其改革需要紧密结合时代发展需求和本校实际情况。现对青岛黄海学院创新创业教研室所进行的一些探索加以说明,以便更好地在模式改进和实效突破上进行反思,获得实质性突破。

6.4.3.1　教学改革的背景

其一是时代的要求。当今时代是一个全面深化改革的时代,社会各个领域正在经历一场深刻的变革,当然教育教学也不能置身于外。2019 年,教育部出台了《关于深化本科教育教学改革全面提高人才培养质量的意见》。2021 年 1 月,全国教育大会在北京召开,会议以推动高质量发展为主题,以改革创新为根本动力,坚持系统观念,更好统筹发展与安全,坚持和加强党对教育工作的全面领导,全面贯彻党的教育方针,落实立德树人根本任务。时代要求每一名教育教学工作者都必须参与到教学改革的实践中来,共同推动高等教育的优质化发展。

其二是学生的要求。大学生是社会的一个特殊群体,是走在时代前沿能够较快萌生时代新思维和掌握社会新技术的年轻群体。作为国家培养的高级专业人才,他们也是现代化建设事业的接班人和未来传递中国创新文化精神内涵的"火炬手"。随着时代的进步和社会的发展,新时期以"00 后"为主要群体的大学生进入了高校。这些大学生有着自己的特点,也使高校教学的难度加大。如何对现在的高校大学生进行教学,是一个非常值得关注的问题。而实现高质量就业,是每一个大学毕业生的梦想和要求,掌握扎实的求职技能则是他们在求职道路上制胜的法宝。唯有不断地进行教学改革,按照新时代大学生的特点进行不断的改革实践,才能不断满足其求职理论应用和实践技能提升的新要求,才能在整体上不断提高国家教育教学的质量。

其三是教师成长的要求。提高教育教学质量的关键在于教师。教师是教学改革的具体实施者,只有教师教学水平的不断进步才能有教学质量的提高。教师教学水平只有在具体的教学实践中,特别是在具体的教学改革实践中,才能真正得到提高。每一个教师都十分渴望成长和进步,都十分渴望自己的教学水平和教学成果得到学生特别是得到相关部门和全社会的普遍认可,所以教就业指导课的教师们不甘示弱,积极发挥各自主观能动性,参与到教学改革实践中来。他们或录制在线开放课程,或编制出版就业课教材,或探索新的教学模式等,以此实现自身突破。

6.4.3.2 教学改革的具体举措

其一,"六二四"教学内容体系的构建。具体而言,课程教学内容主要有六个模块、二个层次和四个阶段。首先是六模块。六模块指的是线上课程的六块内容,即认识关、信息关、材料关、面试关、权益关和试用关。这六块内容概括了大学生求职过程中的六个阶段或步骤,逻辑清晰,架构科学合理。实践证明,学生只要按照这六个步骤顺利走下来,就在取得求职成功的道路上拥有了最大的胜算把握。这六个模块内容的梳理,是青岛黄海学院创新创业教育学院在就业指导课程上的一个创新点,是其他学校或其他教材上没有的内容。这是本校教师在多年的教学实践中通过总结、提炼和升华结成的"硕果",也是对以往就业指导课程内容的一种"重塑"。道理很明白,唯有教师指导得明白,学生才能学习得清晰。其次是"二层次"。二层次是指线上学习和线下实操两个层次,二者是相互补充、相得益彰的两个方面,缺一不可。在过去,教师授课全在线下,对于有些求职理论,学生倘若没有听明白的话也不方便重新去学习。近年来,创新创业教育学院的教师分别开发了两门在线开放课程,且各自在智慧树和学银在线平台上运行,将求职理论学习移到了线上,使得学生可以随时随地进行学习,并重复式学习,着实为其扎实掌握理论知识创造了便利条件,同时也给学生学习理论知识提供了更加自由的时间。但是学生如果只是单纯地进行线上学习,从实践中来看,效果不一定就好,这表现为学生学习不及时、学生不学习、学生为了学习而学习等现象。所以,线下课程的补充尤为重要,因为线下课程一方面是在检查学生线上学习的情况,另一方面则侧重于师生之间的交流,是一个有温度的互动平台,同时也更注重学生的实操训练。最后是四阶段。四阶段指的是指导内容逐渐深入递进的过程,即从就业基础知识教育到通用就业技能提升,再到专业就业技能提升,最后到成功就业、奉献社会。通过线上线下混合式教学模式的改革,学生对课程教学内容有了一个更为系统和全面的认识,同时他们在各自的专业领域对就业技能也会有更加精准的提升,从而为将来的成功就业和奉献社会打下了良好基础。

其二是"一线上、三线下"混合式教学模式实践。"一线上、三线下",指的是理论学习在线上、课程思政在线下、实操训练在线下、精准指导在线下。具体来讲,首先是"理论学习在线上"。这要求学生按照教学进度表的要求、有计划地学习线上理论知识,并完成相应的章节测试题,为实操训练打下一定的理论基础。线上理论课程是学校创新创业教育学院的教师自主研发的,前面已有说明。其次是"课程思政在线下"。本课程注重挖掘课程思政要点,能够把课程思政建设渗透到课堂教学当中。课程思政教育需要当面交流,所以放在线下来进行。教师在线下可以结合学生的需求有针对性地进行课程思政教育,可以在与学生的沟通交流中进行课程思政教育。再次是"实操训练在线下"。本课程很注重培养学生的求职技能,如信息搜集技能、材料制技能、面试应对技能。这些技能的训练需要在线下反复锻炼才行,尤其是线下课堂上教师的现场指导尤为重要。创新创业教育学院的做法是,学生首先要在课前完成教师布置的实践作业,而后再在课堂上展示自己的"作品",并进行自我点评和其他学生互评,最后由教师来做总结性点评。通过以上"点评",学生可以认识到自己作品中的优缺点,特别是那些不足之处,课后再认真加以修改。最后是"精准指导在线下"。本课程是面向全体本科生开设的一门通识教育课,而通识课的特点就是不结合具体专业进行授课,这当然也是通识教育课的一大不足之处,即课程不落地、不精准,也不具体。为了克服这一不足,创新创业教育学院的教师在线下授课过程中,特意针对特定的专业学科进行了相对具体的指导,从而使就业指导课变得更为契合专业特点而凸显出自身特质来。

其三,"三阶段、六步骤"混合式教学设计。

首先是学生线上学习阶段。学生在课下按照教师规划的教学进度学习线上课程,完成相应的任务点,包括观看视频和做章节练习题,之后再完成教师布置的线下作业。这一阶段其实就是课前预习阶段,但又不是一般的课前预习,是带着任务的课前预习。通过课前预习,学生要完成一个结果的输出,所以这一阶段很重要。如果这一阶段学生没做好,就很难实现"线上线下"混合式教学的正常进行。为确保这一阶段任务的顺利完成,教师通常采用事前预防和事后惩罚两种手段。时间久了,学生就会主动进行课前学习并完成教师所布置的任务。

其次是师生线下见面阶段。这一阶段主要有以下六个步骤。第一,教师强调学生线上所学对应章节的理论知识。线上线下混合式教学不是说线下一点理论也不提了,绝不是这样。准确地说,是线下课堂不再像以前那样滔滔不绝地讲理论了,但还是要系统地为学生梳理一下,因为学生的自学能力和领悟能力毕竟是有限的,需要教师强调学生在线上学习过的理论知识,使其结合自身所学和教师线下梳理,以便更加牢固地掌握理论知识。第二,教师检查学生线下作业的完成情况。教师主要是检查学生线上视频的学习情况,必要时可以检查其手机上的观看记录。但是观看视频不是目的,只是手段而已,所以还是要检查一下学生看完视频后的输出情况,即完成教师布置的实践作业情况。看视频可以说不费吹灰之力,但要完成教师布置的实践作业就不是一件轻松的事了,它需要参考很多资料才能完成。教师也需要对学生完成作业的情况及时给予表扬或批评。第三,学生按小组进行讨论,选出本小组最好的线下作业。即学生需要按照事先分好的小组进行讨论,主要是组内比较,因为有比较才会有鉴别,从形式到内容的方方面面进行对比。而后,每个小组选出最能代表本组水平的线下作业参加接下来的当堂展示,把最优质的展示呈现给全班同学,以便产生示范效应。第四,小组代表上台展示本小组的线下作业并进行自我点评。每个小组选出最善于表达或不善于表达的学生,使其上台展示本小组最优作业,同时进行自我点评,说出自己的优点和不足之处。这是一个锻炼学生的舞台,他们通过展示本组的作业和自我点评,使自己在台前表现的勇气不断得到提高,而且语言组织能力和表达能力也都会有一个较大程度的提高。第五,其他小组点评。每个小组展示并自我点评后,其他小组派代表再对该组的作业进行点评。在点评过程中,可以有表扬,可以有批评,目的在于彻底地对小组作业进行解剖。学生的思维是活跃的,教师一定要相信学生,要充分地给予学生展示自我的舞台。前提是把奖惩措施设置好,充分调动其课堂表现的积极性。第六,教师总结点评。学生自己点评也好,其他小组代表点评也罢,只是基于学生自身角度而进行的点评,难免会有不够专业或不够全面的地方。在这个时候,就需要教师出来从专业学术的角度进行全面的点评总结,包括对学生自我点评和其他小组的点评。在此过程中,教师务必要对学生表现得好的地方及时进行表扬,对学生做得不足的地方也要及时指出,特别是共性问题需要着重强调。实践证明,教师的总结性点评能够起到“画龙点睛”的作用。

再次是学生课后复盘阶段。学生在课后需要对照着线上理论知识和线下教师的总结性点评,高标准地反思自己作业或作品中的问题之所在,并着手进行总结、修改和完善,在规定时间内再次上交。学生如果能够及时反思自身不足并加以改正,将是一次效果极佳的学习过程。

其四,“过程性考核”方式实践。课程成绩评定采用线上考核 + 线下考核相结合的方式进行。线上考核占总成绩的 50%,包括线上平时成绩 20% + 线上章节测试 40% + 线上期末考试成绩 40%。线下考核占总成绩的 50%,包括线下出勤成绩 20% + 线下过程性考核 80%。

6.4.3.3　教学改革在路上

首先是今后五年课程的持续建设计划。第一,编撰出版一部特色鲜明的大学生就业指导教材。课程教学团队将在总结线上课程运行经验和线上线下混合式教学运行经验的基础上,凝练、总结和升华课堂教学内容与教学方法,编撰一部集课程思政、实操训练和专就融合等元素于一体的大学生就业指导教材,并凸显其完整体系和鲜明特色。第二,努力实现成功申报省级一流课程。教师应抓住有利时机,积极申报省级一流课程。其重点是线上线下混合式一流课程的申报,因为学校开发的课程已在省级平台运行了一段时间,且已取得良好效果,为进一步申报高水平课程奠定了基础。

其次是需要进一步解决的问题。它们主要包括三个方面的内容。第一是就业指导课程思政建设不够深入的问题。目前就业指导课程思政建设还停留在面上或只在部分章节,所以还不够深入和全面,没有贯穿到课程教学的全过程。第二是就业指导课程高水平师资短缺的问题。目前就业指导课程的师资多是校内教师,实践经验缺乏,所讲内容与现实之间存在着一定的差距。第三是毕业生在具体就业实战中的就业指导问题。目前的就业指导课程,集中在大四的第一学期开设,这个阶段的学生还没开始找工作,而真正找工作的时间段是在大四的第二学期,这个时候学生和就业指导老师的联系反而中断了,致使出现许多学生在具体就业实战中遇到了许多实际问题却得不到很好的解决的现象。

最后是改革方向和改进措施,主要包括以下几点。第一,学校需要继续深化课程思政建设,加大课程思政建设力度。课程思政建设一刻都不能放松,关系到"为谁培养人"和"培养什么人"的问题,意义重大。下一步需要从教学大纲开始着手,首先按照课程思政的要求修改完善课程教学大纲,努力挖掘各章节的课程思政点,丰富和完善教学课件,着重体现课程思政内容。第二,需要引进高水平专职或兼职企业导师充实就业指导师资队伍。师资决定着教学质量。下一步学校需要考虑引进专兼职企业导师,来充实校内就业指导师资队伍,特别是引进有工作经验的企业人力资源专家,通过线上线下形式对学校教师或学生进行必要的就业课实践指导,解决在真实就业过程中遇到的突出问题。第三,学校需要成立大学生就业指导工作室。工作室的主要职责,除了要对学校大四年级第二学期的学生在具体就业实践中所遇到的实际问题有针对性地进行指导,还要做好学校大学毕业生就业典型案例的搜集与整理工作,并深入研究大学生就业历史数据和就业现状问题,循着就业创业的客观规律,更好地探索服务于大学生就业创业的有效模式和可行路径。

实践证明,基于创新创业理论,结合实践应用,对相关课程进行"理实一体"的改革,需要在不断的实践检验中加以接续和深化,并通过多形式、高实效的推进,使创新创业教育教学模式的实施变得更为"掷地有声"。相信致力于创新创业教育的工作者们在做好总结、完善路径的基础上,一定会积累更多的实践经验,并取得更大的育人成效。

下 篇

多种形式的工作室建设和创新创业人才培养典型案例

　　典型案例能够体现出较强的实践价值和示范作用，且可以产生一定的社会影响。本章内容精选了一些运行稳健、实效明显的工作室建设及以之为载体的创新创业人才培养典型案例，以便进一步推介各自建设经验和具体实效做法，引发更多对于创新创业教育模式的思考和实践路径探索。

第7章

内容营销工作室：理实一体才是硬道理

内容营销工作室注重优质化建设，讲求实训式人才培养实效，理实一体地提升了工作室成员的创新思维能力和综合业务水平。工作室信奉"理实一体才是硬道理"，在实践过程中摸索到一套个性化实施方案，使得同一主体以不同平台发布差异性内容、实现差异化运营，并以此形成多渠道平台矩阵，增大了曝光量和用户数，引流作用明显，产生了较好的推广成效。

7.1　工作室简介

内容营销工作室为创意集团下工作室之一，主要承接各种文案营销、微信公众号等自媒体内容营销、淘宝客的社群运营等工作，如淘宝客中的花生日记，社群运营中的达令家，内容营销类的淘宝、京东方面的发现好货内容推广、百度知道文案编写等项目。辅导学生进行文案编写、社群运营推广、线下地推、自媒体推广等内容。根据学生的学习情况和学习偏好，带领学生一起做线上线下推广、文案编写等工作。在实训月，工作室的教师和学生还负责带领班级所有学生进行文案项目实训工作。工作室自成立以来，固定成员6名，指导过学生100余名，固定学生指导教师共3名，长期指导教师2名，工作以培养和锻炼学生为主，后期学生水平提高后，鼓励学生自己创业；加强学生之间交流，优秀案例相互分享，共同进步。

7.2　团队成员

教师团队中,三位工作室指导教师均来自企业且长期从事教育工作,拥有社群运营、文案编写、自媒体直播运营等丰富的工作经验。教师在行政管理、网店运营、自媒体直播、社群营销、文案变现等方面各有专长,分工明确。工作室指导教师每日排班指导,确保工作室工作流程平稳运营,并在每周定期安排导师技能培训课,不断提高学生的各项技能。企业导师拥有稳定的资源,与多家文案编写平台、社群运营平台长期合作,所有教师均为学生专业校企班必修课教师,能将学生课堂与实践的学习相结合,把学生培养成为实用性人才。有些成员虽然是在工作室成立之初加入的,但作为电商专业的学生,对社群运营和文案变现有着非常浓厚的兴趣,学习能力很强,工作也非常积极主动。

7.3　实施背景

为进一步拓展实践课程的理念,让学生融入学习的氛围中,开始实施导师制授课,带领学生更快了解电子商务行业。近几年社群运营、共享经济已经成为主流,社群、朋友圈、微博、公众号短视频平台等已成为电商的主流,内容为王,粉丝经济的时代已经到来,内容营销、文案变现等课程逐渐加入课堂授课中,为培养实践性人才,成立内容营销工作室,旨在带领学生在真实的工作实践中学习内容营销、文案变现。

7.4　工作过程

工作室工作内容主要分为以下几个部分。首先是社群运营,即淘宝客(又名"更省APP")和"达令家APP"的推广等。其次是公众号运营,即工作室除了共有的公众号之外,每位学生也各自开设公众号,发布电影类、美食类、旅游攻略类等文章,吸引粉丝,实现"流量盈利"。再次是文案编写工作,即通过跟各大平台合作,并依照其需求和规则,开展文案编写工作。此外,还有配合教师组织校内的内容营销实训活动。几部分工作各自独立,又相互关联,构成了相辅相成的关系。

关于社群运营,主要包含三部分内容。其一是社群运营。作为工作室主要的收益来源之一,社群运营并不限制在工作室成员内,所有学生都可参与其中，以工作室为中心向周围学生发散，每个同学都是一个流量入口，成立微信和 QQ 社群，通过朋友圈、QQ 空间、抖音、快手等自媒体工具推广自己的产品赚取佣金。社群运营的主体是好的产品和平台，优质的平台更易于推广。经过对比和挑选，工作室目前的推广平台有"更省 APP"和"达令家 APP"。前者依附于淘宝，大家的信任度高，推广比较容易，并且处于前期红利期，佣金较其他平台偏高；而后者则是近两年崛起的 APP，背景实力比较雄厚，对于社群成员的奖励模式非常科学，平台不但有自己的主流产品，也有全球优选的产品、网红爆品、优质国产等，价格适中，品质也有保障。佣金高，社群团队优秀，粉丝粘度高，同学们处于优秀的团队能学到真材实料。社群运营首先要做的，是"吸粉"工作，同学们根据自身的优势，选择自己擅长的一方面进行"吸粉"建群，如王潇健同学建立的就是电影资源分享群，通过电影资源共享，吸引粉丝入群，并且结合线下地推的方式进行"吸粉"。后期慢慢转化，变成自己的粉丝变现群。同时推广 APP 和产品赚取佣金。其二是公众号运营。社群成立之后，每个同学建立自己的公众号，将自己的公众号通过社群运营、文章转发的形式吸引粉丝，将社群粉丝同时变成公众号的流量，达到 500 人以上开通流量主，赚取广告费。其三是文案营销项目。百度、知乎、京东发现好货等平台长期合作，平时工作室导师为学生承接文案项目，每天分发给学生进行完成。在实训月时，工作室成员作为组长带领全体学生进行文案编写的集中实训工作。

7.5　工作目标

内容营销工作室为提高工作效率，不断强化对"实践出真知"的认识，坚持校企协同育人，以产教融合为路径，理实一体地培养学生的自主性，并做好宣传推介工作，高质量培育应用型人才。

7.5.1　经验和经历

内容营销工作室并不以营利为目的，对于电子商务专业的同学们来说，处于学习的上升期，学会一门所长，拥有一段别人没有的工作经历，把学过的东西及时地用起来，对他们来说才是最宝贵的。

实践是检验真理的唯一标准。提供工作室场所的目的，是为了提高学生的实践能力。做到学以致用，将白天课堂上所学的知识与工作室的工作"合二为一"。工作室的工作目标便是通过这一实践载体来促进学业。

7.5.2 培养学生的自主性

对于社群运营、文案变现这方面工作来说，除了培养学生一些运营的技巧之外，最主要的是一种持之以恒的态度。社群运营需要持续性，坚韧不拔的耐性、认真学习的主动性，这些优良的品质都是以后踏入社会的良好基石。

7.5.3 校企结合，产教融合

工作室四位教师来自山东网商集团和黄海学院教师团队，拥有较好的社会资源。工作室会定期组织成员前往自媒体运营企业进行参观学习，要求学生在参观时与工作人员进行提问、访谈互动，做好详细记录，并进行思想汇报总结。工作室也要求成员需提前熟悉企业的大致工作流程和工作制度，以便为未来打好扎实基础。

7.5.4 宣传推广，永不间断

工作室的工作内容决定了学生的工作性质必须是持续性的不间断的推广，所以要求每周由值班同学进行微信公众号、抖音、微博、今日头条等平台文章的推送。每天至少邀请 1 人注册 APP，因为学校的学生白天上课阶段不得持有手机，所以此项只要求"吸粉"1人。若连续三次未完成目标，会做出适当的处理。鉴于工作室不宜过分给予学生压力，采用以静制动是一个明智的做法，这就把所有权利交给了学生，让他们成了寻找光明的主宰力量，也会给学生带来无限向上的动力。

在宣传上，工作室要求每周在公众号、微博、抖音等推送一篇文章，务必与工作室业务内容密切相关，包括摄影技巧、综合知识等内容；营造良好的工作室氛围，并实施严爱有加的管理制度，瞄准综合素养提升和集体意识增强，培育全面发展的卓越应用型人才。

7.6 条件保障

有效的条件保障，为推动工作室建设提供了坚实后盾和得力支持。除了在薪资分配方面做到了"均衡有度"，工作室也有意营建独立、宽松的工作环境，并在载体、平台等资源上合理匹配，为取得较好成效做出了努力。

7.6.1　薪资分配保障

工作室的运营项目为社群运营、公众号运营等，属于粉丝运营，成人达己，为了达成自己的收益，必须全方位无私地培养自己的团队。靠自己的勤奋和能力赚钱。所以不存在薪资分配不均的问题，工作室定期团建，学生之间分享经验，共同进步。

7.6.2　环境保障

目前，内容营销工作室的工作地点为知明楼 320 教室，学生拥有独立的工作教室，晚自习的时间可以带着电脑和手机在此工作，不受学校的晚自习规则限制。

7.6.3　资源保障

内容营销工作室团队的四位教师均来自企业，能够源源不断地给工作室对接企业和平台资源，并降低学生自己招商受骗的风险。

工作室并不是一个独立的存在，乃是创意集团旗下的实践载体，工作环境中拥有专业美工工作室、专业运营工作室等，工作过程中能够随时询问以及寻求帮助，并且能够随时参观其他工作室的工作情况，取长补短，受益无穷。

7.7　实施成效

到目前为止，工作室已完成了两次内容营销项目的实训工作。在实训的过程中，学生能够直接对接企业人员，感受真实的工作环境，提前体验上班的过程，并学习企业严谨的做事风格。这跟在学校和教师沟通完全是两种不同的方式。最大的不同就是严谨性和自主性较强，没有教师的"耳提面命"。通过实训，学生改变了很多。不少学生说，这不仅改变了他们对待学习和生活的态度，也让他们积累了很多课堂上学不到的实践经验，深刻而有用。当然，还有额外的经济收入。

社群运营也有了初步成效，运营小组的学生分别建立了百人团队，开启分享经济，赚取平台佣金。在这个过程中积累了自己的粉丝，在粉丝经济时代下，这些将会是他们的财富,有个别学生已经建立公众号,粉丝成长到 500 人团队,流量主已经开启,开始赚取广告佣金,接下来新媒体短视频将会陆续上线。文案变现工作也会继续开展,紧跟这个内容为王的时代,给学生创造更多的实训机会,培养实用型人才。

7.8 工作室发展方向

今后,工作室除了做好已有的项目之外,还会进一步拓展更多的平台,文案编写将是主要的侧重目标,自媒体软文营销在今后的发展中也将成为一种趋势,让学生在这方面进行实操是为了迎合其未来发展需要而增加一项技能和经验上的积累。

机会总是留给那些有准备的人。未来,工作室成员将会适量增加。相信大家定会目标一致,克服重重困难,不畏惧新时代信息化技术的更新迭代,适时抓住机遇,昂首阔步地奔向前方。

第8章

乐行—朗威跨境电商工作室：先行先试，构建五位一体人才培养模式

随着国家创新创业教育政策的深入实施，工作室制人才培养愈发呈现出多种形式。通过着力挖掘有效资源和深入践行实践模式，青岛黄海学院着力构建了师生同创、企生共创和学生自创等多种形式的工作室载体。尤其是"师生同创"工作室，实现了师生协同共进，凸显出"院园合一"校企协同育人机制统领下的专创融合综合实效。现以起步较早且极具特色的乐行－朗威跨境电商工作室为例，就工作室制人才培养模式做出实效性解读。

8.1　工作室简介

乐行—朗威跨境电商工作室创建于 2017 年，是青岛黄海学院第一个"师生同创"跨境电商工作室。工作室创建的初衷基于国际经济与贸易专业向跨境电商转型的实际需要，而当时学校极其缺少跨境电商实操平台和实战型教师。于是，工作室通过校企深度融合，引进了青岛朗威机械有限公司的阿里巴巴真实平台和相关产品。经过企业导师的热心指导，整个工作室的跨境电商实操能力得到了极大提升。"纸上得来终觉浅，绝知此事要躬行。"工作室之所以命名为"乐行"，源自"知行合一"校训，其创建旨在教育、引导学生要"乐于行动"和"快乐行动"。乐行—朗威跨境电商工作室目前已成熟构建形成基于工作室的"课程实践—专业实训—毕业实习—毕业论文—就业""一条龙"式跨境电商人才培养模式，特色化实践成效明显。（见图 8-1）

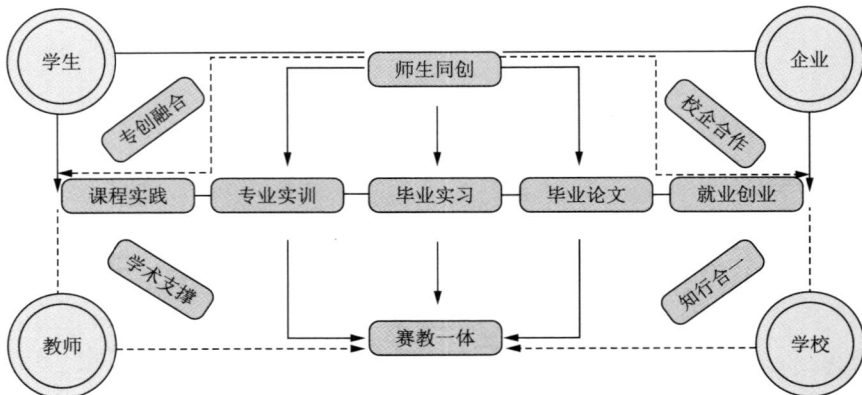

图 8-1 乐行—朗威跨境电商工作室运行模式

8.2 合作企业投入介绍

青岛朗威机械有限公司位于青岛临港工业园,东接青岛港,西邻 204 国道,北靠同三高速及疏港高速,交通方便,地理位置优越。作为一家集生产和外销于一体且有着 15 年创办经验的老牌外贸企业,青岛朗威机械有限公司主营业务涉及手推车、金属置物架、各种货仓车系列产品、家居园艺、轮胎橡胶制品和健身娱乐以及宠物用品等,数量多达 80 余种。目前,该公司对乐行—朗威跨境电商工作室常年免费投入 1 个阿里巴巴主账号和 4 个子账号,账号年投入金额达到了 40 000 元人民币。青岛朗威机械有限公司承担了工作室企业导师的全部报酬,除了常规配备两名外贸业务骨干作为企业导师指导工作室学生进行跨境电商实操、开展学科竞赛和完成论文撰写之外,也积极支持他们参加各类竞赛活动。比如,全国高校商业精英挑战赛国际贸易大赛,该公司提供了一次性投入 50 000 元产品(部分产品赛后返还企业)、宣传册等支持。2021 年 5 月,学校商务贸易系国际贸易和国际商务两个专业的毕业生回校参加论文答辩。该公司为体现校企合作人文关怀,赞助 2 000 元,在答辩期间设置了茶歇。此企业还出资 3 000 元,给工作室配备了打印—复印—扫描一体机等办公设施。为了更好地营造工作室外贸办公氛围,青岛朗威机械有限公司提供了有关企业和产品的大幅海报与陈列样品,并于 10 月中旬对工作室进一步提供了免费装饰。除了常规培训,该企业还面向国际贸易师生,组织开展了 4 次校外大型培训活动,并带领师生外出参加 2 次大型团建活动、3 次企业年会和聚会等。工作室和企业本部现已成为国际经济与贸易专业学生的校内外实习、实训基地。

8.3　工作室取得的成果

工作室以赛教一体理念为指导，坚持师生同创和成果导向，在参加大赛方面不断实现突破，获得了不少大奖，也培育出张杭弟、林傲然等一大批优秀学生。

8.3.1　大赛指导

工作室校企共同指导大赛，取得国家级奖项 17 项、省级奖项 8 项、校级奖项 10 项。部分展示列举如下。

工作室的负责老师协助指导 2016 级国际经济与贸易专业学生完成毕业论文 6 人次，指导 2017 级国际经济与贸易专业学生完成毕业论文 4 人次。校企共同指导学生结题国家级大学生创新创业训练计划项目 2 项，指导学生立项山东省大学生创新创业训练计划项目 2 项。2021 年 5 月，指导学生参加全国高校商业精英挑战赛品牌大赛，获得国家级一等奖 1 项、最佳创意奖 1 项（A 类）；指导社科奖全国高校市场营销大赛获国家级一等奖 1 项、二等奖 1 项；指导学生参加社科奖全国高校市场营销大赛，荣获国家级一等奖 1 项、二等奖 1 项。2020 年 6 月，指导学生参加第十二届中国大学生服务外包创新创业大赛，荣获三等奖 1 项（A 类）；指导学生参加全国高校商业精英挑战赛山东省创新创业大赛，荣获省级一等奖 1 项（A 类）；指导学生参加第十一届全国大学生电子商务"三创"赛，获得校级一等奖 1 项（2/4）、二等奖 2 项（A 类）。2020 年 7 月，指导学生参加全国高校商业精英挑战赛山东省创新创业大赛获省二等奖 1 项（A 类）；指导学生参加第六届"互联网＋"大学生创新创业大赛获校级一等奖 1 项、二等奖 1 项（A 类）；指导学生参加"学创杯"创新创业大赛获得校级二等奖 1 项、三等奖 1 项（A 类）。2010 年 8 月，指导学生参加第十届全国大学生电子商务"三创赛"，荣获省级三等奖 1 项（A 类）。2020 年 10 月，指导学生参加第十二届山东省大学生科技节"敏学杯"跨境电商创新大赛（本科组），荣获一等奖 1 项（B 类）；指导学生参加第十二届山东省大学生科技节"鲁南制药杯"医养健康创新大赛，荣获二等奖 1 项（B 类）；指导学生参加全国高校商业精英挑战赛国际贸易总决赛获国家二等奖 1 项（C 类）。2020 年 11 月，指导学生参加全国高校商业精英挑战赛,获得国家级一等奖1项(C类)(位列第一)。2020年12月,指导学生参加第十一届青岛西海岸大学生科技节创业计划大赛,荣获二等奖1项(位列第一);指导学生参加全国高校商业挑战赛"颜值立方杯"创新创业总决赛,荣获一等奖1项、二等奖1项(位列第二)。

8.3.2　培养学生

乐行—朗威工作室指导学生使用真实产品和实践平台进行阿里巴巴跨境电商实操训练,现已手把手、精准化培养学生累计达到80余名,其中张杭弟、林傲然于2020年顺利入职青岛朗威机械有限公司,成为正式员工,月工资15 000＋(不含年终奖等)。目前,乐行—朗威工作室有在校学生员工17名,包括2018级国际经济与贸易班的侯玺芝、刘俊霞、王美达、金茜雅,2019级国际贸易班和跨境电商班的常怡萌、张晶鑫、况佳欣、展子荣、高梦雪、徐爽、张雨函、蔡丽娟、安喆、马冰馨,以及2020级国际贸易班的胡雅琪、杨明霞和秦梦晗。

8.3.3　教科研成果

乐行—朗威工作室教学和科研成果丰富。目前,参与完成省级本科高校教学改革重点课题"院园合一"机制下基于工作室的跨境电商人才培养实践研究1项,在研省级本科高校教学改革课题项目"基于工作室的应用型本科创新创业教育模式研究与实践"1项。工作室已参与撰写专著2部,分别为《"院园合一"机制下基于工作室的跨境电商人才培养实践研究》和《"院园合一"机制下基于工作室的创新创业教育实践研究》。撰写完成《努力的女孩最幸运——记乐行跨境电商工作室张杭弟》典型案例,辐射影响深远。此外,工作室还主持了校级课题《基于跨境电商工作室的学分置换、课程免修等办法研究》,并公开发表论文《高校跨境电商工作学分认定办法研究》等。

乐行—朗威工作室以良好的施教理念、卓越的孵化成果和优异的学术产出赢得了口碑,其建设有效推动了国贸类和跨境电商类教学改革,并带动了就业工作开展。工作室指导教师齐伟伟以主讲人身份参与"跨境电商——小e的创业之旅"课程录制工作,并上线山东省高校平台,其"国际市场营销"课程被认定为山东省一流课程、山东省课程思政示范课程。

第 9 章

汽车评估工作室:构建技能型人才培养生态体系,孵化实战型创新创业团队

伴随着我国汽车产业的发展,二手车交易市场快速发展起来。根据统计数据,2018 年 1 月至 12 月,我国二手车交易量接近 1 340 万辆,同比增长 11.46%,这一数据说明我国二手车市场的发展潜力巨大。

在二手车交易过程中,交易双方对车辆评估的需求不断增加,二手车评估师便成了关键性人才,其需求量也在不断上升。青岛黄海学院自 2010 年开设"汽车评估"课程以来,培养了一大批二手车评估人才。但在具体的教学过程中,也出现了很多问题,对于教学活动的正常进行产生了一定影响,致使学生技能培养的效果不太理想。

9.1 工作室建立的必要性

工作室基于现行课程存在的问题,对人才需求进行合理的评估,更加认识到工作室建立的必要性和实践价值。现结合实际情况,介绍如下。

9.1.1 现行的"二手车评估"课程教学中存在着不少问题

首先是课程教学与职业技能脱离问题。"汽车评估"课程是一门以车辆评估技能为根本的实践操作型课程,很多学校以纯理论教学为主,只是教授学生鉴定评估车辆的理论知识,并没有将理论知识运用到相关车辆评估工作中去。这样的教学背离了课程的根本,无法达到良好的教学效果。其次是师资水平低

问题。目前讲授汽车评估课程的教师或是其他汽车专业的或是刚走出学校的毕业生,基本上没有车辆评估的工作经验,对于理论知识的研究也不够深入。师资水平低使得教学实践偏理论而轻实践的现象较为严重。再者,教材内容滞后的问题。车辆评估职业是利用现有的知识经验准确地对车辆做出客观、全面的评价。想要做到这一点必须熟知先进的汽车相关知识,掌握汽车市场的最新信息及其变化,把握全部主流车型的全部信息,分析汽车市场的动向。然而目前学校使用的汽车评估教材是体系化编写的汽车评估知识,与实际车辆评估工作有很大差别,而且其更新速度根本跟不上现代汽车工业的发展。这种滞后的教学内容无法满足现代汽车评估的教学。还有,就是汽车评估实训环节薄弱的问题。大部分学校汽车类课程的实训条件还是比较好的,但是基本都是汽车构造类、汽车故障诊断类、汽车拆装类、汽车营销类等实验室,基本没有汽车评估类实验室。学生只是接受了理论知识并没有将其运用到工作中去,汽车评估职业技能的培养无从谈起。

9.1.2 二手车评估行业的人才需求

参照发达国家二手车评估师人均月处置 35 辆车来预测,未来中国二手车人才需求为 128～150 万人,专业人才缺口巨大。现有二手车人才主要有以下几方面问题。首先是缺口大。中国作为人口和消费大国,近几年汽车市场发展迅速,因此在新旧车销量交叉点上,二手车人才的缺口数量巨大。其次是质量低。目前二手车从业人员专业能力水平普遍较低,接受过专业学习的更少,对二手车市场的高质量发展形成了桎梏。再者是非标准化。二手车是非标准化产品,但二手车鉴定评估、整备都是有标准的流程和要求的。因此,二手车人才的标准化职业素养也是当前迫切需要解决的问题。

9.2 主要工作目标

工作室依托项目开展创新创业实践活动,并构建施行有力、践行有效的创新创业人才培养模式,结合产业实际和研究需要,树立了贴合实际、接续创新的工作目标。

9.2.1 以二手车鉴定评估项目进行创新创业

创新人才培养在汽车后服务市场当然要聚焦在未来的发展核心——"二手车全产业链"上,在市场需求的演变中,寻找创新创业的机会,坚持以青年学子为中心的创新理念,遵循"兴趣驱动、自主实践、重在过程"的创业原则,培养大学生独立思考、善于质疑、勇于创新的探索精神和敢闯会创的意志品格是创新创业主要核心诉求,通过构建实战型人才培养生态体系的研究,融入产业的变化发展,研发对应的创新模式,并鼓励学生参与实践尝试创业,遵循国家级创新创业训练计划指导的原则,进行深度的产教融合合作,解决产业面临转型的困境,协助产业研究发展创新模式,同时也培养出一批勇于创新、勇于探索的青年才俊。

9.2.2 实战型二手车鉴定评估师创新创业人才培养模式

学生的创新创业需要透过系统的培养与训练,创业的人需要具备基础的技能,所以必须有基础的技能训练、创新训练、创业训练,训练后还需要创业实践,这就必须是真实的交易跟服务,所以创新创业平台的运作会依据创新训练和创业训练,再加上真实的创业实践三大步骤。

工作室的二手车收购项目,主要是二手车交易中最开始的业务,具有后续业务导流的特质,虽然这岗位还是要求鉴定评估的能力,但是透过最新的互联网技术及新设备的应用,已经让学生及初入行的人可以达到职业化的水平,再通过二手车收购导入车辆技术状况检测、二手车估值、二手车交易、二手车整备等业务,同时带入创新训练与创业训练,并结合产业实际的平台运作,模拟创业实践,在这个过程中,有很多的创业点。

9.3 工作过程中的"二手车评估"课程教学模式改革

"二手车评估"课程教学模式的改革,需要考虑师资队伍建设、校本教材编写、校企合作模式以及教学方式方法等问题。现对其略做说明如下。

9.3.1 提高师资队伍水平

师资队伍整体水平的提高,需要开展一系列培训活动,辅之以深入企业学习锻炼和外聘企业评估,做好传帮带工作。

9.3.1.1　定期组织专业课教师参加企业或学校培训

定制教师培训计划,每年利用假期时间参加国家级的汽车评估师的培训并考取相应的"二手车评估师"证书。参加兄弟院校组织的教师汽车评估职业技能培训。

定期聘请企业知名专家对校内教师进行汽车评估培训,真正做到"走出去"和"请进来"。培训学习是提高教师教学能力的重要途径,不仅使教师的实践水平提高,而且提高教师对本课程的理解,使其更好地运用各种教学方法进行教学。

9.3.1.2　定期派教师到企业进行工作

二手车评估工作要求对汽车市场、汽车制造商等信息都要详知,将教师派往企业进行工作,不仅能够使教师提高实践技能,更重要的是让教师及时捕捉到汽车评估的重要信息,并将这些信息用到教学当中去,让学生掌握最新的汽车评估知识。

9.3.1.3　聘请企业评估师作为兼职教师指导学生实训

汽车评估实训是重要的课程环节,由企业评估师来进行教学,先将实践技能传授给校内教师,后续实现协同共进,并帮助师生一同掌握实战技巧,更加便利了学生真正了解汽车评估知识和不断深化相关技能应用。

9.3.2　编写校本教材

由于目前的教材体系过于科学化,不利于达成本课程的教学效果。所以组织企业专家和校内教师编写实时性、理论实践结合的校本教材。并在教师教学过程中对其及时进行内容知识点的淘汰和更新,保证教学内容的实时性、先进性。

9.3.3　采用情景教学

汽车评估工作主要包括以下过程:申请、验证、技术鉴定、评估、出具鉴定评估报告书。教师在进行讲解时要采用情景教学法,将每一部分的教学内容设置成一个一个的情景,并使用具体案例,让学生置身其中进行角色扮演完成教学内容。

9.3.4　注重校企合作

学生最终还是要到企业参加工作,将知识运用到自己的工作当中去,所以工作室的教学最终目的是使学生能够很好地完成自己的工作内容。要完成这一步,就要让学生到企业进行顶岗实习。

作为学校就要及时与本地和外地的相关企业进行校企合作,免费为企业人员培训相关理论知识,定期将学生送到企业进行顶岗实习,从而与企业达到双赢的效果。

9.4　创业项目实施步骤及业务模式

创新创业项目一定要具备真实的交易与服务,所规划的产品或服务要能在产业中具有价值,所以借鉴最新的产业流程,在这一基础上再做创新研发、创业训练,继而创业实践,这是最能具体落地的。工作室平台提供的不仅是二手车评估课程、创业课程,还有导入产业最新的二手车收购平台作为基础架构及业务引流,以在行业中已运转三年以上、每天有大量的交易产生的平台作为汽车后市场双创的基础模型是非常适合的。

二手车收购的电商模式,在产业上已形成一个新的标准:公开、透明、高效,结合互联网模式分工体系,适合青年学子快速上手。工作室计划在全国各省市建立二手车收购平台的创新创业模式,与各省维修协会合作赋能维修厂技师做二手车收购的能力,同时整合汽车专业的青年学子一起参与创新创业的二手车收购,给青年学子提供一个创业实践平台并为后市场维修服务从业人员赋能,以此作为汽车后服务市场整合的核心驱动力。

以工作室为载体,以二手车交易、二手车人才培养为切入点,带入汽车后市场交易全链条服务,打造"人才共享 + 资源共享 + 效益共享"三位一体的创新创业模式。校企双方共同实施学、训、证、习、业全链条校企合作。一是企业导师、创业导师全过程、全要素融入创新创业教学与管理,线上与线下、学习与实践的全程伴随指导,辅导学生创新的同时也在进行产业突破困境的研发,辅导学生创业的同时也在解决产业流程再造的精细化管理问题。这样三位一体的共享机制对产业、对学校、对社会都有相当的助力,是一个最符合互联网时代的共享机制,也是孵化创新创业最好的模式。

9.5　运行成果

工作室硕果累累。组织学生参加了二手车评估技能大赛，荣获一等奖和金牌评估师等荣誉称号；完成了《实战型二手车鉴定评估师人才培养生态体系》和《二手车鉴定评估课程体系》的编制；拓展了 6 家二手车校企合作校外优质实习基地；做到了每年为行业培养大批优秀的应用型二手车鉴定评估人员；孵化出 4 家二手车鉴定评估创业团队，目前有 3 家在正常运营。

9.6　思考与体会

教育与行业的深度融合、创新创业教育基地的创新研究由企业创新创业导师、学校骨干教师和校外实践导师共同完成。工作室恰好具备这一功能，通过带领学生组建兴趣小组，激发了其创新思维，并提出各种可能性创新模式。企业创新创业导师结合企业真实案例与自身职场经历，提出产业面临的困境，剖析产业需要解决的问题。学校骨干教师依靠扎实的理论基础研究能力，共同引领学生的创新思维。通过这样的机制，能够使学生的创新思维快速落地，并符合市场需求。同时，也解决了产业研发资源短缺和研发人才欠缺的窘境，更好地发挥了教育机构与行业共同研究的优势，进而建立了一种新型产教深度融合的模式。

第 10 章

智能创新工作室：与时代同步，"创"出精彩未来

随着社会发展对于大学层面的教育提出更高的要求，应用型高校也在不断尝试适合自身发展需要的人才培养模式，积极探索创新创业教育模式及其有效途径。师生同创作为培养具有敢闯会创能力大学生的有效途径之一，目前已在部分应用型高校中得以推广。我国大学本科生导师制存在发展较晚、缺乏相应的理论和政策指导、制度尚未规范化，且师生之间的比例差距较大等问题，鉴于此，实现科学定位、组建创新团队、打造高效载体和健全体制机制，便成为有效推进创新创业教育模式的践行思路。智能创新工作室建设实践证明，如何更好地发挥大学生全民创新创业生力军的作用，关键在坚持与时俱进，并构建具有科技创新精神和师生同创能力的实践团队，使之基于工作室载体，培养出更多的高素质创新创业人才。

10.1 智能创新工作室的工作目标

智能创新工作室的工作目标，是建立为大学生科技创新而服务的社团。社团始终以活跃学校学术气氛、增强科技参与意识、提高学生实践能力和培养智能创新科技人才为指导思想，本着"学以致用"的原则，坚持以"科技开拓新知，创新引导主流"为宗旨，广泛深入地开展各种融学术性、知识性、实践性、创新性于一体的第二课堂活动，营造科创氛围，增强科创意识，提高科创能力，为学生的成长成才创造条件，在大学生科技创新能力培养方面进行了有益的摸索和实践，为学校创新人才的培养提供了有力的支撑。

根据培养目标,工作室培养出程文明、江坤、蔡家旺、贾玮、赵和龙等一大批优秀创新创业人才。他们通过学校创新创业教育学院提供的资源,基于所研究项目开设了自己的公司,促进了科研项目向生产力的转化,为社会做出了积极贡献。程文明在校期间,基于工作室制人才培养,研究了四旋翼、六旋翼无人机,掌握核心技术后又开始自己制作大功率无人机。他的无人机飞行稳定,在空滞留时间长,操作简单。在工作室教师的帮助下,他开设的青岛次世代影视航拍有限公司,多次和剧组合作完成电视剧场景拍摄任务,深受好评。

10.2 智能创新工作室的实践成效

工作室现拥有固定创新工作室 2 间,约 130 平方米,有完善的机械加工设备,为举办创新类活动提供了便利条件。工作室主要以参加省级及以上大学生创新类比赛为主,近三年组织参加省级以上创新类竞赛 132 项,获得省级及以上奖项 379 项。工作室立项国家级大学生创新训练计划项目 26 项,立项校级大学生科技创新项目 82 项。工作室成员以第一作者发表论文 18 篇,授权专利 48 项。

10.3 智能创新工作室的工作过程

工作室的整个工作围绕着成员纳新、能力培养、制作创新作品、参加各类创新创业大赛、申报专利和撰写论文等有效开展,这是一个长期而又复杂的过程。为了做好运营工作,工作室从内部精选优秀成员,组成工作室领导和管理小组,负责工作室纪律、卫生、参赛作品制作等协助工作。工作室成员均为本专业优秀学生,都能够严格遵守工作室规章制度,并按照具体要求完成各项工作任务。

10.4 智能创新工作室的组织领导保障

工作室在学院领导的指导下,服从学校大学生创业孵化基地工作安排,并依照学校创新创业规章制度和工作安排有序开展工作。除此之外,工作室还制定了自己的工作制度,包括工作室纪律、工作室卫生打扫、工作室材料借还、工作室工具使用安全等,有效保障了工作室各项工作的正常运行。

10.5　工作室的运行机制和工作方式

这方面主要以参加各种大赛为依托，以各级创新创业项目申报为主要任务，来培养学生的创新创业精神。工作室把一年来要参加的创新大赛写到黑板上，让每一位成员都能清楚地知道各种大赛的比赛时间和报名方式。为了便于学生取得良好成绩，工作室优化资源，对其进行分组，几个学生集中精力主攻一个大赛，能够起到事半功倍的效果。

10.6　工作室的资金支持

学校为学生创新创业能力提高提供了多方面的资金支持。每一次大赛，学生需要制作新作品时，按照学校规定都可以走正规手续借取比赛资金，为其顺利参赛提供了资金保障。学生在有资金保障的前提下，参加大赛才能没有后顾之忧，发挥出更好的水平。

10.7　工作室的考核方式

工作室每年都对成员进行考核。每年年初，工作室要求每一位成员写出要取得的目标，并由工作室负责人召集专门人员参加目标工作会议，对个别学生的目标进行修改和完善。对于学生的考核，主要偏重于大赛获奖、专利申报、论文撰写数量等方面。根据学生所定目标再制定工作室的全年目标。年底时，主要考核每一位成员一年来取得的成绩是否达到了年初所定的目标。学生带着考核任务去学习，不仅肩负着压力，也有了释放智慧、才能的空间，更容易出成果。

10.8　工作室辐射业务介绍

工作室除了指导学生参加各类创新创业大赛外，还要求学生把设计的作品写成专利，并通过专利事务所发表。对于一些社会需求的作品，积极联系企业公司，尽快使之转化为能够批量生产的产品，实现科技作品的转化。工作室积极鼓励大三年级不参加考研的学生成立公司，目前工作室出来的学生程文明成立的青岛次世代影视航拍有限公司，已多次和央视、万达影视合作，利用无人机拍摄场景。江坤同学成立的灰人科技公司,面向中小学生,培训电子设计编程方面的小知识,为中小学生在电子设计编程上提高认识打下了基础。

智能创新工作室积极带领成员申报国家大学生创新创业训练计划项目,并针对项目申报书撰写要求提出修改意见。2020 年,工作室共申报此项目 62 项,每一位成员都进行了撰写提报。经过学校评审,有 16 项获批国家级和省级创新创业项目,有 27 项获批校级重点项目、19 项获批一般项目,通过率达到了100%。工作室的每一位成员都有项目在身,并结合自身研究内容,制作作品,既可以参加大赛,又能够完成项目结题工作。

各类创新创业项目的结题,都需要发表专利或者发表论文。工作室积极指导学生撰写专利和论文。工作室召开专题会议,指导学生如何申报专利和撰写论文,并要求各成员结合创新创业项目和大赛作品要求,申报、撰写专利和论文材料。指导教师先对撰写完毕的专利和论文进行初审,提出修改意见后,让学生重新修改完善。一般来讲,一篇专利或者论文需要修改至少 2 次,查重通过后才能联系专利事务所或者出版社进行后续工作。2020 年,工作室成员撰写专利 24 项,目前专利事务所受理 18 项,已经授权 6 项。工作室发表论文 3 篇,均已见刊。

学生通过工作室 2 年的培养,在创新创业启发上产生了很好的作用。通过工作室的培养,学生的创新创业能力有了明显的提高,给学生提供一个项目,他们可以自主完成项目申报、材料准备、专利撰写与申报、项目结题等工作。学生还可以利用所学知识完成作品设计与制作、后期改善以及参加大赛等工作。一个学生的优秀表现,可以带动全班学生积极提高创新创业能力。工作室自2014 年成立以来,每年向社会培养优秀创新创业人才近百人,在创新创业人才培养方面发挥了重要作用。

创新创业充满着极大的挑战,也极具实践意义。从以工作室为载体开展创新创业工作,培养和提高学生的创新创业能力,是一件关系到国家科技能力发展水平的大事。智能创新工作室将一如既往地加强自身建设,打造精英团队,创出高水平实践成果,为培养高素质创新创业人才做出更大贡献。

第11章

建筑制图与成图工作室：以兴趣导向、专创融合和项目化教学增强学生核心竞争力

建筑制图与成图工作室成立于2019年初，到现在已运行了三年。工作室在学校各级领导的支持和帮助下，积极探索，勇于创新，现已初步建立了一套创新创业人才培养方案。

11.1 实施背景

随着我国社会经济的进一步发展，现代化工程也在逐步进步。工程技术的发展对于从事工程工作的技术人员的素质要求不断加强，具备实践能力、技术知识、创新意识的全方位人才不断涌现。在工程技术人才的培养中，工程制图、识图是工程技术人员必须掌握的基本技能，是工程类专业的学生进一步学习的基础保障。没有工程制图课程中识图和绘图能力的培训过程，就不会有真正的工程技术人才出现。

然而，在"建筑工程制图与识图"教学过程中，该课程研究对象的抽象性一直是教学的难点。传统的专业识图部分教学是以二维平面图形为基础，老师引导学生共同识图，由于学生缺少实践经历，加上三维空间想象没建立起来，识图过程比较困难，学生的学习兴趣降低。在"建筑CAD""BIM技术应用"教学过程中，学生的制图又缺乏规范性。另外，通过近几年学生参加学科竞赛的情况分析，既有手绘能力，又有电绘能力并且还熟悉规范的成图人才太少，需要搭建一个平台进行系统的培养。

在这种背景下,建筑制图与成图工作室得以成立,将之前独立的手工绘图、CAD 和 3Dmax 三个协会进行了合并,并在实际训练中增加了 BIM 建模软件模块。

11.2　工作目标

之所以成立建筑制图与成图工作室,主要是为了解决三个难题。一是通过引入 BIM 建模技术,为本校的"建筑工程制图与识图""房屋建筑学"等课程建立直观的建筑模型,使学生可以对照三维模型进行二维施工图的识图,从而增加了学生识图的兴趣,大大降低了工程图纸的阅读难度。同时,BIM 技术可以轻松生成建筑物的平面图、立面图、剖面图,而且通过对二维图纸的手工绘制,提高了学生的图纸识读能力和对规范的掌握水平。二是通过校企合作,将企业中的实际项目引入到工作室,进而通过教师引入到课堂,提高了学生的实践能力。三是组织工作室成员参与各类学科竞赛,在积极参与竞赛的同时培养学生的创新意识和学科素养,促进学院科技创新实践活动与学科竞赛的蓬勃开展。

另外,工作室的成立能够帮助工作室成员拓宽视野、培养兴趣、提升信心、解决难题,致力于培养高素质、创新性、具有学科核心竞争力的专业人才;锻炼和培养学生工程实践能力、创新意识、创新实践能力和团队精神,提高协作能力、专业素质和自身综合素质。

11.3　工作过程

作为建筑工程学院的专业性、创新性大学生工作室之一,建筑制图与成图工作室现有成员 115 人、创业工程师 3 人和指导教师 4 人。工作室自成立以来以专业基础知识为依托,以培训学生的手工绘图能力、CAD 软件的使用、BIM三维建模等建筑专业的相关理论知识及应用为主线,以团队参加技能大赛活动为辅助,并结合校企合作,创建多渠道应用创新型实践实习活动,是学校大学生课堂教学的第二教堂和实践基地。

工作室的具体实施主要包括以下三个学段。

第一学段:以学习、认知为主,主要针对大一的学生。学生首先通过宣传了解工作室,通过选拔加入工作室,根据个人兴趣及工作室项目要求进行新知识的学习与补充,主要是用"以老带新"的方式完成,辅以相应的校内指导教师培训,并邀请企业有经验的工程师为学生提供指导。

第二学段:以参与竞赛和企业项目为主,主要针对大二和大三的学生。通过参与企业项目、竞赛项目、学生科技创新项目等项目实践型学习,进一步加强自主学习能力,同时加强团队协作能力。2019 年的山东省成图设计大赛 35 名学生参加,共有 26 名学生获奖,其中一等奖 9 名,二等奖 17 名。2019 年全国 3D 大赛有 4 个团队报名参加,有两队获奖,分获一等奖和特等奖各一项。

第三学段:以推荐工作室学生到企业进行顶岗实习为主,主要针对大四的学生。学生到企业中直接参与项目,并定期与工作室进行沟通,分享自己的经验与不足,推动了工作室的进一步完善与发展。另外,2019 年下半年,工作室指导教师衣淑丽老师到校企合作单位进行挂职锻炼两个月,参与、学习工程项目实践,结合项目不断加强自身的业务能力,返校后,在日常的培训和指导中,将企业中的实际项目引入到工作室,引入到课堂,提高了学生的实践能力。

11.4　条件保障

各级领导对工作室的建设和运作给予了业务上的指导,并在时间上给予了充分保证,无偿提供给指导教师办公室和训练场地。同时,在所在学院目标考核管理办法中,建立了相应的考核评价机制,对有成就、有建树的指导教师给予一定的奖励。在学科竞赛方面,学校教务处支持学生参加相关的成图大赛,可以报销比赛费用并对获奖的指导教师给予奖励,为工作室能够顺利运作提供了组织领导保障。

工作室共有 4 位指导教师,均是由建筑工程学院具有丰富教学经验和大赛经验的专业教师来担任。其中,宋艳老师和林红利老师负责手工绘图和绘图规范的指导,胡凤菊老师负责建筑 CAD 和 3Dmax 建模的指导,衣淑丽老师负责 CAD 和 BIM 建模辅导。4 位老师都是同一个课程组的成员,平时经常在一起探讨教研活动,为工作室的发展提供了师资保障。

11.5　实践成效

相对于传统的教学模式,工作室制人才培养模式有着很大的优势,工程类的专业更适合采用这种人才培养模式,可以大大增强人才培养与社会需求的对接。

11.5.1　培育教师团队

工作室人才培养模式对建设双师素质的教学团队有着重要的意义。首先提高了专任教师的实践技能,专任教师通过在工作室可以了解实际项目的工作流程,教师轮流到企业实践,大大提高了专任教师的动手能力。教师可以将在企业中学到的实践技能应用到教学中,并带领学生共同完成实践项目。

11.5.2　助力课程建设

以成图工作室为平台,共同研究制定"建筑工程制图与识图""房屋建筑学""BIM 技术应用""建筑 CAD""3Dmax 三维立体设计"的课程建设目标,完善人才培养模式,不断优化课程体系,适时更新调整实训课程内容,指导实训教学,开展教学成果展示,改革考核评价机制,建立科学评价制度。

11.5.3　指导技能大赛

在工作室的引领下,积极开展技能大赛相关工作的研究,强化大赛指导教师队伍建设,加强对技能大赛要求、内容、技术走向和技术标准等方面的研究,不断探讨、优化技能大赛指导、训练方法,提高效率,培养一批技能大赛优秀指导教师,进一步完善和优化竞赛选手的选拔制度,力争在竞赛项目上取得优异成绩。

11.5.4　提高教科研水平

积极开展各类教研、科研活动,以工作室成员为骨干力量,组织并带动教师开展各类课题研究、学术讨论与交流、校本教材编写,提高教师论文撰写水平与质量,推动教师教育教学科研水平不断提高。

11.6　思考与体会

由于该工作室成立时间较短,对建筑制图与成图人才培养模式还需要进行深层次的探索。目前,工作室主要存在着两方面的不足。

11.6.1　工作室要进一步健全管理制度

由于工作室成立时间较短,管理制度正在逐步完善中。进一步完善制定《建筑工程学院成图工作室管理制度》,工作室负责人与工作室每个成员在完成工作室研究项目和个人专业化成长方面制订周期发展目标,规定评价办法。工作室负责人为工作室成员安排培训过程。工作室成员必须参加"工作室"布置的培训工作,完成工作室的学习、培训任务,并有相应的成果显现,努力实现培养计划所确定的目标。工作室及成员的计划、总结、培训记录等材料及时收集、归档、存档,为工作室的发展提供依据。

11.6.2　工作室建设要充分突出实践性

建筑制图与成图工作室的专业性极强,且正处于不断创新发展之中,在运作过程中更应注重与企业密切结合,突出"实践性",将工作室的服务方向逐步定位为对接企业或客户等服务,以增强成图工作室的社会影响,发挥较大的社会效益。

建筑制图与成图工作室坚持了以学生兴趣为导向,将专创融合作为实践抓手,通过项目化教学不断提高学生的核心竞争力。今后,工作室将通过不断革新教育理念,采取更多贴合实际的新措施,打造凸显成效的新亮点,努力在创新创业教育方面实现新突破。

第 12 章

德信财税咨询服务工作室：携手并进，共创共赢

随着我国市场经济的迅猛发展，代理记账机构以其优质、灵活、高效的服务方式被越来越多的中小企业所接受。随着国家对于民营企业的鼓励政策进一步深化和扩大，广大民营企业迫切需要精通财务相关业务、熟悉国家政策法规、能为企业提供较高水准的会计核算和财务管理工作的财务人员为其服务。

德信财税咨询服务工作室秉持"知行合一"校训，基于"院园合一"校企协同育人机制，积极推动产教融合、校企合作，通过真实案例提高师生的应用技能。同时，也通过承接具体项目，为西海岸新区小微企业和学校工作室提供代理记账、财税咨询及纳税筹划业务，以便为促进西海岸新区小微企业发展贡献一份力量。

12.1 工作室主要经营范围

德信财税服务咨询工作室可为各类企业提供专业和规范的财务外包服务，主要包括注册公司代理、税务登记、财务咨询、税务咨询、会计代理记账、网上报税、纳税申报、公司注册办照咨询，负责参加税务相关会议及税务检查工作，并协助办理验资、审计、工商年检等多项服务。

近几年，随着国家经济发展、投资环境优化、经济政策宽松和国家对于毕业生与在校大学生创业实践的扶持，中小企业数量迅猛增加。财税咨询、代理记账是现代服务的重要组成部分，是中小企业控制运营成本、管理财务风险的专业帮手，在经济发展中发挥着"润滑剂"和"助推器"的作用。同时，此项服

务作为一种便捷的会计解决方案和实践项目，正在被越来越多的中小企业所接受。本行业也在不断发展壮大，并因其业务的专业性和全面性深受企业信赖和欢迎，为会计行业开辟了新的业务源泉，带来了固定的客户群体。从长远来看，其市场前景是可观的。

12.2　工作室盈利模式

目前，工作室的盈利模式分为三个时期。初始期主要是向企业提供工商注册和财会服务，如代理记账、税务登记及筹划。中期在初期业务的基础上提供法律服务和科技服务推送业务，实时传递最新法律法规政策和通过应用新型智能财务软件提供更高效服务。远期则包括高端财会人才推送、互联网金融信贷咨询业务。以上做法可为实现工作室盈利提供一臂之力。目前，工作室为大学生创新创业孵化基地的学生提供财税咨询和免费代理记账服务，还组织学生参加相关大赛，锻炼了其创新创业能力，并开阔了视野。

12.3　工作室组成人员

工作室坚持师生同创，学生团队主要由高淑敏、付快快、梁东、何浩南、马凌云、魏继宽、许可、王文杰、冯玺太等财务管理专业的在校生组成。指导教师则由省级科技创业导师孔凡娜、企业资深高级会计师辛旭生、税务老师卢丽媛、会计实训指导师刘卿卿、注册会计师张蕾和理财指导师靳肖肖等组成。

12.4　工作室取得的成效

工作室自 2019 年 4 月成立以来，承接校外高校或企业参观 20 余次，师生外出培训 8 次。目前，已免费承接 3 家大学生创新创业业务。除此之外，工作室咨询业务主要是纳税申报。

工作室在对接学校大学生创业孵化基地项目的同时，还积极拓展学生的视野，带领他们参加第十届大学生科技节企业管理信息化大赛和学创杯大赛，均获得了山东省一等奖荣誉，还有一支队伍入围全国大学生"学创杯"大赛，极大地锻炼了学生的创新创业能力。工作室不断锐意进取，形成自己的一套规章制度，代理记账业务和会计管理制度都有明确的章程。为了帮助更多学生对财税工作室业务有更多了解,工作室还定期组织资深注册会计师对企业进行宣讲和免费的财税咨询,获得了在校创业学生的普遍认可。

工作室除了对内免费提供纳税申报咨询业务之外,还不断学习新知识,与信盛泽财税咨询公司签订了校外实训基地合作共建协议,不断学习外来经验。同时,还组织调研团走访了晶鑫会计师事务所,并申请加入青岛市代理记账协会。在王敏燕总经理的帮助和推荐下,调研团又来到青岛市规模最大、业务范围最广的财税咨询公司——青岛市德辉财税咨询公司调研。这家公司具有强大的行业背景和深厚的行业基础,其一楼服务大厅集代理记账、审计、税务、知识产权、商标注册等为一体,实现了"一条龙"服务;二楼会议室则提供对外交流合作的场所,为拓展校企合作新模式提供了广阔空间。通过探讨将企业内训前置到校内人才培养过程问题,为节约企业培训成本和缩短新入职员工试用期打下了基础,并有助于在人才培养方面开展分期、分阶段实习、实训工作,不仅能够将实践教学贯穿于大学二年级开始的各个学期中,也为深入探索高素质应用型人才培养模式创造了条件。

工作室教师还积极与企业取得联系,带领学生开展课题研究,获批横向课题2项。另外,工作室老师承担了教育部产学研合作课题3项、校级以上创新创业课题3项,并指导学生参加大学生科技节项目,获批3项。目前,工作室已发表相关论文5篇。

为了积极配合学校财务部门工作,工作室还在鼓励学生锻炼代理记账能力的基础上,让学生顶岗实习,利用假期时间辅助相关工作有效开展。学生敬业和严谨的工作态度得到了领导们的一致认可。

12.5　工作室典型案例

在学校各级领导的大力支持和师生的共同努力下,工作室在成立时间较短的情况下,取得了值得肯定的成绩,涌现出不少的优秀学生,其中包括较为突出的高淑敏和梁东两位同学。

12.5.1　高淑敏同学

高淑敏,女,中共党员,2016级财管专业学生,担任的职务有山东省企业管理研究会学生会员、班级班长、社团会长等。该同学在工作室表现优异,能够根据所学知识提出自己的见解，很好地帮助老师进行财务计算，起到了良好的辅助作用。

在担任财会俱乐部社团会长期间，高淑敏同学能够将所学知识运用到社团日常培训和管理工作中，并积极参加相关比赛，在大学生科技节企业管理信息化大赛中取得了省级一等奖的成绩。同时，该同学还主动担任比赛的组织者，带领其他队员进行赛前培训，发挥了传帮带作用。经过努力，团队在山东省大学生科技节财务共享能力设计赛中荣获一等奖，并获得金蝶云管理"创新杯"省区赛一等奖、全国总决赛三等奖。

为了更好地将所学、所知应用到实际工作中，高淑敏同学利用暑期担任了学校的财务助理，成功进行了票据整理和材料归档等工作。在学校迎新工作中，她认真负责，成了老师的有力助手，不管是发票的开具，还是每日的对账、结账等简单工作，都处理得得体、得当。在工作室里，高淑敏同学积极学习财税相关知识，利用相关软件进行分岗训练，体会主管、会计、出纳等不同岗位的职责权限，其业务能力提升很快。

高淑敏同学积极参加创新创业培训，取得了"海鸥行动"的学习证明，并积极参与创新项目研究，与工作室成员一起申报了课题《基于人工智能背景下对高科技垃圾处理箱的研究》。2019 年，该同学由于成绩优异，获得了国家奖学金。

12.5.2　梁东同学

梁东同学性格开朗活泼、积极乐观，具有良好的团队协作能力、沟通能力和抗压能力，且具有吃苦耐劳的精神。在工作室里，他对待工作态度认真，待人和善热情，责任意识和学习能力都很强。他通过参加大学生志愿者活动，加深了自己对所学财务管理、企业战略管理、基础会计、中级财务会计、管理成本会计、审计学、市场营销等专业课程知识的理解。作为班长，梁东积极协助老师管理学生信息，不仅将表格制作得规范严整，而且将数据处理得又快又准。

该同学具有开拓创新精神，工作室之外，他还在社团锻炼，对企业的经营模拟有一定的了解。假期时，他在财务部实习，接触到了具体的实际业务。不管是凭证的填写、销毁，还是数据的处理，他都做到了专业和专注，将所学知识落在实处。其中在收费工作中表现尤为突出，积极配合财务部老师，高质量地完成了工作。

梁东同学在工作室老师的指导下考取了会计师初级证，能够独立完成记账工作，并对业务愈发熟悉。他还积极参加与专业相关的大赛，并在比赛中取得了较为可观的成绩，获得了全国大学生新道杯网络赛二等奖、约创全国大学生总决赛国家三等奖等荣誉。另外，梁东同学积极参加社会实践，协助开展"学雷锋活动"，实现了德智体美劳"五育"均衡发展，深受学校和社会好评。

12.6 工作室未来发展前景

伴随着社会经济的迅猛发展，全国乃至全球的经济模式都在发生着翻天覆地的变化。传统的记账和报表程序，在运行中已经严重老化、僵硬，而新时代的经济需要新智能的维护，人工智能化已经在会计行业广泛运用，管理一体化的会计模式将是工作室未来的发展目标。财税工作室在满足学校大学生创业孵化基地财税咨询服务需求的基础之上，不断开拓进取，积极参与企业管理，并利用其灵活性与价值创造性特点，为决策者提供动态化的经济信息，以助其做出应对新形势的管理方案。在接下来的时间里，财税工作室将争取与更多会计师事务所和财税咨询公司进行对接，不断提升自身的业务素质，借助于平台作用，使自有教师和学生的能力得到较大的提升，实践水平亦得到不断提升。同时，工作室也在培养学生创新创业能力方面做出更大努力，通过建立长效机制，充分实现"以赛促教、以赛促学、以赛促创"。

作为工作室成员，不管是老师还是学生，都应该积极转变和增强工作意识，在不断探索中实现自我创新，敢于突破传统的手工核算会计模式，向着参与企业管理模式转变，并不断探索人工智能化财务记账报告一键生成的有效模式，最大限度地发挥财税工作室作用，支持企业管理，促进企业战略目标的实现。

传统会计经历转型是社会进步、经济发展的必然产物。在此一过程中，工作室自然而然地会遇到各式各样的问题。对于今后的工作，工作室不会心生畏惧，也不会好高骛远，而是力求实现财税工作室从财务会计向管理会计的成功转型，成为能够帮助企业实现管理升级和增强其竞争力的高效能实践载体。

第 13 章

数字媒体博士工作室：学训研赛有机融合，科学引导培育精英

数字媒体艺术是基于新媒体的艺术，在现代信息技术的作用下已被渗透到各个领域之中。数字媒体艺术具有跨界融合的鲜明特征。它是包括计算机科学与技术、传播学、电影学、设计学和艺术学等在内的多个学科支撑体系。基于此，市场在对数字媒体设计人才展现出迫切需求的同时，也对此类人才的培养提出了更高要求。

数字媒体艺术类课程由于具有实训实践性强特点，对于学生的实训实践能力要求较高。学生要完成较高质量的项目作品，一般需涵盖相关内容的前期学习理解、具体设计制作及后期改进完善等步骤。这是一个不断学习、修改、完善的循环上升过程，需要学习者付出较多心力和时间。传统教学模式中存在着教学内容过多而时间有限的问题，教师在课堂上只能完成教学内容的重难点讲解，学生的大部分作品根本没有时间完成，师生互动交流和作品后期反馈与修改也无法完成。由此，迫切需要先进的教学模式来提升学习实效。

13.1　工作室制人才培养实施背景

在此背景下，青岛黄海学院艺术学院于 2017 年组建成立了数字媒体博士工作室，以此作为数字媒体艺术创新创业人才培养的重要阵地，将教学、实训、科研、竞赛有机融合，开展专创深度融合式教育。工作室由不同专业年轻骨干教师和学生组成，以交互艺术、新媒体艺术设计、数字文创为教学方向，结合现代最新媒体技术和当代艺术的发展趋势，通过服务于社会的实践项目，让学生

了解现代最新媒体技术及设计制作流程和工作原理,培养学生全面考虑问题、整体分析问题和综合解决问题的能力。

13.2　工作室的工作目标

随着社会发展和科技进步,市场人才的竞争也日趋激烈。按照高校数字媒体技术专业传统的教学方式和方法培养出来的学生,已经不能适应当今社会和用工单位的实际需求。要想紧密对接市场,满足行业对于人才的需求,培养综合素质高、专业能力强的新时代大学生,就必须对现有专业的教学方式、方法进行改革。

数字媒体博士工作室定位于提供良好的教学平台。工作室通过与专业机构、企事业单位合作,使学生更加明确学习目标,并在实践中掌握专业知识和技能。更为重要的,在于培养学生的思维方式,帮助他们学会设计方法。工作室以点带面地带入具体项目和社会课题,通过项目制作与技术研发,培养具有科学精神、人文素养、艺术创新和应用能力的数字媒体艺术专业人才,真正促进综合性艺术设计创新创业人才的培养。

13.3　工作室的工作过程

工作室的学生,是根据自身意愿,从不同专业中择优选拔而来的精英。他们对数字媒体课程具有非常饱满的学习热情,传统的规模化教学整齐划一,已经不能满足以学习者为中心、自定步调、自主学习的个性化需求,需要一种能够适应学生内心需求的新型教学模式来驱动其个性化学习的深入推进。

工作室依托学校自身多学科资源优势,发挥数字媒体艺术教学和实践功能,构建跨学科专业的融合式课程研究和竞赛合作平台。工作室效仿欧美艺术院校的"工作坊"模式,组建由指导教师和多个相关专业学生构成的组织或团体,共同围绕研究课题讨论、竞赛项目参与、学术论文发表、实践经验分享等协作方式,进行体验式互动。

工作室通过翻转课堂、慕课等教学形式,灌以跨学科知识内容并进行线上线下融合施教。这无疑加强了教师之间、师生之间以及学生之间的交流互动,有利于改善、丰富学生的学习方式和知识获取路径,并增强学生的自主学习意识。工作室通过打造创新型、跨学科、融合式课堂，在课程内容上消除了学科专业壁垒，实施专业交叉教学培养，将商科和工科的思维模式引入到艺术设计教育过程中，如产品设计课程纳入管理与市场营销等相关的知识课程，融入线上网络营销和显现实战模拟等互动环节；如数字媒体装置艺术课程增添机械设计原理、材料学以及电子信息技术等课程，带领学生进入跨学科实验室进行实操训练等。通过这种教学方式，能够引导学生运用艺术设计专业知识、相异学科思维、得当方法途径，较好地分析和解决各种设计问题。

13.4 条件保障

工作室实施导师制，为学生开展师生同创科研项目创造了条件，同时也便于引导和鼓励学生参加各种专业赛事和提供更多的社会实践机会，提升自身综合素质。

13.4.1 为学生提供科研条件

数字媒体博士工作室现位于学校的知韵楼，配备了满足学生参与科研、从事课外科技创新活动的各种仪器设备。为了给学生提供个性发展的空间，学院组织了多个学习小组，并向学生开放实验室，增强了他们的动手能力。学生在专业教师的指导下，积极查阅学习资料，进行自主设计和选材工作，完成实验内容并对结果进行分析，大大激发了学生的学习积极性和创造性。通过这些教学方式的改革，工作室不仅增强了学生的学习兴趣，提高了其综合素质，还丰富了实践内容，完善了实践课程体系。

13.4.2 导师制为学生科研创作提供师资保障

除了常规性的实践教学环节和实践课程之外，工作室还增加了项目实践小组建设，通过组建兴趣小组的方法开展相关实践活动。工作室大力支持学生组建技术项目小组，并为每个小组配备了指导教师。指导教师全方地保证了实践活动高质量、高效率的开展。他们通过引导学生项目实践小组与专业技能认证模式相结合的方式，加强职业资格认证和学历教育的结合，使学生在参与项目实践的同时，也参加国内外举办的各类相关技术比赛和资格认证考试。这样学生既可以获得学历证书，也可以获得相应的资格证书，以此增强自身参与意识和就业竞争力。项目实践小组的类型主要包括以下几种。

其一，影像制作小组。参加此项目小组的成员在经过一段时间的学习和实践后，具备了一定的影像制作能力。这时工作室会鼓励他们承接影像制作和参加各类比赛活动，以增加其参与实践的机会。

其二，动画制作项目小组。该项目小组成员的主要学习内容是 Flash 二维动画的制作和设计。小组成员根据个人的实际情况自主制订个人学习计划，与小组其他成员共同学习。指导教师则定期或者不定期地到活动场地，对小组进行相关辅导和答疑，帮助各成员解决作品设计过程中出现的问题和难点。此举有助于规范学生的操作行为，培养他们的学习兴趣，并通过对其作品进行指导，提高他们设计制作的水平。指导教师也可以定期为小组成员举办相关的专题讲座，丰富学生的知识结构，拓展其学习视野，并帮助他们提升艺术素养。

其三，平面数字交互类项目小组。对多媒体电子作品感兴趣的学生可以参加该项目小组，它主要为学生提供用得上的软、硬件设施，以及良好的学习环境和学习氛围。在该项目小组中，学生通过学习相关制作软件，互相交流了学习经验。小组鼓励学生参加高水平、高层次的多媒体制作大赛，将相关的多媒体认证考试也纳入项目实践，使学生在小组活动中不断提高逻辑思维能力，发挥出创意并体验成就感。

13.4.3　引导、鼓励学生参与各种专业赛事

参加各种专业竞赛是提高学生科研能力的有效方式。工作室的教师为提高学生的科研能力，根据专业特点，每年都组织学生参加全国各类专业赛事，如大学生广告大赛、3D 大赛、米兰设计周。工作室以各种竞赛和科技实践活动为平台，鼓励学生基于理论学习积极参与项目策划、立项和实施全过程，以此增强他们的创新意识和实践能力，从而为其以后的学习、工作和创业打下坚实基础，达到"以赛促学和以成果促创业"的目的。

13.4.4　为学生提供更多的社会实践机会

工作室通过与校外企业合作，为学生提供到企业亲身实践的机会，使其提高了理论素养、动手能力和创新能力，同时也激发了其创业热情，满足了社会行业对于高素质创新创业人才的需求。

13.5　考核评价

基于课程学习方式的考虑，数字媒体博士工作室的考核评价，主要包括以下几个方面内容，即参加大学生学科竞赛、社会实践服务、大学生科技创新活动，发表科研论文、参与教师科研活动、考取各类证书和获得荣誉称号等。

13.6　实施成效

数字媒体博士工作室自 2017 年组建以来，工作室成员先后主持了"大学生科技创新项目" 3 项，并获得大学生创新创业大赛国家级立项 1 项、省级立项 2 项、校级立项 1 项。学生参与由工作室导师主持的市厅级科研项目 5 项，并以第一作者在专业学术刊物上发表论文 3 篇。在 A 类学科竞赛方面，工作室成员先后在全国大学生广告艺术大赛中荣获省级一等奖 1 项、二等奖 2 项、三等奖 5 项；在全国高校数字艺术设计大赛中荣获国家级一等奖 1 项、二等奖 1 项、三等奖 3 项，并获得省级一等奖 8 项、二等奖 4 项、三等奖 5 项；在蓝桥杯全国高校视觉艺术设计赛中荣获国家级三等奖 1 项、省级一等奖 2 项、三等奖 1 项；在米兰设计周中国高校设计学科师生优秀作品展中荣获国家级二等奖 3 项、三等奖 1 项，以及省级一等奖 2 项、二等奖 2 项、三等奖 6 项；在全国 3D 大赛 15 周年精英联赛中获得国家级三等奖 1 项，省级特等奖 1 项、一等奖 1 项、三等奖 1 项；参加中国大学生计算机设计大赛，荣获国家级三等奖 5 项，省级一等奖 1 项、二等奖 3 项、三等奖 16 项。

13.7　思考与体会

根据具体实践适时进行反思，并认真总结心得体会，将认知体验传授于众，有利于完善工作室制人才培养模式，进一步提高学生的职业素养，并接受实践检验，不断强化学生触类旁通的认知能力，有效拓展其外延知识容量，进而达到高质量培育人才的目的。

13.7.1　工作室培养模式能够提升学生的职业感

职业感是当下人们欠缺的要素，很多高校大学生从学校进入职场后便面临着这样的问题。当他们达不到用人单位的要求时，很容易产生"自卑感"。通过工作室制对学生开展教学活动,能够让他们置身于真实的工作环境中,在学习完专业知识后和同学们自由交流,并针对假设的一些学习任务寻求解决办法。如此,学生不仅能够迸发出一些灵感来,也能够在此情势下提前感知工作任务的严肃性,不仅能够使自己对知识点进行定向学习,更便于他们早一点熟知工作要求和教师实现教学终极目标,从而为学生完成"职业人"角色转变助一臂之力。

13.7.2 实践性教学能够使学生学会融会贯通

在教学过程中,大幅度和大范围地使用实践性教学,这种做法能够使学生的认知能力和实践技能得到真正的提高。他们通过整合多方面的学习知识,能够非常有效地提升自己的学历水平和知识应用能力。"融会贯通"是人才真正需要的能力,因为学生有了一定的融会贯通能力,才能更好地进行后续学习,而实践性教学则是提升这一能力的有效方法。因此,开展实践教学是目前社会需要迫不及待采取的一种教学要求,也是工作室指导教师很值得选择和借鉴的一种施教良策。

13.7.3 使学生学习到外延性的知识

数字媒体艺术学科是一门综合性知识很强的学科,在这门学科中,学生不仅要学会专业知识,还要有别的知识进行学科填充。这样才能够全面地提升综合能力,进而使他们真正成为数字媒体艺术学科的专业性人才。利用工作室载体开展教学活动,能够在实践性教学的过程中融入很多新颖的学科知识,并且学生之间的探讨也会滋生出很多新问题。学生对产生的这些新问题进行讨论时,便会触发不同的思维方式。由于不同的学生有着不同的知识储备,这样就能够使他们在类似工作坊的学习环境中顺其自然地学习到新知识,也学习到其他学生不一样的思维方式。因而,工作室一方面提高了学生的知识储备,另一方面,其外延知识的增加,也能够使学生在数字媒体艺术学科知识获得方面取得较大进展,并极大地提升高校教师的教学质量。

总之,数字媒体博士工作室坚持学训研赛有机融合的做法,不仅满足了学生的求知欲,也使其获得了真正的职业感,在知识的融会贯通中掌握了更多的外延知识。工作室通过赛事助创、研学并用和科学引导等方法,有效提高了应用型人才培养的质量,值得进一步推广。

第 14 章

机器人创新工作室：赛教一体锐意进取，校企协同共育人才

在应用型高校开展创新创业教育，是深入学习、践行科学发展观，并服务于创新型国家建设的重要举措，是深化高等教育教学改革、培养学生创新创业精神和实践能力的重要途径。创新创业教育要以转变教育思想、更新教育观念为先导，面向全体学生，融入人才培养全过程，并在专业教育的基础上，探索专创融合的有效路径，打造实效强大、辐射久远的实践载体，以提升学生社会责任感、创新意识和创造能力为核心，注重人才培养模式和课程体系改革，着力推进创新创业教育实施，不断提高人才培养质量。

14.1 工作室工作目标

机器人创新工作室以科技竞赛为抓手，打造科技型创新创业人才培养的重要载体，在培养学生实践创新、高效创业和团队协作等能力方面，取得了优异成效。同时，工作室也在探索人才培养模式、推动相关学科与行业紧密融合以及促进相关专业课程与教材改革等方面成绩斐然。作为以学生为主体的创新载体，机器人创新工作室打造了实施科技竞赛的主阵地，为学生提供了参赛的主要实践平台，并通过创新工作室平台建设促进创新创业教育工作。工作室积极争取各方支持，创造性地开展了一系列科技创新活动，并树立起有利于创新创业人才成长的教育理念，不断深化教育教学改革、转变人才培养模式和强化创新创业能力训练，以便为培养更多适应国家建设发展需要的高水平创新创业人才赋能。

14.2 工作室建设方案

在工作室建设方面,科学引导、多层布控、全面发展和健全机制等,都成为勾画合理建设方案的关键元素,不仅有利于激发师生共同参与项目、大赛的主动性,也为个性化发展、多层面提升和体系化推进奠定了基础。

14.2.1 科学引导,构建多层次科技竞赛体系

为了构建一个科学的科技竞赛体系,加强对学生参与科技竞赛的引导,机器人创新工作室自 2011 年以来就遵照学校要求,致力于构建多层次、全方位的科技竞赛体系。工作室根据出台的大学生学科竞赛组织与管理办法等文件,不断扩大竞赛类型及项目,为学生参与科技竞赛和创新活动提供各种机会。竞赛体系面向不同专业、不同年级,"点面兼顾",设有基础类、专业基础类、专业类竞赛。同时,竞赛项目又分国家级、省部级、市级和校级等级别,既有适合高层次学生的国家级赛事,也有适合大众学生的各类省市级竞赛,使得每位学生都能找到参与科技竞赛的机会和平台。

14.2.2 科学规划,构建全面发展与个性发展相结合的教学计划

为了充分发挥学生科技竞赛在创新型人才培养体系中的重要作用,机器人创新工作室综合考虑了把科技竞赛与实践教学体系以及理论教学体系融为一体的做法。对于学生参加的科技竞赛,工作室以创新学分的形式纳入整体教学计划,实现了理论、实践以及创新的有机融合,做到了计划内刚性规定与个性化自主选择的统一,也使得科技竞赛与课程建设、教学改革等相互衔接、互为补充,并紧密配合,拧成了一股绳,达到了最大限度提高人才培养质量的目的。

14.2.3 健全保障机制,激发师生参与的主动性和积极性

科技竞赛不是常规的教学,而是一项由学院、教师、学生等共同参与的实践活动,涉及面很广。为了保证科技竞赛的有序开展和可持续性完善,工作室基于学校建立的管理制度和统一管理机构,享受到了相应经费保障机制和激励机制的利便实惠。如《青岛黄海学院大学生学科竞赛组织与管理办法》《青岛黄海学院创新创业学分评定管理办法》的出台,形成了参赛学生、指导教师的有效激励机制,明了了竞赛保障经费、考核奖励办法,以及竞赛组织中学院及学

校的责任与义务，实现了对竞赛的统筹管理。良好的管理机制充分调动了工作室师生参与科技竞赛的积极性，同时也使科技竞赛的管理更加规范化。

14.3　工作室工作过程

机器人创新工作室不断强化过程管理，通过搭建科技创新和成果展示平台，引导并激励学生积极参加竞赛活动和基地建设，并实施导师制，做好核心成果熔炼和参赛作品的精益求精，以便为校企深度合作开辟新领域，也为学生有效提升实战技能创造契机。

14.3.1　引导探索，搭建科创平台，为竞赛注入自主活力

机器人创新工作室高度重视学生科技竞赛平台的建设，从科学系统观的角度构建了学校、院系和兴趣小组三个等级的科技竞赛体系，并通过一系列管理制度和激励办法出台、实验室开放制度实施、科技创新创业实践基地建设，以及创新创业学分评定、本科生导师制、兴趣小组组建等举措，保障了学生科技竞赛的规范化和长效性，充分发挥了科技竞赛在创新人才培养方面独特的有效性。竞赛在教学改革促进方面成效显著，提高了学生的科技成果转化。工作室借助于本科生导师制，实现了教师对学生的尽早引导和辅导，使得学生尽早了解学科领域，增强了专业学习兴趣和自身实践动力，并在早进课题、早进实验室、早进团队等方面获得了长足进展，真正融入团队，接受科技项目的磨砺，并逐渐得到历练，不断成长。

14.3.2　搭建竞赛成果展示平台，增强校内外交流与合作

机器人创新工作室利用大学生科技创新文化节召开的契机，不断增强成员认知能力，激发他们的创新意识和参赛积极性，并在核心成果熔炼和展示方面不断精益求精，做到了高端引领、有效培育和深入创业，为培养应用型人才营造浓厚氛围。工作室在一年一度的大学生科技创新文化节中，静心选择优秀科技竞赛获奖成果和新生作品同时展出，并邀请企业和校外专家参与科技展览和评比，在增强学生专业认同感的同时，扩大了对外宣传与交流，促进了校企之间的合作，以及学生科技成果的转化，也推进了学生科技竞赛活动深入而广泛的开展。

14.4 工作室保障措施

机器人创新工作室的有效运行,得到了三方面的保障,即团队保障、技术保障和条件保障。无论是兴趣小组的创建、工作室开放制度的实施,还是创新实践基地建设力度的加大,都为工作室实现良好运转提供了便利。

14.4.1 组建兴趣小组,为工作室竞赛提供团队保障

为了促进学生科技竞赛的发展,全面提升学生科技创新能力,学校提倡学生根据兴趣组建兴趣小组,将感兴趣的竞赛题目转变为科研题目进行研究。工作室充分利用现有资源,发挥电子创新协会、科技创新协会、三维创新设计协会等五个科技兴趣小组的综合作用,通过强化锻炼,使学生获得了与专业相关的知识与实践技能,培养了他们的合作精神和创新能力,参赛热情与积极性也空前高涨。比如,电子创新协会曾连续两年被山东省科协授予山东省优秀大学生科技社团称号,"三维创新设计"组负责人汪斌同学被山东省科协授予山东省优秀大学生科技社团干部称号。

14.4.2 实施工作室开放制度,为工作室竞赛提供技术保障

为了给学生开展科技竞赛提供必要的基础保障,学校积极促使工作室开放,尤其注重开放内涵建设。一是开放了工作室的使用条件和时间,实验设备开放使用,使用时间为全天候开放。二是鼓励学生自主学习、自我研究和自我发展,将工作室开放与学生科技竞赛等实践教学环节的实施相配合,使学生自己带着问题进入工作室,教师给予必要的指导,从而为科技竞赛的开展提供了教学与场地支持。经过多年实践探索,目前已形成以开放工作室促进大学生科技竞赛、以科技竞赛推动工作室开放的循环式良性互动机制。现阶段除了机器人创新实验室之外,也辐射到电子创新实验室、机械创新实验室等的开放,并在学生培养质量和科技竞赛成绩方面取得了显著成果。

14.4.3 基于创新实践基地建设,为工作室竞赛提供条件保障

为了给学生参加科技竞赛提供一个良好的实践环境,机器人创新工作室依托现有实验室和示范中心,紧密配合创新实践基地和创新工作室建设需要,全天候向学生开放,为学生参加科技竞赛提供了良好的硬件平台。同时,工作室

积极联合周边企业和实体单位，校企共建科技创新实践基地，如与青岛智动精工有限公司、青岛海艺自动化技术有限公司、青岛天信电气有限公司等 16 家公司建立了校外科技实践基地，并与青岛中科翎龙机器人有限公司共建"机器人组装"实验室。这些基地和工作室与机器人创新工作室形成了互相牵引之势，为学生进行科技竞赛提供了多方面支持，同时也在很大程度上解决了企业的实际问题，有助于校企共育人才，并与满足社会需求和实现高质量就业形成了良性互动。

14.5　工作室实施成效

近年来，机器人创新工作室成员参加了全国大学生电子设计竞赛、全国大学生节能减排社会实践与科技竞赛、全国大学生智能制造挑战赛、山东省大学生机电产品创新设计竞赛、山东省大学生科技创新大赛等科技创新竞赛，并多次荣获奖项。据统计，工作室荣获国家级奖项 37 项、省级奖项 284 项、市级奖项 20 项，并获批专利授权 30 余项，公开发表论文 50 余篇。工作室建设成效先后被报刊和网络媒体报道 10 余次。其中，2021 年工作室成员参加全国大学生先进成图技术与产品信息建模创新大赛，荣获国家级一等奖。

机器人创新工作室的建设实践，实现了理论与实践紧密结合，发挥了相互渗透、相互影响的作用，调动了学生学习与研究的热情，也在很大程度上激发了其创新潜能，切实为"双创型"人才培养提供了行之有效的探索模式。

创新创业人才培养是一项长期性、系统化工程，机器人创新工作室将一如既往地以学生科技竞赛为切入点，不断加强平台建设，着力促进校政行企深度融合，为进一步推动实践教学改革、创新创业教育模式探索和全面提高人才培养质量，做出自己应有的贡献。

第 15 章

环境设计工作室：项目化引领，教学做合一，勇做排头兵

环境设计工作室通过推行"项目 + 工作室制"人才培养模式，使学生在学校学习期间就能提前感受真实项目，有助于其高质量就业和未来职业规划发展。作为一种新型的人才培养模式，环境设计工作室深入践行"知行合一"校训，引发了不少有关教学模式和管理方法的思考。

15.1　相关背景

为有效提高优秀学生的专创融合能力，并使其能够发挥桥梁和带动作用，由点及面地提高学生整体专业技能和职业素养，艺术学院 2015 年成立了环境设计工作室。目前，工作室主要负责人是杨元帅、孙麒、刘言和李霖老师。工作室现有成员 19 名，皆选自 2019 级和 2020 级学生。

工作室依托实际项目，由指导教师负责整体规划，师生间统筹运作，重点发挥各成员主观能动性，共同合作完成项目运营。自成立至今，工作室已完成大小项目 40 余个，培养的学生受到用人单位一致好评。工作室以项目为引领，坚持理论和实践齐头并进，采取举行学术论坛、专题讲座和创业辅导等形式，推进创新创业人才培养。同时，工作室坚持赛教一体，教师积极带领学生参加各类大赛，多次取得优异成绩。

15.1.1　人才培养模式

应用型教育本身就是培养理论知识扎实、应用技能高超的应用型人才，但

传统的人才培养模式是教师各自上好自己的课,对其他教师的课程并不关心。学生也总是每门课单独上、单独考,课程与课程之间结合比较松散。且有时候不同教师之间的设计理念和观点不同,导致课程与课程之间衔接不好,学生学得吃力,教师教得也吃力。工作室制人才培养模式指以职业领域和岗位群的实际需要为出发点,对学生分方向培养,注重学生的实践能力,以提高学生的综合素质和技术能力为最终目标。工作室由专业教师和企业设计师组成,专业教师按专业研究方向做负责人,负责对工作室进行课堂管理、教学设计和教学评价。学生经过一段时间的理论知识学习后,按照自己适合的专业研究方向和兴趣爱好或专业特长进入工作室。

15.1.2　以"项目"为导向

传统的教学模式是一种以教师、书本和课堂为中心的教学模式,这往往形成了教师单向灌输、学生被动接受的局面,学生主观意愿不强。想要使学生在校园内就零距离接触市场,接触日后的岗位,最直接的方式就以"项目"作为训练的教育模式。教师在新一批学生进入工作室时可以根据学生所学,选取教师自拟比较简单的虚拟项目开始操作,学生不至于无所适从。等到学生初步上手以后,可以将已完成的比较成熟的实际项目(如已经施工的真实项目或前几届学生所完成的项目)交给学生进行操作,学生可以将该项目与前人的作品相比较,找出优劣,进行反思。最后通过企业的参与,由企业提供真实项目供教师选取。教师选取合适的项目后,学生与企业的岗位对接,进入生产性实训阶段,使理论联系实际,学生能看到自己的方案由准备材料到现场施工,再到建设完成,最后形成一个完整的工程。

15.2　工作目标

工作目标的顺利实现,离不开紧跟时代发展步伐的先进管理理念、高效运行体制,以及完善、健全的考评机制等。尤其是项目化教学的有效实施,联通了学校育人质量和企业岗位需求,更利于既定目标的实现。

15.2.1　更新管理理念,重新制定制度

独立且灵活的教学安排,教师自主性强,学生成绩难以认定等都是工作室

制这种人才培养模式带来的管理新要求。所以制定一套切实可行的管理制度是重中之重。这套制度由学校和企业共同制定,对双方都有约束力,营造健康有效的工作氛围。工作室管理制度包括工作室所有学员的培养计划、教学运行机制、教学岗位责任制和教学评价体系的综合管理机制等。此外,由于工作室涉及经济方面,应有相应的财务、设备管理制度,并且应定时审计。

15.2.2 建立行之有效的学生考试考核机制

因工作室制的人才培养模式是一种全新的人才培养模式,它改变了以往每个课程单独教学的传统方式,而且工作室制培养模式下的学生有很多时间是在做项目中度过,这种教学模式将课堂教学与课程实践等内容有机地融合在了一起。这就导致传统的考试已经不适用了,可以采用校企联合的考试考核方式。采用项目绩效考核方式,从项目的进度安排和项目的组织实施与管理、项目的业绩绩效是否达到预期等由教师和企业设计师共同对学生的综合能力进行测评。院系也可以通过企业和学生满意度等方面对教师进行考核。

15.2.3 建立科学、全面的工作室考评体系

院系成立考核组对工作室进行全面综合的评估,考核组成员可以是院系领导、行业专家、企业人员和客户等。评估一方面保证负责人有良好的工作态度和扎实的工作能力,将过程评价(如教师教得是否用心)和结果评价(如项目是否被采纳)统一起来;另一方面保证学生学习各个阶段的评分。由于工作室承接部分有偿项目,所以需要定期对工作室做财务审查管理。

15.3 工作过程

注重过程监管和适时跟进是工作室建设的明智之举。在具体的模式构建过程当中,以满足岗位需求为导向,通过优化资源配置和提供有效保障,能够为创建精品和打造品牌奠定良好的基础。

15.3.1 实施步骤

在工作室中实现工学结合,所谓工学结合,是一种将学习与工作相结合的教育模式,学习的内容即是工作的方向。工作室制人才培养模式正是最好的工

学结合模式。工作室制是能顺应市场需求,结合学生所学,以培养技术能力和职业素养为目标的人才培养模式。工作室制使理论课与实践课有机地结合到一起,使学生获得一定的工作经历,开阔了眼界,在学校就大概知道日后职业发展规划。这样的工学结合就使学生更贴近工作岗位,更容易适应市场激烈的竞争。

15.3.2 资源配置和条件保障

环境设计工作室设施齐全,不仅配备了 10 台台式电脑,也有座椅、橱柜和书架等基本配置,满足了工作人员的日常工作需要。

首先,工作室负责人的选拔及培养。工作室严格挑选教学能力和实践能力"双佳"的教师作为工作室负责人,要求必须具有丰富的专业知识、高超的教学经验和实践能力,且具备灵活的处事能力。通过企业实践,工作室负责人务必要熟悉环境艺术设计这个专业在当今市场上流行的新材料、新工艺和新型设计理念,同时也要知道企业的用人需求和当下人才培养模式的差异所在。当然,这指的是理想化的工作室负责人应该具备的素质。但工作室应该着力加强对教师的综合培训,通过培训使他们达到或者接近这样的水平。目前,很多教师从高校毕业后就直接转变成教师的身份,在企业实践的经验相对而言比较缺乏,即便是到企业锻炼,也只是走走过场,实际上并没有静下心来站在设计师的视角审视自身的不足。因而,学校应加大对此方面的考核,名副其实地开展"双师双能型"教师培养。

其次,维护企业的合法权益。企业的目的是实现盈利,企业与工作室合作,也要遵循这个原则。如果只让企业付出而没有回报,企业是没有足够的动力来做好工作室建设工作的。要么敷衍了事,要么会产生各种矛盾。目前,很多企业员工走上工作岗位后并没有获得继续教育的机会,工作室可以让企业员工进行有针对性的学习,使企业在人力资源上获利。同时,工作室还可以解决企业的订单问题,使其在经济上受益。本着双方互惠共赢的原则,合作才能有更好的发展前景。

最后,加大对工作室的投入力度,提高知名度,并创建精品工作室。学校从人力、物力、财力等方面加大了对工作室的投入力度,重点发展学科带头人和骨干教师的工作室,并不断加大宣传力度,使工作室的知名度得到提高,创出一批精品工作室来,最终实现经济效益、社会效益和品牌效益的多赢。

15.4　工作室实施成效

环境设计工作室突显了"寓教于乐""寓学于乐"和"寓启于乐"实效。首先,工作室让学生在学习的过程中能够通过室内空间布局的特点感受到学习的快乐,体现了"在愉悦中施教""在玩耍中认知"和"在学习中欢乐"的设计理念。其次,工作室让学生通过接触和观察不同的外界事物,不断提高自身的感官技能、语言技能、动手能力和独立解决问题的能力。最后,工作室通过创造具有启发性的教育空间,展现出更加全面和更为多样化的实践功能,使学生获得了丰富的体验,并激发其不断探索、发现的好奇心。

15.5　工作室建设的创新价值和心得体会

传统型环境设计专业课程的教学,采用的是一种相对封闭的教学机制,学生的课程学习较多是在教室内完成的。建立环境设计工作室是一种新型且灵活的教学机制,其教学模式是以工作室为载体,将课程教学与设计项目实践融为了一体,也将传统型、封闭式的教学转变成面向专业实际的开放式教学。它以课程知识为基础,以专业技术应用为核心,以专业教师为主导,以承接技术项目为主要任务,并将生产与教学紧密结合,由教师带领学生在承接和完成设计项目的过程中得到综合的专业技术训练。

环境设计工作室的实践证明,工作室制人才培养是应用型高校教学改革的一个重要方向,也是一种有效的新型模式,实现了工学结合,教师在实践中授课、学生在实践中学习和企业在实践中获利。这种模式兼顾了学校、企业和学生多方利益,有利于校企共建长效机制。

工作室制教学模式的特点及运行,从某种意义上来说,借鉴了传统的"学徒制"方法。它一般是由教师带领学生直接参与设计项目的实践,基础来自企业的实际项目,但在无项目的情况下也能够模拟运行。把工作室的项目内容贯穿到整个课程当中,教师在教学中用项目化教学方法引导学生,通过从"授人以鱼"到"授人以渔"对学生进行培养。学生在工作室的学习过程可分解为三个阶段,即主要基于工作过程的基础素质学习、主要基于工作过程的专业课程学习和主要基于任务驱动的专业实践能力训练,提高的是学生的专业技能、职业素养和创业能力。

　　基于工作室载体的室内设计课程成绩考评具有特殊性，需要对设计过程进行引导和通过项目加以控制，并对学生的自主创作和设计表达等环节进行测评。工作室制教学成绩考核及评价可以从职业素养与实践能力两个方面进行评价。其中，将结果性考核转变为过程性考核深受学生好评。

　　通过实践验证，学生在工作室的实践训练结合室内设计的工作任务，可分为以下六个环节。其一，在任务接受方面，将工作室的学生总人数控制在 15 人左右，通过分组的形式将项目任务分配给学生，并设计好任务分工和进度安排。其二，在资料搜集方面，主要准备设计项目所需要的基本理论、方法与手段、相关专业素材等，主要任务在于进行实地考察并整理相关资料。其三，在方案设计方面，各组学生需根据收集的素材合理设计方案。其四，在方案深入讨论方面，学生可先行展开讨论，之后教师再对小组方案加以评价，并提出点评意见。其五，在项目方案确定方面，学生可根据讨论建议和教师最终意见对项目完成方案进行修改和完善。其六，在实施与考评方面，基于平时表现，重点考察学生的知识综合运用能力、观察分析能力和设计能力。

　　作为新时代应用型高校教学改革的一个重要方向，工作室制人才培养模式实现了教学做合一，围绕工学结合，让师生在实践中同创并进，校企在实践中互惠共赢，兼顾了学校、企业和学生多方的利益，有利于校企双方建设长效机制。环境设计工作室将不断提升学员技术应用能力和综合素养，使运作制度更加完善、运作方式更加合理，更好地发挥本专业排头兵作用。

第 16 章

以工作室为载体的创新创业优秀导师和创业就业学生典型案例

本章内容通过简要推介的形式,力主展示工作室载体下的创新创业卓越导师和优秀学生典型,以通过师资队伍建设和学生精英打造凸显工作室制创新创业教育模式的实践成效与辐射影响,以便为形成具有说服力的推广经验提供可参照的典型案例。

16.1 创新创业优秀导师

优秀导师在激发学生实现自主创新创业、提高以赛促学成效和优质转化科技创新成果等方面功不可没,现将部分典型介绍如下。

16.1.1 从科技创新工作室走出的专家型导师——刘培学

刘培学,男,山东省淄博市临淄区人,在读博士,教授。刘老师曾荣获青岛市优秀教师、山东省民办教育优秀教师、青岛西海岸新区优秀青年人才、青岛市优秀青年岗位能手、山东省创新创业导师库专家、山东省科普人才库专家等荣誉称号。目前,他担任青岛黄海学院智能信息处理团队带头人、科技创新工作室负责人,并兼职烟台大学硕士生导师。他的主要研究方向为医用冷链全程溯源监测系统、海洋立体监控系统、高频地波雷达目标跟踪系统。刘老师主持山东省重点研发计划"医用冷链全程溯源监测及在线验证系统研究"1 项、山东省高等学校科技发展计划 2 项,公开发表论文 20 余篇,包括 SCI 论文 5 篇、中文核心 10 余篇。刘老师获得 35 项专利授权,荣获山东省高等学校科学技术奖

2 项、山东省科技工作者创新大赛三等奖 1 项。他与企业合作开发的"医用冷链全程溯源监测系统",解决了医用冷链监控多手段传输、超低温监测等关键问题,在山东轩竹药业、沈阳依生制药等企事业单位得到了广泛应用。他指导学生参加各类创新创业类学科竞赛,共获奖 300 余项,有 20 余次被评为竞赛优秀指导教师。他创办的科技创新工作室被评为山东省优秀大学生社团、青岛西海岸新区优秀大学生社团。

16.1.2　山东省创新创业教育导师库专家——曾实现

曾实现,男,硕士,教授,现主要负责青岛黄海学院智能制造学院创新创业工作,研究方向为智能控制与信息处理技术。曾老师曾获得山东省民办教育优秀教师、山东省创新创业教育导师库专家、青岛市劳动模范、青岛西海岸新区优秀青年人才、青岛西海岸最美高校教职工等荣誉称号。截至目前,他公开发表论文 30 余篇,主编出版教材 2 部,主持及参与省级科技课题 10 余项、校级课题 6 项,获得国家发明专利授权 6 项和实用新型专利 20 余项。曾老师指导学生参加各级各类技能创新大赛,获得国家级、省级奖项达 300 余项,并多次荣获学科竞赛优秀指导教师、先进个人等荣誉称号。他指导的电子创新协会,连续 4 年被评为山东省大学生优秀科技社团称号。

16.1.3　师生同创工作室建设的躬行者——齐伟伟

齐伟伟,女,硕士,副教授,高级跨境电子商务师,高级品牌策划师,被聘为青岛大学 MBA 教育中心校外导师。齐老师曾获青岛市优秀党员,青岛黄海学院教学名师、教书育人先进个人、优秀教师、三八红旗手、突出贡献优秀个人等荣誉称号。她带领学生创办了乐行—朗威跨境电商创业工作室、启梦 - 华灿跨境电商工作室等,指导学生参加"挑战杯"创新创业大赛、"互联网 +"大学生创新创业大赛、全国大学生"创新、创意、创业"挑战赛等,荣获奖项 50 余项,并指导学生成功申报国家大学生创新创业训练计划项目国家级 2 项(已结题)、省级 2 项(在研)。齐老师兼任校企合作卓越班辅导员,撰写凸显班级学生创新创业引领特色的典型案例——《奋斗的青春铸就卓越人生》,荣获山东省教育厅全省高校辅导员 2019 年度优秀工作案例三等奖。同时,她在授课中结合工作室载体功用进行实践教学改革,不仅引进了企业实操项目,更注重培养和提高学生的创新意识、创造能力。其作品《基于工作室的项目驱动跨境电商实践教学设计》荣获 2018 年全国高校商业精英挑战赛教师组实践课程设计大赛一等奖。她主讲的课程获批山东省一流本科课程和山东省普通高校课程思政示范课。

16.1.4　新时代的科技先锋和工匠能手——宋爱利

宋爱利,男,高级技师、工程师。宋老师曾荣获齐鲁首席技师、青岛市首席技师、青岛市技术能手、烟台市技术能手、青岛市青年岗位能手、青岛市技能工人先锋和青岛西海岸新区拔尖人才等荣誉称号。他具有丰富的企业一线工作经历,主要研究方向为数字化设计与制造、非标机械设计。宋老师多次获得市级数控技能大赛第一名、青岛市数控车工工种状元。他总结的数控机床加减磨耗尺寸控制法、虚实结合的数控机床基本操作项目教学法在实践教学中成效显著。宋老师指导学生参加省市级技能大赛获得各级奖项数十项。近年来,他主持和参与纵向、横向科研课题多项,为企业解决的技术难题有 10 余项,且取得了较好的经济效益和社会效益。

16.1.5　技能创新应用的卓越导师——薛蕊

薛蕊,女,教授,电工高级技师,智能制造学院电气工程及其自动化专业教师。薛老师曾获得青岛市首席技师、青岛市突出贡献技师、青岛市职业技能鉴定专家、全国应用型人才综合技能大赛先进个人和青岛黄海学院教书育人先进个人等荣誉称号。她的研究方向为控制科学与技术,主要承担"电路""电工电子技术""电气控制与 PLC""电力电子技术""EDA 技术"等专业课程的教学任务。薛老师在国内外学术刊物上公开发表论文 30 余篇,申请国家发明专利 9 项,授权实用新型专利 26 项,主持和参与科技类、教改类课题共计 15 项,编著教材 5 部。薛老师常年担任学生大赛指导工作,指导学生参加国家级、省级大学生科技创新竞赛获奖 50 余项,其中一等奖 20 余项并多次获得优秀指导教师荣誉称号。截至目前,她共指导学生申请专利获得授权 18 项,申报国家级大学生创新创业训练计划项目立项 13 项,公开发表论文 16 篇。

16.1.6　智能创新创业项目的优秀指导者——李华光

李华光,男,副教授,2007 年毕业于青岛科技大学,获得本科学历。2011 年毕业于山东科技大学,获得硕士学位。李老师主要负责管理智能制造学院船舶类和车辆类专业实验室 11 个,在管理期间认真负责,安全事故为零。2020 年,他荣获青岛黄海学院"三育人"先进个人称号。目前,其管理的智能创新工作室各项工作运行情况良好。李老师带领学生参加省级各类创新大赛共计 110 余次,共获得省级一等奖 50 余项、二等奖 130 余项,并被评为省级优秀指导教师达 20 次之多。在 2019 年和 2020 年,他连续两年被山东省教育厅纳入创新创业教育导师库。截至目前,李老师主持了校级科研项目 4 项,参与省级科研项目 6 项,指导国家大学生创新创业训练计划项目 17 项、省创项目 8 项、校创项目 30 余项,并指导学生获得 40 余项专利授权、公开发表论文 20 余篇。李老师个人发表 SCI 期刊检索论文 2 篇、ISTP 检索论文 1 篇、核心论文 1 篇和其他论文 10 余篇。

16.1.7　大学生学科竞赛的领路人——李媛媛

李媛媛,女,工学硕士,教授,现任教于智能制造学院,主要研究方向为铝合金腐蚀与损伤、机械设计。近年来,李老师共发表论文 20 余篇,其中中文核心论文 10 余篇,SCI 检索论文 5 篇。她主持和参与山东省教育厅科研课题 5 项、山东省教育厅教改项目 2 项、国家基金项目 1 项、省级基金项目 2 项和校级科研教改课题 8 项,个人主编和参编教材共计 2 部,并先后申请和授权专利 8 项。李老师曾荣获首届全国高等教师教学微课比赛三等奖、全国职业院校微课教学比赛优秀奖和青岛黄海学院首届课件大赛二等奖。李老师多次获得青岛黄海学院优秀教师、优秀毕业设计指导教师和优秀教育工作者等称号。近年来,李老师指导学生参加学科竞赛,先后获奖 80 余项,个人荣获第十届西海岸大学生科技节优秀指导教师称号。2021 年,她指导学生参加"建行杯"第七届山东省"互联网＋"大学生创新创业大赛,获得铜奖。

16.1.8　人工智能应用创新研究者——邢军

邢军,男,博士,高级工程师,现任青岛黄海学院人工智能教研室教师、人工智能应用创新研究中心主任。他于 2020 年 3 月创立青岛黄海学院大数据学院人工智能应用创新研究中心,主要与百度、华为公司深度合作,使用云服务、端云协同 AI 开发应用平台等提供算法、算力和应用开发技术支持,致力于将人工智能技术应用于实践,促进教学、科研成果转化,实现产学研融合发展。邢军博士具有多年的信息化、视讯和安防行业经验。作为"华为云"云享专家、华为 AI 认证工程师、百度飞桨社区开发者和飞桨博士会会员,其主要研究方向为机器学习、深度学习、认知智能、大数据技术应用等,主讲"人工智能专业导论""机器学习""深度学习框架应用与实践""Spark 技术""Hive 数据仓库""HBase 集群搭建与测试"等课程。他公开发表学术论文 21 篇,其中中文核心论文 10 篇、EI 检索论文 11 篇;曾参与全军科研课题 3 项、省级科研课题 2 项,并主持校级课题 3 项。他曾获批国防发明专利 1 项、计算机软件著作权 1 项。

16.1.9　全国大学生建模竞赛的优秀指导教师——张春梅

张春梅,女,硕士,副教授,大数据学院经济统计学教研室主任,研究方向为统计建模与数据挖掘。她承担"概率论与数理统计""应用回归分析""多元统计分析"等课程。荣获省级教学成果奖 2 项,主持省级课题 2 项,主持校级课题 1 项,参与省级课题 6 项,参编教材 1 部,发表论文 10 余篇。她指导学生参加全国大学生数学建模竞赛,获得山东省一等奖 6 项,山东省二等奖 9 项。组建统计分析竞赛社团,以社团为依托,组织和指导学生参加各级各类大学生竞赛项目、创新创业训练项目、大学生科技创新项目,荣获优秀指导老师称号。

16.1.10　工作室制项目化教学的力推者——郭瑞姝

郭瑞姝,女,省级一流课程"创业基础"课程负责人,国家一级电子商务师。近 5 年来,郭老师以工作室为载体,深入开展项目化教学,主要承担了"视觉营销设计""网店美工""网店运营"等创新创业类技能课程的教学工作,指导 1 000 余名学生开展创业实践活动。2018 年她参与《"院园合一"校企协同育人机制构建与实践》和《学院 + 产业园融合机制下高职电子商务专业现代学徒制改革与实践》教学成果奖项申报,分别荣获省级教学成果奖二等奖。她担任省级大学生创业孵化示范基地申报答辩主讲人(已授牌),并负责山东省课程联盟平台"跨境电商——小 e 的创业之旅"线上开放课程建设。该课程目前已有 53 所高校 9 775 余人选课,累计互动达到 43 600 次。郭老师先后参与出版著作《"院园合一"机制下基于工作室的创新创业教育实践研究》和《视觉营销设计》《电商客服》等教材。

16.1.11　创客空间的"双师双能型"博士——辛洪涛

辛洪涛,男,副教授,博士,现任青岛黄海学院博士创客空间负责人和互联网金融专业带头人。辛博士曾经在中国银行、中国通号创新投资公司和贵州银闰投资集团、贵州财经大学等大型国有、民营企业集团,高等院校负责公司信贷、风险控制、国际结算、实业投资、财务金融管理和本科、研究生层次的教学与科研等工作。辛博士主张理论与实践结合,探索和践行产教深度融合的新型高等教育模式。他所创建的博士创客空间,吸纳了高校优秀师生和企业家共同参与,立足于教学实践,专注于科研及其成果转化,并力主打造产学研用一体化创新创业平台。该平台依托于跨境电商和网络经济研究中心、跨境电商和网络经济优秀教学团队和全脑记忆力协会等组织,基于工作室实践载体,实现共同备课、携手创业和协同发展。辛博士定位高远,力主探索产教深度融合发展之路,把创意变为创新创业实践行为,用知识创造价值,以教育兴业报国。

16.1.12　以创新思维助推创新项目落地的实践导师——李燕

李燕,女,工商管理硕士研究生,副教授,拥有中级经济师、电子商务技师和助理跨境电子商务师等证书。其主要研究方向为电子商务教学和专创融合实践。李燕老师主要承担了“网店运营”“网店美工”“移动电子商务”“电子商务概论”“网络营销”等课程的教学工作,负责省市级服务外包机构、跨境电商实训基地以及国家大学生创新创业训练计划项目等的申报和组织管理工作,并参与创新创业项目申报和相关课题研究等。近年来,李老师结合国家大学生创新创业训练计划项目组织申报和推进工作展开实践研究,现已参与省级教学改革课题 2 项,获得省级教学成果二等奖 1 项,主持和参与校级课题共计 5 项,以第一作者公开发表知网收录论文 6 篇,成功获批省级项目 4 项。截至目前,她已经以副主编身份出版校企共建教材《网店装修设计》1 部,参与出版著作《“院园合一”机制下跨境电商工作室制人才培养》和《“院园合一”机制下基于工作室的创新创业教育实践研究》,参与建设学银在线网络课程“跨境电商实务”1 门,并指导学生参加全国电子商务模拟大赛获得“优秀指导教师奖”。

16.1.13　省级一流本科课程和在校开放课程的建设者——袁芳

袁芳,女,硕士学位,副教授,拥有 TTT 高校职业生涯规划教师、BCF 北森生涯规划师、GCDF 全职职业生涯规划咨询师等证书。其要研究领域包括人力资源管理、企业管理、职业生涯教育、创新创业教育,现为山东省一流本科课程“创业基础”(社会实践类)课题小组成员、山东省高等学校在校开放课程

"求职勇闯六道关—大学生就业指导与能力提升"项目组成员。袁芳老师主编教材《创业教育实训教程》1部,主持课题《基于"情景模拟"的体验式教学模式探索——以"创业基础"课程教学为例》1项,发表《经济新常态下创新创业管理模式探索》《双创教育环境下大学生职业生涯规划教育的研究》等论文10余篇。袁老师曾获得校级优秀教师荣誉称号2次、系部教学能手二等奖1次。她先后任教企业管理、市场营销专业"管理学原理""企业管理学""公共关系学""物流企业管理""企业管理咨询""谈判推销技巧""推销事务""市场营销学""市场调查与预测"等课程,并在学校创新创业教育学院主讲"创业基础""大学生职业生涯规划""大学生就业指导"等课程。

16.1.14 大学生创新创业教育的引路人——暴海忠

暴海忠,男,青岛黄海学院副教授,国家一级人力资源管理师,经济师,KAB创业教育(中国)项目讲师。暴老师的主要研究方向是企业管理、创新创业教育等,近年来主要讲授"大学生职业生涯规划""创业基础"和"大学生就业指导"等课程。暴老师2018年获山东省黄炎培职业教育创新创业大赛教师创新创业指导大赛二等奖,2019年获得"学创杯"全国大学生创业综合模拟大赛山东省省赛优秀指导教师称号,2021年获得山东省创业讲师教学能力大赛优胜奖。他曾主讲2门在线开放课程,主编教材2部,公开发表《对我国民办高校中青年教师激励问题的思考》《目标管理理论在民办本科院校管理中的应用》《浅谈民办高校中青年教师薪酬制度建设》《SIYB创业游戏在大学生创业教育中的实践体验价值初探》和《"创业基础"课程实践体系设计探究》等论文10余篇,授权实用新型专利4个。

16.1.15 深耕管理沃土提升大学生创新创业能力的追梦人——俞志强

俞志强,男,硕士研究生,国家级普通话测试员,具有中级秘书资格,拥有ESB创业指导师认证证书、创业孵化从业人员培训结业证书等。自参加工作以来,俞老师多次获得优秀教师、优秀社会实践指导教师等荣誉称号。他深耕创新管理沃土,拥有10余年学生管理工作经验,并于2017年获得全国民办高校优秀辅导员荣誉称号。近些年他主要负责学校中国国际"互联网+"大学生创新创业大赛、"学创杯"创业大赛等大赛的组织工作,拥有丰富的大赛组织和指导经验,成为与学生一道助力创新发展的追梦人。在他的有效组织下,学校

2021 年获得"建行杯"第七届山东省"互联网 +"大学生创新创业大赛金奖 1 项、银奖 16 项和铜奖 15 项的好成绩。现已公开发表《微信公众号在朋辈教育中的运用探索——以微信公众号"黄海朋辈圈"为例》《基于大学生创新创业团队培养及实践的学生工作研究》等论文。

16.1.16 产教融合和专创融合理念的践行者——于振邦

于振邦,男,硕士,高级技师、山东省创新创业教育导师库专家、青岛市西海岸新区优秀青年人才。其研究方向为大学英语教育、双语教学和创新思维实践。于老师先后任教"大学英语""新视野大学实用英语""国学基础"（双语）"国际商务函电""国际商务英语"和"新一代大学英语"等课程。近年来,他出版著作 5 部,参编创新实践教材 1 部,公开发表学术论文 20 余篇。于老师申报国家级、省市级创新教育实践项目及省级一流课程多项,获得实用新型专利授权 1 项,并指导"互联网 +"大学生创新创业大赛、"国家大学生创新创业训练计划"等实践项目。于老师曾荣获省级教学成果奖 3 项,指导学生参加全国大学生英语竞赛（NECCS）获得一等奖,指导学生参加大学生科技节跨境电商创新实践大赛获得一等奖。2019 年,他撰写的《"院园合一"的协同机制》产教融合实训基地建设案例入选教育部首批产教融合实训基地优秀案例集。2020 年,他撰写的《产教融合机制下以"专创融合"为抓手促进"应用型"转型》案例在第七届产教融合发展战略国际论坛上受到教育部原副部长鲁昕点赞。2021 年,他撰写的《实施"三业融合"育人战略,培养"敢闯会创"应用型人才》案例入选参加第八届产教融合发展战略国际论坛一讲、一课、一案、一展"四个一"线上巡展活动。

16.2 创业就业学生典型

在工作室制创新创业教育模式的统领带动下,学校涌现出了王乃墩、孙延灿、李贞珍、卢美艳、张杭弟、李纪旺、杨东霖、邓洋洋、杨坤、李彩云、甘圣民、韩青峰、孟琳琳、李元吉、常鸿飞、曹文屹等一大批以创业带动就业的毕业生和在校生创新创业典型,许多成了学生的表率和行业的排头兵,为促进区域经济社会发展做出了突出贡献。

细细数来,这里有曾任职学生会主席的孙延灿,他在毕业之后担任青岛绿洲国际贸易有限公司副总经理,并加入了瑞典 ICA AB 集团亚洲区办事处后担任亚洲区食品采购经理。2018 年,他荣获公司 10 年贡献特别奖。2020 年,他又实现部门业绩迅猛增长,全年采购总金额达到港币 2 亿元,较同期增长23.5%。这里有青岛华灿重工机械有限公司创始人李贞珍,她在 2017 年成立了青岛万象恒源工贸有限公司。毕业后,她回报母校,通过校企合作形式成立了跨境电商启梦工作室,并被聘请为校外导师,以良好的实战经验反哺学校,且与学弟学妹分享自己 10 年风雨历程和创业经验,助其理实一体地提升实操技能。这里有在校组建团队并创办了迅寻闲置物品交易平台、上铺外卖以及妙语青春文学工作室的咸英豪,他曾担任聚德公益策划部部长、青岛老咸和朋友们传媒有限公司董事长,全权负责临沂菜谱英雄助农项目,运营正规化、透明化、更方便交易的校园闲置物品交易平台,并在工作室老师指导下深入进行市场调研和行业分析,多途径组建团队并成立工作室,虽遭遇瓶颈却能成功转型,打造出 14 人校园"小美团",其业务已在求实学院、山东科技大学、青岛理工大学、济宁学院、临沂大学等高校开花结果。这里也有从乐行—朗威跨境电商工作室走出来的第一批学员林傲然,他在工作室期间积极进取,通过企业项目化驱动,极大地提升了自己的理论认知水平和动手实践能力,并于毕业之后入职青岛朗威有限公司,现已成为学校工作室企业导师,在两年多的时间内,积累了 48 名客户,平均年出口额达到了 200 余万美元。

无论是甘当"外贸人""乐行"在路上的"欧美市场开拓者"张杭弟,一步一个脚印为实现梦想勇做"有准备的人"的敢闯会创者刘隽巧,还是创建了志在必达工作室,并从此走向更大世界的咸英豪;无论是在校时"跑起来带风",毕业后创办电商公司成就"更好的自己"的修文森,还是倾力帮助学弟、学妹们网上运营店铺,"以老带新"成效显著的毕业生刘豪,他们都以优秀的创新创业事迹和卓越的就业创业成效,证明着工作室制创新创业人才培养模式发挥的实效作用,在相关典型的辐射引领和有效带动下,一批批优秀学生如雨后春笋般涌现,现将部分情况做如下介绍。

16.2.1 荣耀黄海的"青岛西海岸最美大学生"——曹文屹

曹文屹,男,青岛黄海学院国际商学院 2018 级国际经济与贸易本科"卓越班"在读学生。他先后获得"荣耀黄海"十佳优秀学生、"荣耀黄海"十佳优秀学生干部、优秀共青团员、山东网商集团创业优秀个人、山东网商集团黄海学院工作室突出贡献者、第四届国际商学院学生会新生干事代表等荣誉称号。他在2020年10月获得2019—2020学年度国家奖学金，并入选2020—2021学年国家奖学金推荐名单。曹文屹先后被选为第十二届大学生科技文化节青岛黄海学院"展板人物""2021年度西海岸新区最美大学生"，并在2019—2021期间公开发表知网收录论文16篇，主持申报国家级创业项目2项（均已结题），参与省级科研项目1项、校级科研项目4项，主持申请实用新型专利6项（其中第一发明人2项、第二发明人2项、第三发明人2项）和发明专利1项（第二发明人）。他在学科技能竞赛、创新创业竞赛中总共获得国际奖2项、国家级奖20项、东部区域奖1项、省部级奖9项、市区级奖1项、校级奖14项，总共担任队长或团队负责人40余次，并持有专业类技能证书9项。曹文屹具有较好的团队意识和创业能力，先后荣获全国高校商业精英挑战赛创新创业竞赛全国一等奖、全国高校商业精英挑战赛国际贸易竞赛全国二等奖、山东省科技节——"敏学杯"跨境电商创业实践大赛山东省一等奖、POCIB全国外贸从业能力大赛全国三等奖等。他在工作室老师指导下，于2020年7月主持完成了国家大学生创新创业训练计划项目"扫码享个'绿色碗'"。

16.2.2 全国大学生科技文化节上的"展板人物"——王大志

王大志，男，就读于青岛黄海学院智能制造学院电气工程及其自动化专业，中国大学生自强之星奖学金、国家奖学金获得者，山东省优秀学生干部，现任青岛黄海学院电子创新协会会长。王大志在校学习成绩优异，位列前茅。他不仅在课余时间将全国CAD技能证书、全国3D数据工程师、高级电工职业资格证书等专业证书收入囊中，更在学科竞赛方面通过"以赛促学，赛学结合"的学习方法，参加全国大学生A类学科竞赛18项、省级创新创业大赛30余项。截至目前，王大志共获国家级奖项10余项、省级奖项50项（省级特等奖1项、省级一等奖16项、省级二等奖16项、省级三等奖16项、省级优秀奖1项）和市级奖项2项。他经过不断研究调试，制作完成了10余件科技创新参赛作品，累计获奖30余项。其中，"全自动汉堡打包一体机"获"西门子杯"中国智能制造挑战赛全国总决赛一等奖，"全自动展开式农药喷洒车"和"全自动工农行业产品灌装机器"获"西门子杯"中国智能制造挑战赛全国初赛一等奖，"水果套网包装一体机"获中国"互联网＋"大学生创新创业大赛山东赛区银奖，"玻璃清洁机器人"获"挑战杯"全国大学生课外学术科技作品竞赛山东赛区一等奖。另外,"水果套网包装一体机"还获得了全国大学生节能减排社会实践与科技竞赛三等奖。他主持完成国家级、省级大学生创新创业训练计划项目共计3项,新立2021年省级大学生创新创业训练计划项目6项,并申请"一种具备震动及声音提示的多反馈途径导盲器"国家发明专利1项和"一种多功能铁屑回收车""一种基于瓶状容器灌装的灌装机"等实用新型专利8项,公开发表论文8篇。

16.2.3 "大众创业,万众创新"时代成长起来的优秀学生干部——刘昱

刘昱,男,智能制造学院2018级电气工程及其自动化专业本科在读学生,国家奖学金、省政府奖学金、山东省优秀学生、青岛西海岸最美大学生等称号获得者,担任科技创新协会会长、学生会学习部部长、学友导师等职务。在"大众创业,万众创新"的时代号召下,同时为了丰富第二课堂,他积极投身参与各类科技创新创业大赛,施展自己的才能,在科技创新方面表现突出。参加全国大学生电子设计竞赛、中国智能制造挑战赛、"挑战杯"山东省创业计划竞赛等创新创业大赛获得省级及以上奖项24项。获批包括"一种自动灌溉的育苗水分补给装置"在内的12项实用新型专利,发表学术期刊论文2篇,结题国创项目"智能助健轮椅的设计"。

16.2.4 "不畏风雨,砥砺前行"的创新创业实践者——王志芳

王志芳,女,青岛黄海学院大数据学院2019级计算机科学与技术专业本科在读学生。国家奖学金、国家励志奖学金获得者,获得西海岸新区优秀科技社团干部、青岛西海岸最美大学生、青岛黄海学院优秀学生会干部等荣誉称号。在工作上,王志芳同学表现出色,担任学习委员、教学信息员、学术部副部长、社团会长、社团办公室主任等5项职务。她不畏风雨,砥砺前行,在校积极深入专创融合工作室学习锻炼,不断参加各类竞赛,如计算机设计大赛、数学建模和科技创新创业大赛,共获国家级奖项6项、华东区域奖项1项、省级奖项4项、青岛西海岸新区奖项3项、校级奖项10余项以及其他非专业竞赛奖项7项。2021年,她参加第七届山东省"互联网+"大学生创新创业大赛"农业管家——四色农业多样化环境监控系统"项目团队,获得铜奖。现已公开发表期刊论文1篇、参与省级课题立项2项。

16.2.5 "追求梦想的创业者"——青岛"美姐姐"电子商务有限责任公司总经理卢美艳

卢美艳,女,毕业于黄海学院电子商务专业,曾荣获"橡胶谷杯"第三届青岛市大学生职业生涯规划大赛本研组二等奖及大赛唯一"最具人气奖"。创业伊始,卢美艳通过组建团队,联合成立了青岛"美姐姐"电子商务有限责任公司。目前她所运营的公司已拥有自媒体粉丝23万人,所导购网站及媒体已持续稳定为淘宝天猫商家每月增加"20万+"的销售额。卢美艳组建的年轻团队从经营第一个淘宝店"河南特色美食变蛋店铺"开始,就踏上了不断创新发展并为全国高校商业精英挑战赛信息化创新创业竞赛而战的道路。而后,她经营"一分钱趣店",成为校园趣店经营合伙人,校园销量排名第一。随着自己"小成就"的陡增,卢美艳创新创业的自信心也日渐增强,并由此开启了自己勤于思考、勇于实践的思维新模式。事实证明,一次次的探索和实践沉淀了今天的"美姐姐"。她不仅倾注了自己所有的心血和期待,也将职业生涯规划清晰地铆钉在奋斗的天地中,脚步也变得更为坚定。青岛美姐姐电子商务有限责任公司成立后,卢美艳把自媒体和电子商务结合发展,这个发展模式使其在"黄海杯"西海岸首届创新创业大赛中获奖。

16.2.6 坚信"一切皆有可能"用业绩证明自己有多优秀的总经理——毕业生李彩云

李彩云,女,山西省吕梁市人,青岛黄海学院国际经济与贸易专业毕业学生。在校期间,获得了国际贸易专业和工商企业管理专业双学历。李彩云学习努力,工作认真,毕业之后凭借着在学校积累的技能和经验,又回到母校创办了青岛中云达商贸有限公司,定位于橡胶输送带,利用互联网平台出口。起初,她曾在毕业实习时期应聘进入了潍坊振兴集团青岛办事处,从事橡胶输送带出口业务。为尽快促成订单,她起早贪黑学习业务知识,凌晨3点就给客户发邮件,只为能够契合客户的作息时间。在经过3个月的努力与坚持之后,她接到了第一个79 800美元(折合人民币51万元左右)的订单。随着她对工作环境的愈发熟悉,客户积累得也越来越多,这更加锻炼了她承担大宗贸易的能力,并被提升为组长后担任公司手签员,做公司所有业务出口的原产地证书,与此同时,她提升了自己带领团队的管理能力。用她自己的话说就是:"人,如果你不逼自己一把,永远不知道你有多优秀。"她用自己的实际行动证明了自己有多优秀。

16.2.7 荣获 2018 年齐鲁学子奖学金出彩奖暨山东省"大学生自强之星"——隋环斌

隋环斌,男,机电工程学院机械设计制造及其自动化专业毕业学生。在校期间,他曾担任电子创新协会会长,投身于师生同创工作室建设。隋环斌学习刻苦,成绩优异,连续两年获得国家励志奖学金,荣获省级优秀学生干部、区级优秀青年志愿者等称号,并申请国家专利 6 项。学习之余,他积极参加社团创新工作和创业环境营建活动,曾获得全国大学生电子设计竞赛山东赛区 TI 杯一等奖、第八届山东省大学生科技节暨第五届山东省高校机器人大赛一等奖、第十四届山东省大学生机电产品设计竞赛二等奖 2 项、第九届山东省大学生科技节齐鲁机器人大赛二等奖等奖项。2018 年 5 月,团省委面向全省高校启动了 2018 年"大智之星"齐鲁学子奖学金评选活动,隋环斌不负众望,以优异的评定成绩赢得"大学生自强之星"的殊荣,在学生当中树立了优秀典型,并充分发挥出模范带头作用,展现了当代大学生的自强不息精神和勇于创新风采,也体现了黄海优秀学子自信、自立的品格。

16.2.8 用"新开的创业之花"寻找光明前途的创意美工工作室创始人——陈家豪

陈家豪,男,青岛黄海学院国际商学院电子商务专业本科一班学生,创意美工工作室创建者。毕业后他仍用一颗不断探求的心从事着电商美工行业,继续寻找自己的"光明前途"。作为一个新建的创新创业型团队实体,工作室 2018 年 4 月刚刚成立两个周,就已承接了三家淘宝店的店铺美工业务,深深赢得了客户的信任与支持,激励着团队所有成员不断朝着梦想奋勇前进。小组成员因对美工的无限热爱而聚在一起,大家带着兴趣和梦想成了"一家人"。2018 年夏天,工作室开始运营自己的首个项目,并由陈家豪本人担任摄影师,前往冰箱厂家进行产品摄影,历时 5 个小时拍摄了几十款不同型号的冰箱,而后工作室各成员进行分工合作。在不到一周的时间内,按照客户要求完成了既定业务,并建立了良好的合作关系,后续又承接了冰箱厂家大批业务。近两年来,随着创业成效的日积月累,创意美工工作室的业务量也愈发增多,但陈家豪始终坚信:"只要真心付出,终究会有回报!"创意美工工作室将自身实际运营得来的认知体验和实践经验在学生中传播开来,为其学业进步、素养提升和技能应用提供了典范,着实成为一枝"新开的创业之花"。

16.2.9　从失败中不断成长起来的创业者——陈凤华

陈凤华,女,就读于国际商学院电子商务本科 2 班,现担任青岛世纪众星传媒有限公司销售经理一职。从大学一年级开始,她就进入了学校创业班,增强了创新意识,也激发了创业兴趣。每个周末和课余时间,陈凤华都会去做兼职工作,生活过得可以说是既充实又忙碌。在其不断接触新事物的同时,陈凤华也学习到了新的技能,每天都在提升自己的综合能力。长期的摸索和实践使她具备了开拓新天地的眼光和创新创业能力,目前已在公司担任营销经理,能够自己承担生活费和学费,并且掌握了一定的工作技能。在她的努力下,公司已和中国科学院、山东政法学院、中国石油大学(北京)等全国多所高校开展了友好合作。她曾致谢说:"非常感谢团队的成员给予我的帮助,在我什么都不懂并连番遭遇失败困境的时候耐心地教导我,一步步地培养我,引导我走向成功,让我坚定了现在所走的道路,不断地成长。我一定会再接再厉,争取做那一颗闪亮的星,也成为父母心中的骄傲!"现在青岛世纪众星传媒有限公司运行平稳,团队成员互相帮助,协同奋进。一心一意地发展公司,朝着共同的奋斗目标昂首挺进,是目前陈凤华的心之所向。她心中的宏伟蓝图清新无比:收入过百万,帮助家人达成心愿。当下,她所运营的团队正在培训实习生,也在不断地完善公司体制。"团队成员非常感谢青岛黄海学院给予的创业平台,相信在不远的未来大家会做得会更好!"陈凤华感慨地说。

16.2.10　"冲破迷雾寻到光"的青岛优尚国际贸易公司创始人——黄明洋

黄明洋,男,青岛黄海学院国际商学院国际经济与贸易专业毕业生。就读期间,他先后跟随老师学习国际贸易相关的知识,并几经辗转,最终于 2018 年 7 月成立了青岛优尚国际贸易公司。创业之初,黄明洋和其他同学一样,心中怀揣着对大学的无比憧憬和期待之情。但在进入了黄海学院大家庭之后,他心中开始变得迷茫,对于未来毫无头绪。在工作室教师的引导下,也随着自己对于课程学习的逐层加深,他渐渐对外贸行业产生了浓厚兴趣,希望能够更加高效地将书本上的知识学以致用。在经过两年的时间四处寻找机会之后,黄明洋逐渐对外贸行业有了深刻认识,并且下定决心要自己创立公司——创出一片天地！于是，从大二下学期开始，他先后参加了蓝月亮营销大赛、第二届全国跨境电子商务大赛等诸多与营销、外贸相关的比赛，并取得了优异的成绩。正是这些工作与比赛的历练，为其夯实了从事外贸业务的基础，也为他以后创立公司铺设了基石。公司成立之际，黄明洋多次向工作室老师虚心请教，吸纳他们的实践经验，为公司成立提供了经验支持。公司正式成立之后，他奋斗在第一线，为公司的建设添砖加瓦。工作之余，他多次到工厂逐个了解产品特点，并一一牢记于心，以备客户咨询之用。熟悉了产品之后，黄明洋又和团队一道带着产品参加项目对接会，以新颖的产品样式和优良的产品质量获得了多国客户的认可和赞赏。他曾感慨地说："创业是艰辛的，很多人正是因为看不到前路，才不敢迈出第一步。而我，则迈出了这一步！虽然每天感觉睡不了几个小时，但自己做自己想做的事情感觉非常充实！看着自己的公司在自己和团队的努力下蒸蒸日上，内心更是无比满足！"毕业之后，黄明洋希望能够深挖自身潜能，做出一番大的事业，不负大学四年的学习以及创业路上洒下的拼搏汗水。眼看着公司发展越来越好，黄明洋和自己的团队却始终坚信，虽然前方的路布满了荆棘，他们也会用心寻找黑暗中那一束微弱的火焰，因为——星星之火，可以燎原！

16.2.11 问鼎"家居设计界奥斯卡"筑巢奖的优秀毕业生——高金梁

高金梁，男，艺术设计专业毕业生。作为第五届筑巢奖（中国国际空间环境艺术设计大赛）银奖获得者，他凭借出众的艺术造诣和高质量的参赛作品，得到了设计界权威专家和学者们的高度认可。"筑巢奖"被誉为室内设计领域的"奥斯卡"，是中国建筑装饰行业规模最大、品质最高的官方奖项，也是中国设计师走向国际舞台的重要桥梁。高金良获得此殊荣，得益于其在走向设计师之路过程中的执着坚守和创新进取。用他自己的话说，就是："我的设计师之路，可以说是从青岛黄海学院开始的。"可以说，学校的工作室制人才培养模式造就了他的创新意识和创造能力，并使其在适当的时机抓住了机会而"一举成名"。时任室内设计教师的石莉莉这样评价她的得意门生："高金梁同学在校期间一直担任班长，学习努力，积极主动，很有朝气和想法。"因为优异的课业成绩，高金梁同学曾多次获得学校表彰和奖学金等奖励。高金梁同学此次获奖，着实为青岛黄海学院及艺术设计专业增添了新的光彩。

16.2.12 不断靠创新追逐梦想的优秀毕业生——宋培璞

宋培璞,男,青岛黄海学院优秀毕业生,第二届中国"互联网＋"大学生创新创业大赛银奖获得者。他在毕业后一年的时间里,就创立了青岛东方惠诚电子有限公司,现已自主研发数十种产品。其产品在北京阜外医院、亚宝药业、同仁堂、沈阳依生生物制药、山东轩竹药业等众多企事业单位得到广泛应用,年销售额达几百万元,带动了十几位学弟学妹就业。实践证明,是兴趣夯实了宋培璞的专业基础。在他选择了电子信息工程专业之后,通过加入学校的科技创新协会,锻炼了自己的专创融合技能,并在老师的指导下自学单片机及电路设计,积极参加各项创新、设计比赛,先后在山东省机电比赛、电子设计竞赛、软件专业人才设计比赛中多次获奖,从一个一无所知的新手成长为技术全面的能手,不仅取得了电子工程师证书,也获得了西海岸优秀社团干部荣誉称号。凭着对电子信息工程的浓厚兴趣,宋培璞打下了坚实的专业基础,为以后的创业积淀了技术底蕴。自入学起,宋培璞就怀揣着创业梦想,但他深知创业不是一件容易的事。从大二下半学期开始,宋培璞先是有意识地参与老师的科研课题,而后参与了"GPS 监控工程机械柴油机油耗计量系统""基于 3G 及无线通信的物流货物识别监控系统"等山东省教育厅项目。通过参与这些项目,宋培璞完整地掌握了数据的远传远控技术。此外,宋培璞也开始逐渐利用自己掌握的技术为企业解决难题。通过为东营油田设计"油气混合产量测量系统"、为深圳某企业设计"干混砂浆储料罐智能终端",宋培璞不仅熟悉了电子行业的运作规律和流程,也进一步奠定了以后开展创新创业活动的基础,而且他设计的"干混砂浆储料罐智能终端",还在建筑行业得到了广泛应用。

16.2.13 用证书证明自己实力的西海岸优秀社团干部——罗金涛

罗金涛,男,毕业于电气工程及其自动化专业,曾任青岛黄海学院科技创新协会会长,荣获西海岸优秀社团干部称号。他多次组织社团成员参加献爱心义务维修活动,考取了高级电工证、内审员资格证、计算机软件应用工程师证书、电子信息应用工程师证书等多种技能证书,并荣获第八届山东省大学生科技节齐鲁大学生机器人大赛省级一等奖、山东省"互联网＋"大学生创新创业大赛铜奖、第五届山东省大学生机器人大赛省级二等奖和第十三届山东省大学生机电产品创新设计竞赛省级三等奖等。罗金涛获得实用新型专利授权 4 项,参与了多个纵向、横向课题研究。他设计的"货车倾角检测控制系统"已在市场上得到广泛应用,并已注册成立青岛恩威科技有限公司。

16.2.14 青岛西海岸外贸行业的"领军人物"——王乃墩

王乃墩,男,现任青岛东方世茂进出口有限公司、青岛初实科技有限公司总经理和 4 家公司合伙人。他打造出 2 个海外行业知名品牌,运营多个海外版抖音均达到 10 万以上粉丝,公司年销售额突破了 3 000 万元,产品远销海外 60 多个国家和地区。王乃墩在校期间,就进入校企合作的企业中学习理论知识和实战技能,深谙阿里巴巴国际站和跨境电商运营战略战术。大三的时候,王乃墩因为良好的英语水平和外贸实操能力被选中进入胶南优秀企业,并参加了上海国际展览会,拿下国外百万订单。他曾参加西海岸外贸达人赛,获得外贸达人赛冠军。从青岛黄海学院毕业后,王乃墩开启了外贸创业之路,自创品牌"东方世茂"成为行业顶尖品牌,主要出口食品快餐车、房车、食品设备等,工厂占地 6 000 平方米,3 条生产线可同时满足 60 种不同车型同时生产。东方世茂进出口公司现在是阿里巴巴品牌优商和中国制造金牌供应商,旗下拥有多个阿里巴巴店铺,跨品类经营,短短几年内已成长为行业顶尖品牌,是移动餐车全球定制的领军者。

优秀创新创业导师和学生典型的推介,旨在凸显工作室载体下创新创业教育模式的实践效用,以便在更大范围、更大空间和更大场域发挥辐射带动作用,也为形成极具推广价值的借鉴经验提供样板化参照。学习典型是为了实现更大的突破,相信在工作室制创新创业教育模式的探索方面,项目研究组能够百尺竿头,更进一步,勇立时代潮头,树立创新创业教育模式标杆,推介可行性实践方案,为更好、更多地培育高素质应用型人才赋能增效。

16.2.15 勇敢走出舒适区进行自主创业的开拓者——李鑫

李鑫,男,青岛黄海学院机电工程学院机械设计制造及其自动化专业毕业学生。在校学习期间,李鑫曾担任学生会主席职务,个人获得国家奖学金、国家励志奖学金、大学生节能减排大赛全国三等奖、山东省高校第五届机器人大赛一等奖、山东省机电产品设计竞赛二等奖、山东省优秀学生等 10 余项荣誉。他基于在校期间的创新型团队建设经验和在青岛特殊钢铁有限公司实习的经历,不断开拓进取、挑战自我,勇敢走出安逸工作环境的舒适区,入职全新领域智能家居行业,从一位新手成长为独立承担运营业务的项目经理,并萌生创业想法,自主成立青岛禾格智能装饰工程有限公司,主要从事家庭装修及智能家居业务。目前,其公司已拥有固定用户30余个,年营业额达到了数百万人民币。

16.2.16　积累以赛促创经验和以质取胜的实践者——朱良金

朱良金,男,青岛黄海学院机械设计制造及其自动化专业毕业生,青岛万规勋业科技有限公司创始人,北京大学创业训练营第四期学员。朱良金在校期间热衷于模型设计、规划用图等将创新、创意落地的实践活动,并坚持赛创一体地提升学业成绩。他曾荣获第九届全国电子商务"三创"省级选拔赛一等奖、青岛市"创现在,赢未来"创新创业大赛二等奖,并获评为SolidWorks设计师、CAD设计师、高级电子商务师、山东理工职业学院电商运营讲师。自2019年成立公司以来,他就一直注重团队打造、平台建设和工作室制项目化运营,并秉承以质量取胜和100%满足顾客实际需求的原则,不断拓展周边业务,做到了服务贴心、员工省心和客户放心。目前,其公司年均销售额达到了50万元,累计为3 000余家客户提供了优质化设计服务。

作为一个系统化建设工程,构建创新创业教育模式,需要有着创新思想、创造能力的"人"来完成。由此,在实践中做到师生同创、在理念上力求师生协同和在方法上形成师生互补,便愈发显现出综合功效。不管是实践导师典范,还是优秀学生典型,他们都在工作室制创新创业教育模式的推广和应用中创造了业绩,并见证着实效。当然,以上只是众多典型当中的一部分。要树立更多卓越导师典范和培育更多学生精英,无疑离不开更为科学、健全、完善和高效的创新创业教育模式所发挥的作用。由此,深耕工作室沃土,着力建设"双师双能型"师资队伍和发挥工作室载体作用来培育新时代创客,将成为永不落幕的话题。

参考文献

[1] （美）埃德·布雷内加尔. 影响力循环［M］. 智越坤，译. 北京：中国科学技术出版社，2021.

[2] （美）米哈里·契克森米哈赖. 心流：最优体验心理学［M］. 张定绮，译. 北京：中信出版社，2017.

[3] （英）德里克·德雷珀. 创造你的成长空间［M］. 杜真，译. 北京：中国友谊出版公司，2021.

[4] 白云莉. 大学生创新创业教育新模式研究［M］. 天津：天津科学技术出版社，2020.

[5] 戴立兴，李琪，张亚娟. 坚定"四个自信"［M］. 北京：人民日报出版社，2019.

[6] 冯智恩. 浅议高校创新创业教育体系构建——以燕山大学"一体两翼三结合"创新创业教育体系为例［J］. 教育探索，2016（07）：79-81.

[7] 霍世平，赵怡. 春风化雨思与行：课程思政优秀教学案例精选［M］. 北京：中共中央党校出版社，2021.

[8] 教育部课题组. 深入学习习近平关于教育的重要论述［M］. 北京：人民出版社，2019.

[9] 黎青青，王珍珍. 创新创业教育综述：内涵、模式、问题与解决路径［J］. 创新与创业教育，2019（02）：14-18.

[10] 李霞. 建好应用型本科高校服务区域经济社会发展［J］. 山东教育（高教），2021（Z1）：18-23.

[11] 李瑜. 基于政校企深度融合的高校创新创业教育模式研究［J］. 中外企业文化，2021（08）：75-76.

[12] 青岛黄海学院创新创业教育模式探索和实践研究组. "院园合一"机

制下基于工作室的创新创业教育实践研究 [M]. 青岛:中国海洋大学出版社,2021.

[13] 任平. 理论自信 [M]. 南京:江苏人民出版社,2018.

[14] 石国亮. 大学生创新创业教育 [M]. 北京:研究出版社,2010.

[15] 史君坡,罗静. 应用型高校创新创业教育模式研究——以石家庄学院为例 [J]. 石家庄学院学报,2021,23(05):151-155.

[16] 万红. 大学生创新创业教育模式改革路径研究——基于 PBL 与 TBL 多模态融合教学法的思考 [J]. 华北水利水电大学学报(社会科学版),2021,37(04):40-45,58.

[17] 王磊,于俊英. 创新创业入门与实战 [M]. 成都:西南财经大学出版社,2018.

[18] 徐丽,任清褒,夏更寿. 专创融合视角下地方本科高校创新创业教育模式研究 [J]. 丽水学院学报,2021,7(04):102-107.

[19] 虚舟. 复盘 [M]. 青岛:青岛出版社,2021.

后 记

　　创新创业人才的培养,是一个连续性前进、螺旋式攀升和创新型发展的一体化工程。其间,创新意识的增强、创业精神的熔炼和创造能力的提高,都离不开创客实践主体的体验式认知和场景化应用,也都需要一种能够有效增强创新意识、催生创意构想和落地创造技能的教育模式作为引领,以便跨越传统、实现"破局"和构建长效机制,为更好地培养高素质应用型创新创业人才赋能增效。基于此,融合式创新、应用型培养、集群化落地等思想,便在新时代的创新创业教育伟大实践中更加发挥出自身实效,并愈发显现辐射带动作用。

　　工作室作为一种实践载体,不仅为构建和完善创新创业教育模式提供了发挥综合实效的一席之地,也为实现立德树人根本任务、推进专创融合课程建设、进行理实一体人才培养和提升师生并进实战技能等,创造了便利条件和空间优势。实践证明,工作室制创新创业教育模式在融合式、创新性、国际化和应用型等诸多方面,已凸显出较多的个性化特征和较丰富的实践成效。本课题组基于工作室的应用型人才培养模式,较多地关注了本科层面创新创业教育及其实践过程中的一系列问题。课题组围绕着创新、创业、创客和创意等核心元素,对应用型本科创新创业教育模式构建的基本思路、践行路径和实施成效等做了全面、深入的解读与研究。其目的在于,想要通过团队协作对相关模式进行探索,为应用型本科创新创业教育提供具有一定借鉴价值和辐射作用的行动方案与实效做法。

　　在长期的实践摸索过程中,课题组成员逐渐认识到,应用型人才培养目标的实现,离不开优质化课程体系的建设、高效能实践平台的完善、卓越型师资团队的打造和科学性评价机制的推行等。课题组成员基于自身研究专长和关注领域,力主从多种视角、多个层面对其展开深入调研,细化解读原始材料,并深度剖析实践案例。虽然大家水平有限,视野也难免受到一定的限制,却能够发扬"蚂蚁啃骨头"的实践精神,将创新引领、融合发展、开放应用和生态构建等理念贯穿于课题研究的全过程。不能不说,本书的顺利出版,着实得力于课题组全体成员的辛苦劳作。在课题负责人的安排和整体团队的监督下,各成员基于自身的研究喜好和关注焦点,就创新创业教育的应用模式、实践路径等展开了"掷地有声"的个性化研究,不仅目标明确、节奏扎实,取得的成果也极为丰富,比较真实地反映了课题组研究的主要内容及所取得的实践成效。

在此,向长期给予本课题组所有成员大力支持、热心指导的领导和同事致以衷心的感谢!同时,感谢山东科技大学彭建武教授百忙之中在国际化思维培养、创新能力提升等方面的悉心指教,感谢邢军博士、辛洪涛博士工作之余给予的实践指导和技术支持,感谢本单位创新创业教研室暴海忠老师、袁芳老师等精心提供的课程改革案例,也感谢山东网商科技集团有限公司杨婷老师能够结合多种形式的工作室建设经验,提供给课题组多个项目化教学案例和优秀学生典型。

相信本书的完成只是一次阶段性的经验总结和实践探索,不能、也不会作为本课题组止步于前的理由。接下来,课题组所有成员将会再接再厉,全面整合资源,围绕着工作室载体下的创新创业教育接续构建模式和基于创新意识引领、创业精神培养、创意实践落地的第二课堂创建路径等,进一步展开更加贴合实际、更加契合需求的研究与探索,并不断完善现有教育模式,着力深化实践教学改革,精心熔炼代表性核心成果,为在更大范围推广有效经验和在更高层面发挥辐射作用做出更大的努力!

于振邦

山东青岛

2022 年 1 月 1 日